世界首创曲线管幕+水平控制冻结组合支护双层公路隧道

KEY TECHNIQUES OF CURVED
PIPE JACKING ROOF CONSTRUCTION
IN GONGBEI TUNNEL

拱北隧道
曲线管幕建设关键技术

王啟铜 著

人民交通出版社股份有限公司
北京

内 容 提 要

港珠澳大桥珠海连接线拱北隧道创新性地采用业内首创的长距离曲线管幕+水平控制冻结组合工法。本书系统地总结了拱北隧道曲线顶管管幕建设关键技术管理与创新经验。全书共11章，主要包括顶管与管幕工法应用和发展现状、长距离曲线顶管设计关键技术、长距离曲线顶管设备选型技术、顶管管幕施工环境扰动研究、原位试验管土体扰动监测分析、复合地层长距离顶管及管幕施工关键技术研究、顶管顶进参数分析及顶力设计、顶管施工现场监测及数据分析、顶管管幕定额研究等内容。

全书内容丰富、资料翔实、重点突出，可供城市高风险工程、重难点工程和相关工程的建设、设计、科研、施工、监理等相关人员学习借鉴，也可供相关院校隧道工程专业师生参考使用。

图书在版编目（CIP）数据

拱北隧道曲线管幕建设关键技术 / 王啟铜著 . — 北京：人民交通出版社股份有限公司，2021.10
ISBN 978-7-114-17432-2

Ⅰ.①拱… Ⅱ.①王… Ⅲ.①公路隧道—隧道施工—珠海 Ⅳ.① U459.2

中国版本图书馆 CIP 数据核字（2021）第 125726 号

Gongbei Suidao Quxian Guanmu Jianshe Guanjian Jishu

书　　名：	拱北隧道曲线管幕建设关键技术
著 作 者：	王啟铜
责任编辑：	王　丹
责任校对：	席少楠
责任印制：	张　凯
出版发行：	人民交通出版社股份有限公司
地　　址：	（100011）北京市朝阳区安定门外外馆斜街3号
网　　址：	http://www.ccpcl.com.cn
销售电话：	（010）59757973
总 经 销：	人民交通出版社股份有限公司发行部
经　　销：	各地新华书店
印　　刷：	北京盛通印刷股份有限公司
开　　本：	787×1092　1/16
印　　张：	20.75
字　　数：	358千
版　　次：	2021年10月　第1版
印　　次：	2021年10月　第1次印刷
书　　号：	ISBN 978-7-114-17432-2
定　　价：	188.00元

（有印刷、装订质量问题的图书由本公司负责调换）

PREFACE 序言

　　创新是引领发展的第一动力。

　　顶管与定向钻、盾构并列为当今三大非开挖技术。因其施工对环境影响小、周期短、成本低，被广泛地应用于穿越公路、铁道、河川、地面建筑物、地下构筑物以及各种地下管线等施工中。随着工程建设的发展，在单管顶进的基础上发展了管幕法，并在国内外涌现出一大批经典工程。

　　港珠澳大桥珠海连接线项目作为港珠澳大桥五大独立建设主体之一，是港珠澳大桥海中桥隧主体与国家高速公路网连接的"唯一通道"。拱北隧道作为项目关键控制性工程，在国际上首创"曲线管幕＋水平控制冻结"组合工法，穿越国内第一大陆路口岸——拱北口岸，隧址区位于珠海与澳门分界处，地理位置特殊，政治意义敏感，地质条件复杂多变，其设计和施工难度极大。

　　项目在充分调研的基础上，通过理论分析、数值模拟、模型和现场试验、技术研发等手段，解决了复合地层长距离组合曲线顶管及管幕形成精准控制、临海环境高水压下超长水平控制冻结止水和冻胀融沉控制、复杂环境下浅埋超大断面隧道暗挖变形控制、临海环境下隧道结构防水、异形结构隧道通风及防灾救援等技术难题。形成了包括创新理论、重大技术、新型装备和材料的"曲线管幕＋水平控制冻结法的浅埋超大断面暗挖隧道成套建设技术"成果。大幅度提升了我国软弱富水地层浅埋超大断面隧道暗挖工法的科技含量和设计施工水平，为今后类似工程提供了借鉴，同时为环境要求苛刻的地下空间开发利用提出了新的思路和解决方案，社会与经济效益显著，推广应用前景广阔。

建设方案在极大创新的同时，给项目建设管理带来了前所未有的难度与挑战。本书从技术管理、设计方案、曲线顶管管幕设计与施工、管幕控制冻结设计与施工、超大断面软土隧道暗挖设计与施工、异形结构隧道通风及防灾救援等关键技术方面，对工程建设近十年的技术管理经验进行了全面总结与提升，展示了技术上的突破及设计、施工与管理中的创新思维方式与方法，可为今后创新工程管理及"精品工程"创建提供借鉴。

　　拱北隧道的顺利建成是我国隧道建设又一项具有里程碑意义的重要成果，标志着"曲线管幕＋水平控制冻结"工法的技术创新突破，为中国隧道在这一领域领跑增添了光彩，做出了巨大贡献。我衷心希望隧道建设行业的同仁们戒骄戒躁，进一步提炼总结科技成果，形成行业技术及装备制造标准，同时深度参与国际隧道施工技术规则与标准制定，大力推动人才交流输出，为"交通强国"战略提供技术人才支撑，更进一步提升我国交通建设国际话语权。

国家最高科学技术奖获得者 钱七虎 院士

2019 年 10 月 28 日于北京

PREFACE 前言

  港珠澳大桥全长55km，由海中主体工程、三地连接线（香港、珠海、澳门）、珠澳口岸人工岛组成，其关键控制性工程为穿越澳门关闸口岸与珠海拱北口岸之间的拱北隧道及长6.7km的海底沉管隧道。拱北隧道全长2741m，按照"先分离并行，再上下重叠，最后又分离并行"的形式设置，包括海域人工岛明挖段、口岸暗挖段及陆域明挖段等不同结构形式和施工工法。其中，口岸暗挖段采用255m曲线管幕＋水平控制冻结法施工，是世界上首座采用该工法施工的公路隧道，其顶管管幕长度和水平冻结规模均创造了业内新纪录。

  拱北隧道堪称"地质博物馆"和"隧道施工技术博物馆"，地质复杂多变，外部干扰极大，施工风险极高。由于口岸特殊的地理位置和地质环境，该隧道口岸暗挖段设计为大断面双层浅埋暗挖隧道，是目前业内高速公路断面最大的双层曲线隧道（隧道开挖面积336.8m²）。几乎所有传统隧道施工工法，如盾构法、钻爆法、浅埋暗挖法、沉管法、明挖暗盖法等均无法适用该隧道。经前后3年多的调研，对单双层隧道结构、明暗挖方案以及不同线位、不同工法等10多个设计方案进行深度技术论证和比选后，最终确定采用业界首创的曲线管幕＋水平控制冻结法施工。即先从口岸两端施工现场开挖工作井，然后通过工作井，水平顶入36根直径为1.62m的曲线钢管，形成高宽分别为24m和22m的超前支护管幕群，再通过冷冻法将管幕周围的土体冻结形成冻土止水帷幕。在确保管幕四周土体中地下水完全封闭的情况下，采用五台阶十四部法，分层、分块开挖隧道。

  由于拱北隧道周边建筑密集，地下管线众多，地质条件复杂，要在确保口岸正常通关的同时，顺利完成该隧道的建设任务，其设计和施工难度极大，对技术风险、施工风险以及安全风险的控制均提出了极高的要求。

拱北隧道的曲线管幕工程处在澳门关闸口岸与珠海拱北口岸之间仅30多米宽的狭长地带，两侧建筑桩基和地下管线"星罗棋布"。面临土层软弱、饱和含水、渗透性强、承载力低等十几种复杂不良地质，顶管施工像穿越"潘多拉魔盒"一样。管幕顶部覆盖土层厚度不足5m，其上即为我国第一大陆路口岸——拱北口岸（日均客流超40万人次、车流超1万车次）；管幕左侧距澳门联检大楼桩基仅1.5m，右侧距拱北海关出入境风雨廊桩基最近处仅0.46m。顶管施工精度要求控制在50mm范围内，不亚于在地下用绣花针穿线。

冻结工程中水平冻结长度达255m，其规模为业内之最。冻结管路布置在顶管管幕内，冷量通过顶管传递至周围土体，使顶管周围土体冷冻形成冻土，将顶管管幕包裹形成2.0~2.6m厚的冻结圈，利用顶管管幕+冻土将隧道开挖区域完全封闭，阻止顶管外侧地下水在隧道开挖期间进入隧道。由于水结冰形成冻土时会挤压周围土体，对周围环境影响较大。积极冻结既要达到封水的目的，又不能影响周边环境，因此，对精准控制冻结的要求极高。

在顶管管幕+冻结止水帷幕的支护下，如何实施超大断面暗挖施工，同样具有极大的挑战性。

拱北隧道暗挖段拱顶埋深仅4~5m。隧道掌子面基本上处于表层海相、海陆交互相沉积层，地质条件复杂。该段穿越的土层主要有人工填土、中砂、粉质黏土、砾砂、淤泥质粉质黏土、粉质黏土、粉土、砾质黏性土等，层厚为28~35m。

经过反复比选，采用五台阶十四部开挖法。开挖宽度为18.8m、高度为21.0m，开挖断面面积为336.8m²（顶管管幕扰动面积为412.3m²），三次复合衬砌支护。各台阶以机械开挖为主，人工开挖为辅；初期支护与二次衬砌紧跟掌子面，其中二次衬砌第1台阶为喷射混凝土，以下台阶为模筑混凝土。待第 5 台阶二次衬砌达到设计强度后，开始自下而上依次施作三次衬砌（仰拱、侧墙、中板、拱顶）。

经过近 10 年艰苦卓绝的技术攻关，港珠澳大桥珠海连接线项目率先完成建设任务。与此同时，取得了诸多技术成果，成功解决了复合地层长距离组合曲线顶管施工及管幕形成控制技术、临海环境高水压下超长冻结止水帷幕施工关键技术、复杂环境下浅埋超大断面隧道施工变形控制技术、临海环境下隧道结构防水技术及其应用、高风险公路建设项目施工阶段安全风险管控研究、异形结构隧道通风及防灾救援关键技术等世界性技术难题。

本书为"拱北隧道建设系列丛书"之二，系统总结了拱北隧道曲线管幕建设关键技术管理与创新经验。通过不断改进设计方案和施工工艺，采用东、西工作井互为"曲线管幕＋水平控制冻结法"施工的支点，解决了群管顶进时反复扰动地层且精度难以控制的施工难题，部分顶管施工精度偏差控制在 5mm 范围。

全书共 11 章，主要包括顶管与管幕工法应用和发展现状、长距离曲线顶管设计关键技术、长距离曲线顶管设备选型技术、顶管管幕施工环境扰动研究、原位试验管土体扰动监测分析、复合地层长距离顶管及管幕施工关键技术研究、顶管顶进参数分析及顶力设计、顶管施工现场监测及数据分析、顶管管幕定额研究等内容。

全书内容丰富、资料翔实、重点突出，可供城市高风险工程、重难点工程和相关工程的建设、设计、科研、施工、监理等相关人员学习借鉴，也可供相关院校隧道工程专业师生参考使用。

参与本书编写的还有马保松、程勇、王文州、潘建立、周先平、张鹏、高海东、李剑、许晴爽。

王啟铜
2021 年 8 月于广州

CONTENTS 目录

CHAPTER 1
第1章 绪论 / 1
1.1 工程背景 / 1

1.2 主要技术问题及研究工作 / 6

CHAPTER 2
第2章 顶管与管幕工法应用和发展现状 / 9
2.1 国内外顶管技术的发展历史 / 9

2.2 曲线顶管技术现状 / 11

2.3 隧道施工引起地层变形研究现状 / 39

2.4 群管顶进引起地层变形的分析及预测 / 44

2.5 国内外管幕工法应用和研究现状 / 51

CHAPTER 3
第3章 长距离曲线顶管设计关键技术 / 63
3.1 基于弹性地基梁管幕管径优选技术 / 63

3.2 曲线顶管管节长度优选 / 77

3.3 顶力设计计算 / 94

3.4 曲线顶管室内密封试验及管节接头数值模拟研究 / 101

CHAPTER 4
第 4 章　长距离曲线顶管设备选型技术 / 123

  4.1　顶管机 / 123

  4.2　针对拱北隧道管幕的顶管机选型 / 138

  4.3　拱北隧道复合地层顶管机刀盘选型分析 / 140

CHAPTER 5
第 5 章　顶管管幕施工环境扰动研究 / 145

  5.1　Peck 经验公式 / 146

  5.2　顶管正面附加应力和摩擦力引起的土体位移 / 149

  5.3　管幕群管顶进土体变形及顶管受力数值模拟 / 162

CHAPTER 6
第 6 章　原位试验管土体扰动监测分析 / 179

  6.1　原位试验管综合试验监测方案 / 179

  6.2　监测结果与分析 / 189

  6.3　本章小结 / 208

CHAPTER 7
第 7 章　复合地层长距离顶管及管幕施工关键技术研究 / 211

  7.1　超深工作井顶管始发关键技术 / 211

  7.2　组合曲线顶管管幕精度控制技术 / 222

  7.3　临海复合地层顶管泥浆技术 / 228

  7.4　高水压条件下顶管的钢套管接收技术 / 234

7.5　本章小结 / 243

CHAPTER 8
第 8 章　顶管顶进参数分析及顶力设计 / 245

8.1　施工过程顶进参数分析 / 245

8.2　顶力理论计算研究 / 265

8.3　顶力理论计算与现场实测对比 / 273

8.4　本章小结 / 277

CHAPTER 9
第 9 章　顶管施工现场监测及数据分析 / 279

9.1　现场施工情况 / 279

9.2　现场监测方案 / 280

9.3　监测数据分析 / 283

9.4　本章小结 / 290

CHAPTER 10
第 10 章　顶管管幕定额研究 / 293

10.1　顶管管幕工法定额的编制原则与依据 / 293

10.2　顶管管幕工程定额项目成果 / 294

CHAPTER 11
第 11 章　结语 / 313

参考文献 / 315

第 1 章 CHAPTER 1

绪论

1.1 工程背景

1.1.1 工程概况

港珠澳大桥跨越珠江口伶仃洋海域，是连接香港、珠海、澳门的大型跨海通道，由海中主体工程、口岸人工岛、三地连接线（香港、珠海、澳门）组成。

港珠澳大桥珠海连接线是港珠澳大桥的重要组成部分，全长 13.432km，采用双向六车道高速公路标准，设计速度 80km/h。珠海连接线起点位于珠澳人工岛，终点与广东西部沿海高速公路月环至南屏支线延长线相接，总体呈近东西向的 S 形波状展布（图 1-1）。珠海连接线是连接港珠澳大桥海中桥隧主体工程，完善国家高速公路网"珠

图 1-1 港珠澳大桥珠海连接线地理位置图

江三角洲地区环线"和广东省高速公路网"珠江三角洲外环高速公路"的关键项目。该项目的建成，可满足香港、澳门与内地之间的陆路客货运输要求，建立起连接珠江东西两岸大珠江三角洲地区、辐射泛珠江三角洲地区的全新陆路运输通道。

珠海连接线上的拱北隧道工程不仅是该连接线的关键性控制工程，也是整个港珠澳大桥工程的关键节点。拱北隧道全长2.741km，起于拱北湾海域，止于茂盛围区域，需下穿边防部队管制区、国内第一大陆路出入境口岸——拱北口岸、边界分界河等（图1-2），沿线走廊带狭窄、地理位置特殊、政治因素敏感。

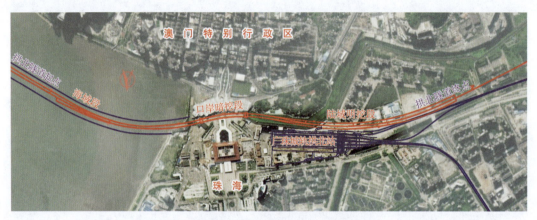

图1-2 港珠澳大桥珠海连接线拱北隧道工程平面图

拱北隧道工程包括海域明挖段、口岸暗挖段、陆域明挖段三部分，详细的区段划分如表1-1所示。

拱北隧道工程区段划分表　　　表1-1

编号	区段	起讫桩号	长度（m）	主要构成	施工工法
1	海域明挖段	ZK1+150.000~ZK2+382.048	1232.048	55个节段	围堰筑岛明挖法
		YK1+149.69~YK2+374.900	1225.204		
2	口岸暗挖段	ZK2+382.048~ZK2+649.201	267.153	暗挖段+2个工作井	暗挖段采用管幕冻结暗挖法，工作井采用明挖法
		YK2+374.90~YK2+660.105	285.205		
3	陆域明挖段	ZK2+664.302~ZK3+891.063	1226.761	56个节段	明挖法

1.1.2 建设条件

1.1.2.1 工程地质条件

拱北隧道工程场地地层由上至下依次为人工填土、淤泥及淤泥质土、砂砾、淤泥质土、粗砂/砾、砂/砾质黏性土层、残积土、全风化黑云母斑状花岗岩和强风化黑云母斑状花岗岩。其中，浅层为 28~35m 厚的海陆交互相沉积层，中间为 0.5~8.2m 厚的砂/砾质黏性土层，下伏为超过 20m 厚的全风化—强风化黑云母斑状花岗岩，各代表性土层的取样如图 1-3 所示。管幕冻结暗挖段穿越的土层主要有人工填土、中砂、粉质黏土、砾砂、淤泥质粉质黏土、粉质黏土、粉土、砾质黏性土。淤泥具有高含水率、高压缩性、高灵敏度、易触变、低强度的特点；砂层、砾砂层具有强透水性的特点。

a) 淤泥　　　　　　b) 淤泥质土　　　　　　c) 砂砾

d) 粗砂砾　　　　　　e) 砂砾质黏性土

图 1-3　代表性土层取样

地下水主要为孔隙潜水、孔隙承压水及基岩孔隙-裂隙水。由于无良好的隔水顶板，加之地表水（海域、鸭涌河）已成为地下水的集中补、排点，承压水为微承压或无压水，与海、河水互为补排关系。承压水地下水位变幅较小，地下水的升降在时间上略滞后于潮水。

1.1.2.2　周边环境条件

拱北隧道周边环境极其复杂。口岸暗挖段下穿国内第一大陆路口岸——拱北口岸，该口岸每天通关的人流量和车流量巨大，分别超过 40 万人次/天和 1 万车次/天。由于施工不能影响拱北口岸正常通关，因此，对地层变形控制的要求就极其苛刻。口岸暗挖段左侧管幕距澳门联检大楼地下桩基仅为 1.5m，右侧管幕距拱北海关出入境风雨廊桩基最小处仅 0.46m（图 1-4）。海域沿线建筑物主要有边防某部营楼（最小距离约 3.5m），陆域沿线建筑物主要有澳门孙中山纪念公园、澳门与珠海边界国防公路、鸭涌河（最小距离约 3m）、粤海国际花园（最小距离约 17m）、广珠城轨拱北站（最小距离约 30m）、排洪渠（最小距离约 9m）。拱北隧道沿线地下管网密集，主要有路灯管线、电信管线、给水管、电力管、污水管等，且管线走向交错，埋深不一，材质各不相同。

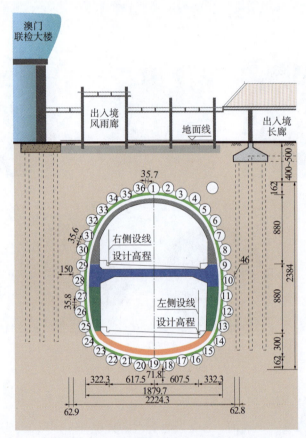

图 1-4　拱北隧道横断面示意图（尺寸单位：cm）

1.1.3　技术方案

珠海连接线项目是行业内技术含量极高、挑战性极大的公路工程建设项目之一。其中拱北隧道采用双线布置，按照"先分离并行，再上下重叠，最后又分离并行"的形式设置，涉及海域人工岛明挖段、口岸暗挖段及陆域明挖段等不同结构形式和施工工法。其中，口岸暗挖段采用 255m 曲线管幕 + 水平控制冻结法施工，是世界首座采用该工法施作的公路隧道，其曲线管幕顶进长度、水平冻结规模及隧道开挖断面面积均创造了业内新纪录。

拱北隧道工程涉及海域动水超大深基坑施工作业及世界首创曲线管幕+水平控制冻结法施工。其海域明挖段长1225m，最大基坑开挖跨度为32.66m，最大开挖深度为26.89m；陆域明挖段总长1230m，最大基坑开挖跨度为30.50m，最大开挖深度为22.06m；口岸暗挖段全长255m，工作井最大开挖深度超过31m，平面线形为缓和曲线+圆曲线（图1-5），采用上下叠层的卵形双层结构（图1-6），在隧道周围顶入36根ϕ1620mm的曲线钢管形成超前支护管幕体系，采用分段水平冻结法对管幕周围土体进行冻结，形成隔水帷幕后再进行超大断面暗挖施工（图1-7）。

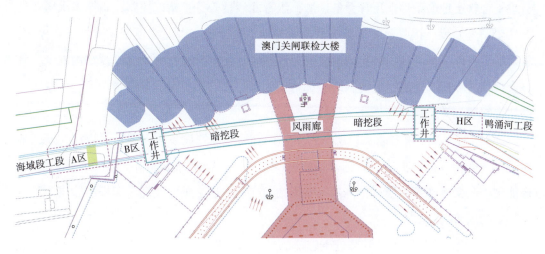

图1-5 拱北隧道曲线管幕平面图

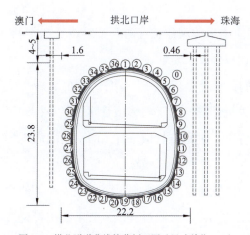

图1-6 拱北隧道曲线管幕剖面图（尺寸单位：m）

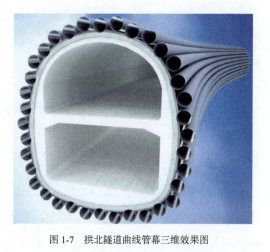

图1-7 拱北隧道曲线管幕三维效果图

国内已有的管幕超前支护法多结合箱涵顶进施工，且地下水影响较小，平面线形为直线且长度较短。拱北隧道曲线管幕结构尺寸大，横断面为椭圆形，断面尺寸为22m×24m，单根顶管的平均长度为255m；组成管幕的顶管直径大（1620mm）、数量多（37根，包括1根试验管）；相邻顶管之间净距仅为357mm；顶管顶进施工周期长，对地层变形的影响大；曲线管幕的顶进长度刷新了业内纪录。

1.2 主要技术问题及研究工作

针对拱北隧道曲线管幕工程的技术方案特点，施工时必然面临一系列技术难题，如富水复合软土地层条件下顶管设备选型，组合曲线顶管管幕精度控制，确保高水压条件下顶管安全始发、接收及管节接头密封可靠性，复合地层中曲线顶管泥浆制备和控制，复杂地质条件下顶管施工潜在的事故处理，曲线顶进钢管节受力状态以及结构安全，管幕合理顶进顺序及地层变形控制等，都将成为制约该管幕工程的关键技术问题。这些关键技术问题如下所述。

（1）如何在富水复合软土地层条件下选择合适的顶管设备，以满足顶管机在复杂地质条件下安全、高效掘进。需选择既能在淤泥质土、粉质黏土等软土地层中顺利掘进，还能破碎浅层的孤石、漂石、桩基等障碍物，同时，还必须保证高水压松散砂层中开挖面稳定的顶管设备。

（2）曲线顶进情况下，管节处于怎样的受力状态以及结构是否安全。本工程创新性地将曲线钢顶管用于管幕支护结构中，然而，目前曲线钢顶管并无相关设计规范，其基础理论研究和设计依据不能满足工程施工需求。而且，由于曲线顶管相邻管节之间存在偏角，在轴向顶力作用下，管节应力必然出现应力集中现象，这对管节结构更加不利。需对顶管管节处的受力进行分析和必要的验算，以保证安全性。

（3）对于曲线顶管管幕的群管顶进施工，如何选择最优的施工顺序，同时，减小施工引起的土体累计变形，也是决定工程成败的关键问题。由于相邻顶管间距极小，施工时必然会相互影响，所以，在复合软土地层条件下，进行群管顶进施工时，地层表现为复杂的累计变形，需对这种累计变形进行分析并作必要的变形验算。

（4）如何确保高水压条件下顶管安全始发、接收及管节接头密封可靠性。在类似拱北隧道高水压松散地层和软土地层中，顶管施工的始发、接收过程以及管节接头都是容易产生涌水和漏水的风险点。因此，安全的顶管始发和接收技术及设备、合理的接头密封结构是避免施工过程发生涌水、涌砂事故的保障。

（5）超小间距曲线顶管精确施工并无先例，因此，如何解决组合曲线顶管管幕精度控制问题，也是需要重点考虑的关键风险之一。该精度控制直接决定曲线顶管管幕结构能否形成和后续冻结施工的成败，且会影响其结构受力。

为解决上述技术难点，依托拱北隧道工程，采用现场调查、室内模拟试验、理论分析、计算机数值模拟和现场试验管综合试验等多种研究手段和方法，开展了一系列研究。第 2 章全面叙述了顶管与管幕工法应用和发展现状，重点包括曲线顶管、钢顶管管节、顶管对环境的影响等；第 3 章从管径、管节长度、顶力设计、管节接头设计等方面介绍了长距离曲线顶管设计关键技术；第 4 章介绍了顶管设备选型方法及拱北隧道选用顶管机和刀盘的应用；第 5 章主要研究顶管管幕施工环境扰动情况；第 6 章为本项目原位试验管的现场顶进试验监测及分析；第 7 章介绍了拱北隧道复合地层条件下长距离顶管及管幕施工关键技术，主要包括顶管超深工作井始发技术、顶进过程中的精度控制技术、顶管泥浆技术以及钢套筒接收技术；第 8 章通过理论计算研究与现场实测分析，介绍了施工过程顶进参数的选取和分析、顶力理论计算，及理论计算和现场实测的对比；第 9 章为顶管施工现场监测及数据分析；第 10 章为顶管管幕定额研究。

本书系统地研究并介绍了复杂条件下长距离大直径曲线顶管管幕技术，除解决拱北隧道口岸暗挖段施工中遇到的各种技术难题外，还形成了成套技术。该技术为长距离大直径曲线顶管管幕施工提供了科学依据，为复杂条件下地下工程施工提供了创新性的解决方法，可为今后类似工程提供指导。

第 2 章
CHAPTER 2
顶管与管幕工法应用和发展现状

2.1 国内外顶管技术的发展历史

2.1.1 国外顶管技术发展历史

顶管技术的发展具有悠久的历史。考古发现，在古罗马时期，中东居民已学会将木制管道顶进到罗马人的输水管道中窃取饮用水。其所使用的原理与顶管一致，即都是在不开槽挖土的情况下敷设管道。

1892 年，《美国铁路新闻》报道的在美国麻省举行的第十届新英格兰铁路主（Roadmasters）学术会议上，一位叫 Clark 的先生论及新的施工方法，从铁路路基侧面将铸铁管铺设到铁路下面。这可能是最早的顶管技术的引证文献。

美国第一个顶管工程是由北太平洋公司于 1896—1900 年间完成的一项铸铁管铺设工程。以后逐渐成为若干铁路公司的常规实用技术。如美国西部大铁道的 Ingalton、Illinois 曾在铁路下铺设铸铁管；加州南太平洋公司曾在早期顶管工程中用过带承插接头的标准铸铁管。

21 世纪开发和推广顶管技术的土木工程师应当首推美国的 Augustus Griffin。他于 1906—1918 年在加州水利工程的施工中改进了在铁路线下顶进铸铁涵管的技术，并早在 1920 年即已采用螺纹焊管和钢筋混凝土管取代了铸铁管。

在 1922—1947 年间，美国累计铺管 16800m，完成了 830 项工程，所采用的螺旋焊管直径为 700~2400mm。在某些情况下顶管长度超过 60m。顶管用的材质方面，虽然 20 世纪 20 年代曾广泛采用过混凝土管，但到了 60 年代则仍以螺旋焊接钢管居多。北太平洋公司于 30 年代对直径为 108~1800mm 的混凝土顶管施工进行了标准化。特别值得注意的是 1945 年，在亚历山大的 Richmond，Fredericksburg 和 Potomac 的铁路下面用顶管施工 ϕ2400mm 混凝土管工程，其覆盖层仅离地面路基 750mm。

在 20 世纪 50 年代，英国、法国、日本、联邦德国等国家都普遍地采用了顶管技术。在联邦德国，1957 年，Ed Zublin 首家开创了混凝土顶管施工与制造业；此后到 1970 年，包括各承包商，顶管里程达 200km。在英国，1958 年，Armco 公司在 Peterborough 北面的 Glenton 主铁路下面首次用螺旋焊管作为护套，铺设了长约 100m 的管线。另一家专业公司 Tube Heading 在铁路和公路下面铺设了若干钢质套管。Rees 公司于 20 世纪 60 年代初期开创了具有竞争力的"Seer thrust method"顶管法，这也促使若干家与之竞争的公司均取得了显著的技术进步。

日本于 20 世纪 50 年代末至 60 年代初发展了顶管技术。日本顶管技术始于 1948 年，用手动千斤顶在铁路下施工铺设了 ϕ600mm 的铸铁管。以后十多年顶管施工铺设的主要是铸铁管和钢管，50 年代末才开始使用混凝土管。后来的 20 年期间逐渐发展了现代化顶管技术，最主要的技术包括混凝土管的连接采用了橡胶环、能控制方向的中继站等。

2.1.2　国内顶管技术发展历史

我国顶管技术的起步略晚于发达国家，初期发展较慢，后来发展速度很快。1953 年，北京运用手掘式顶管技术（内径为 1.2m）穿越了京包铁路，开创了国内应用顶管技术的历史。上海第一次顶管施工是穿越黄浦江江堤的一根钢管的施工。1960 年，上海市市政研究所率先研制了机械式顶管技术；1967 年，上海市市政公司研制的挤压式顶管机获得成功。同年，上海研制成功了人不必进入管道的小口径遥控土压式机械顶管机，口径有 ϕ700mm~ϕ1050mm 多种规格，主要应用于穿越铁路、公路的工程中。到 1969 年，此类顶管机累计施工距离已多达 400m。1978 年，上海市基础公司科研所成功研制了三段双铰式工具管，解决了百米顶管技术的关键问题。1979 年，北京市顶进了内径为 2500mm、外径为 2980mm 的混凝土管穿越京张铁路，使该地区顶管工程的管道直径首次超过 2m。1981 年，上海市在穿越甬江的顶管工程中第一次采用了中继站技术，在管道外径为 2.6m 的情况下，顶进长度达到 581m。1984 年前后，我国北京、上海、南京等地先后开始引进国外先进的机械式顶管设备，使我国顶管技术上了一个新台阶。同时，也引进了一些顶管理论、施工技术和管理经验，土压平衡理论、泥水平衡理论、管接口的新形式和制管新技术也都慢慢地流行起来。1987年，上海市南市水厂过江顶管工程中开始采用计算机监控、激光陀螺仪等先进技术，顶进长度达到1120m。1988年，上海研制成功我国第一台ϕ2720mm多刀盘土压平衡顶管机，先后在虹漕路、浦建路等许多工地使用，取得了令人满意的效果。1990年，由上海市市政工程研究所负责、上海市隧道工程设计院和上海市第二市政工程公司参与研制的我国第一台泥水平衡遥控顶管机通过鉴定，认为达到同期国外同类产品水平。1992年，上海研制成功国内第一台加泥式ϕ1440mm土压平衡顶管机，用于广东省汕头市金砂东路的繁忙路段施工，施工结束测得位于出洞洞口上方的地面最终沉降仅为8mm。该机型目前已成系列，ϕ1440mm~ϕ3540mm不等。其中，ϕ1650mm机种还在1995年荣获了上海市科技成果三等奖。20世纪80年代到90年代，我国完成了6条千米以上超长管道的顶管。

近20年来，随着城市建设和改造项目的增多，顶管工程在我国各个城市都得到了广泛的应用。顶管施工技术无论在施工理论还是施工工艺方面，都有了突飞猛进的发展，各种新方法、新工艺不断出现；同时，有关顶管技术的理论也逐步发展起来。

2.2 曲线顶管技术现状

2.2.1 曲线顶管

在顶管的设计与施工过程中，由于地质条件的差异性、地面建筑物的环境保护要求以及原有地下构筑物不规则分布等原因，往往迫使工程的路线定为曲线。在此情况下，采用顶管或盾构机械设施使管节的中心线按照设计弧线前进的施工技术，即称为曲线顶管技术。从20世纪90年代后期开始，曲线顶管技术开始得到应用。随着先进顶管机的研制和自引导测量系统的开发应用，以及触变泥浆减阻技术的完善，曲线顶管的曲率半径越来越小。目前，日本顶管的管径一般在0.7~1.5m之间，曲线顶管顶进时的曲率半径为70~130m，而对于2m以上的大口径管道，则采用盾构法施工。

在国内，近十年来，顶管技术已发展到在建筑密集市区或在穿越江河及江堤地段，进行较长距离的顶管施工，用以修建市区下水管道，越江煤气管道，过堤出江水管。大口径的直线顶管技术已在我国获得成功且得到广泛应用，但大口径曲线顶管技术研究目前还处在开始阶段。

曲线顶管技术，特别是大口径曲线顶管技术的施工难度很高，虽然可以在曲线中间设置竖井（工作井）以折线代替曲线和增大曲线的曲率半径，但增加竖井会大大提高工程造价且延长工期，也会对城市环境和居民生活带来许多不利影响，综合考虑，还是应大力发展曲线顶管技术。

从国内外曲线顶管技术的发展现状来看，目前曲线顶管的管径以中、大口径为主，曲线类型有平面曲线、有垂直曲线和S形曲线，基本上能按工程的要求而变换。同时，顶进长度也向长距离方向发展。20世纪90年代以来，上海的顶管技术有了很大的发展。为了适应城市建设的需要，减少施工对城市生活的影响，长距离、大口径、小口径、深埋、浅埋等顶管技术发展很快，钢筋混凝土管曲线顶管技术的应用也越来越多。从曲线顶管应用范围来看，顶管内径为1650~3500mm，一次顶程最大可达1200m，曲率半径最小不到400m，并发展到双管间距不到顶管外径的一半。

国内曲线顶管施工的典型工程是上海合流污水治理二期工程，采用了三维复合急曲线技术，总长度416m，最小曲线半径156m。该工程采用曲线顶管技术施工且一次顶进到位，是迄今国内大口径顶管施工难度最大、曲线半径最小的顶管工程，在顶进设备配置、减阻注浆、测量导向、信息化施工、理论分析指导等急曲线顶管关键技术上都有了新的突破。

2.2.1.1 曲线顶管技术的施工方法

曲线顶管技术的施工方法一般可分为传统曲线顶管法和预调式曲线顶管法两种。

传统曲线顶管法又包括楔形套环及楔形垫块曲线顶进工法。楔形套环及楔形垫块法主要适用于单纯的曲线顶管，即一次顶进长度中，只有同一种半径的曲线段。其原理是将套环按设计的张口要求加工成楔形套环，或在顶管管节接头处使用楔形垫块，使管节接缝张开成"V"形。楔形垫块多采用硬质木料制成，以便保持管节之间的开口度。在曲线段施工时，先利用刃口（工具管）千斤顶在线路的最前端顶出曲线形状；然后，在后续管节之间依次插入楔形垫块并逐节顶进，形成曲线段；进入直线段时，则先利用刃口千斤顶将线路修正成直线，后续管节依次撤去楔形垫块并逐节顶进闭合张口，形成直线段。当前多数的曲线顶管施工均采用该工法。

所谓预调式曲线顶管法，就是在每一个管节接口处都安装有间隙调整器，然后人为调整管节之间的张角，使之符合设计曲线要求后再进行顶进的一种新的顶进工艺。使用预调式曲线顶管工法时，每一个接口都设有调整器及其他零件，构成可调接口。在前后管节之间套有一个特制的钢套环，钢套环与前管固定在一起，后管则可以来回抽动，所以，后管安装钢套环的台肩比较长。前后管节与钢套环之间都设有橡胶止水圈，且后管的端面安装有一个可拆卸的法兰圈。

对上述两种曲线顶管法进行比较可以发现：传统曲线顶管法的管口张角，是由于管节的侧向分力所致。如果土体太软，侧向分力过小，管口张不开，则无法进行曲线顶进；这时，只能在管节圆弧外侧进行土体加固，以提高土体强度。这样不仅成本高，而且加固范围不容易掌握，尤其是在垂直曲线时更难把握。预调式曲线顶管法则不会产生上述问题。所以，传统曲线顶管法并非真正意义上的曲线顶管，而预调式曲线顶管法才是，它具有以下优点：

（1）在形成曲线过程中，不需要采用土体加固等辅助措施；

（2）施工过程中，形成曲线的精度很高，可以调整到与设计要求相一致的曲率半径；

（3）可以方便地进行复杂曲线的顶管施工，具有较好的经济性；

（4）混凝土管不容易破损，推进距离比传统曲线顶管法长；

（5）曲率半径可比传统曲线顶管法更小，传统曲线顶管法的最小半径$R_{min}=100D_0$，而预调式曲线顶管法的最小半径$R_{min}=36D_0$（D_0为顶管外径）；

（6）适用的地质条件广，管节受力均匀，无应力集中等。

2.2.1.2 曲线顶管技术的基本原理

在直线顶管中，管节在机头的引导下，空间上不是直线运动的，而是上下左右变化的，通过纠偏来实现直线顶进，管节事实上呈曲线运动，绝对的直线顶管是没有的。因而，曲线顶管技术就是通过一定的方法，如曲线内外侧的不同挖土量、纠偏千斤顶的不同行程、改变两侧土体特性等，使机头产生偏心，有控制地改变方向，为后续管节折线前进提供条件。曲线的形成和保持是技术的关键，它与管道曲率半径、管节接缝开口值、单节管节几何尺寸、管径大小、管节接缝形式、土体特性、机头形式和设备性能等有关。目前曲线顶管技术一般所用的管道外形几何尺寸为普通标准型号，其外形尺寸与直线顶管工程所用管道一样。

在设计曲线顶管时，除了考虑地层条件之外，以下几个因素应该重点考虑：①顶管的曲率半径；②管道直径；③单根管节的长度；④最大和最小的管节接头间隙；⑤顶力的传递形式；⑥管节之间的密封问题。

2.2.1.3 顶管的曲率半径与管节尺寸关系

顶管的曲率半径大小与土质、管径、顶力有关。土体承载力高，曲率半径可以小一点；土体承载力低，曲率半径要大一点。管道直径大，曲率半径要大一点；管道直径小，曲率半径可以小一点。管节较长，曲率半径要大一点；管节较短，曲率半径可以小一点。施工顶力较大，曲率半径要大一点；顶力较小，曲率半径可以小一点。曲线顶管所用的钢筋混凝土管节，最理想的是能够根据曲率需要，将管节两个端面制作成楔形状（端面与垂直轴向的断面成一定角度）。然而，由于这种管节制作精度要求高、难度大、成本高，很难做到成批量生产。在工程中，一般还是使用现成钢模具制作标准几何尺寸的管节，利用其承插接头的允许偏转角，来达到形成曲线的目的。为此，曲线顶管施工的曲率半径与管径、单节管节长度、两管节接缝间的开口大小、管节接头形式等有关，其经验公式为

$$\frac{LD}{R} \leq S \tag{2-1}$$

式中：L——单节管节轴向长度（mm）；

D——管节内径（mm）；

R——曲线管道的曲率半径（mm）；

S——两管节接缝间施工允许最大开口值（mm）。

不同的管节接头形式决定了该种管节接缝允许的施工最大开口值，考虑到曲线形成时的管-土共同作用和延时回弹，机头机架尺寸、刚度对管道影响，顶进和纠偏方向偏差及管节强度等因素，其值远小于管节接头允许偏转角。比如"F"形接头，根据施工经验，其 $S \leq 14mm$。如果式（2-1）不成立，可以缩短 L，使之满足要求。

2.2.1.4 顶管曲线的形成和控制

在实际施工中，光靠顶头与第一节管节之间的纠偏千斤顶来改变顶进方向而满足曲率要求是很困难的，这主要是由土质决定。土质较软，机头和管节有"漂浮"感，不能形成足够的土压力使后续管节接缝按要求值张开。这就需要强制性地打开后续几个管节的接缝，如在顶头和第一个中继站之间的每条管缝设置定位千斤顶，当土体约束力不足时，可由前至后依次打开管缝，形成一个较理想的"组合弯曲顶头"。顶进方向的控制一般是依据测量结果进行的，同时，对操作人员要求很高，有经验的、高素质的人员可以根据测量数据、当前机头姿态、土质情况等来确定是否提前纠偏、纠偏程度、曲线组合程度、出土速度等。应该注意的是，在曲线顶管中机头后第一个中继站设置的位置是很重要的，在设计中，不能仅考虑满足顶力要求，还应考虑如何有利于曲线的形成和保

持，一般不宜超过 10 节管节。

2.2.1.5 施工轴线与设计轴线的关系

曲线顶进中轴线控制一般遵循两个原则：①由直线进入曲线时，应在设计起弯点前数米提前转弯；②曲线段施工轴线要控制在设计轴线内侧。因为，在曲线顶进中，垂直管道轴线向外的法向分力、管-土的延时回弹等因素作用，使之有向外侧移动的趋势，使轴线容易向曲线外侧调整，不易向曲线内侧调整。

2.2.1.6 地层沉降特点

曲线顶管施工较直线顶管更容易引起地层损失，除了具有同直线顶管相同的原因外，还具有如下原因：①顶头（包括"组合弯曲顶头"）作曲线扩幅顶进强行转折，其轴线与后续管节形成一个夹角，使顶头周围土体扩展成更大的椭圆形通道，更增加了土体与管壁的间隙；②"组合弯曲顶头"及后续管节由于增加了向曲线外侧的法向分力，对周围土体的扰动更大；③对于标准尺寸的管节，由于要形成曲线使管节接缝局部张开，对接头的止水要求更高，因而，由于接头渗漏引起水土流失的可能性增大；④施工中如果不能形成理想的"组合弯曲顶头"，则对土体的超切、扰动更大。

2.2.1.7 管节结构、制作质量等的要求

曲线顶管在顶进过程中管节端面受力不均匀，曲线内侧管节端面应力集中，所以一般管节混凝土强度等级不小于 50MPa。同时，管节缝的木衬垫以中硬为好，厚度约 30mm（直线顶管一般约 12mm）。除去表面硬节，对管口端面的保护较为有利。管节的制作精度要求高，尤其是接头部位，应保证橡胶止水圈安装、钢套环承插位置准确，橡胶止水圈变形均匀。

2.2.1.8 施工测量

轴线测量是曲线顶管的技术难点，首先，工作场地狭小，曲线段不通视；其次，为保证轴线的准确，需进行频繁测量和计算，工作量大、精度要求高；同时，为保证施工进度，要求尽量缩短测量周期等。

目前已运用了计算机系统来辅助施工测量，如电动经纬仪计算机程序自动导向测量系统。其基本原理是：事先根据始发井、接收井两个洞口位置和管道设计轴线，编制控制程序，在施工中通过自动经纬仪瞄准机头上的靶标，可即时计算出机头在此处的实际位置与设计位置之间的偏差，并在计算机显示屏上以图形显示出机头的上下左右偏差值，预判其发展趋势，技术人员可以直观地通过调整纠偏千斤顶等方法来调整机头方向

和姿态。电动经纬仪可根据需要设置多台，数据通过信息电缆输入计算机。由于整个系统是自动运行，测量在动态下连续进行，操作人员可随时了解顶进情况并发出指令。

2.2.1.9 压浆

鉴于曲线顶管的施工特点，压浆工作显得尤为重要。首先，对浆液要求高，膨润土泥浆的运动流限与静止流限之比控制在 1∶6~1∶10 之间。这样当顶进时，泥浆触变呈溶胶状态，起润滑作用；而停止顶进时，泥浆呈凝胶状态，起支撑作用。其次，为了使管壁外侧均匀地充满浆液，压浆孔的布置很重要，其数量和纵向间距布置应满足前部多于后部的原则；操作时应同步注浆，"组合弯曲顶头"部分更应重视。

2.2.2 长距离顶管制约因素

长距离顶管由于一次连续顶进距离长，与普通顶管有许多不同之处，有许多制约长距离顶管的因素。主要因素如下：

（1）受顶力制约。从理论上讲，管道顶进距离增长，只需增加主顶油缸顶力即可。然而顶力增加了，还应考虑管道和后座墙的承受力。常用的混凝土管的抗压强度为13~17.5MPa，玻璃纤维加强管的抗压强度为 90~100MPa，钢管的抗压强度可达 210MPa。因此，在长距离顶管中应首先选用钢管。

（2）受后座墙的承受力制约。

（3）受排土方式制约。

（4）受管径大小制约。如果管径小了，作业人员进出管道时不能直立行走，影响顶进速率，且极易使人疲劳，降低工作效率。一般来讲，长距离顶管管径宜在 1.8m 以上。

（5）受测量方法制约。对于普通的激光经纬仪，如距离太长，影响其测量精度。

（6）受顶管机等各种机具寿命影响和制约。如各种密封件、切削刀头、中继站的寿命等。

（7）对管道通风要求较高。

在上述因素中，最为关键的是施工中的顶力问题，所以施工中的减阻措施显得尤为重要。

2.2.3 曲线钢顶管

王承德（1998）认为无中继环的钢管不能用于曲线顶管。钢管曲线顶管（简称曲线钢顶管）的最小曲率半径大小主要取决于中继环布置的间距和中继环的允许转角。目前钢管顶管沿用的老式中继环允许转角很小，因此，不宜用于曲线顶管。组合密封中继环研究成功后,允许中继环有较大的转角,可用于曲线钢顶管。

$$R_{\min} = \frac{L}{2\sin\left(k\dfrac{\alpha}{2}\right)} \tag{2-2}$$

式中:$R_{\min}$——最小曲率半径(m);

L——中继环间距(m);

k——系数,取$k=0.5$;

α——中继环允许转角,取$\alpha=1°$。

表2-1是L取2~15时$R_{\min}$的取值。

L 与 $R_{\min}$ 的取值表　　　　　　　　　　表2-1

L	k	α	$R_{\min}$(m)
2	0.5	1	229.1838
3	0.5	1	343.7758
4	0.5	1	458.3677
5	0.5	1	572.9596
6	0.5	1	687.5515
7	0.5	1	802.1435
8	0.5	1	916.7354
9	0.5	1	1031.327
10	0.5	1	1145.919
11	0.5	1	1260.511
12	0.5	1	1375.103
13	0.5	1	1489.695
14	0.5	1	1604.287
15	0.5	1	1718.879

吴绍珍结合混凝土曲线顶管及钢管直线顶管(简称直线钢顶管)原理,提出一种曲线钢顶管方式,并对其原理及注意事项进行了分析。

2.2.3.1 钢管应用于曲线顶管的局限因素

作为钢管顶管(简称钢顶管),正是由于所采用的焊接工艺,无法实现其折线、曲线顶进的目的。曲线顶管在钢筋混凝土管顶进中使用较为普遍，而钢管则无法实现，其原因在于混凝土管接头采用的是承插口，承口和插口之间留有缝隙，并采用木垫圈来调整，最终在设计的角度下实现曲线顶进。同时，依靠木垫圈的压缩来平均分布作用在管壁上的荷载，避免管壁被压裂或压碎，进而保证管道顺利顶进。相反地，钢管焊缝位置往往为其薄弱环节，在带有一定转角的情况下，焊缝处应力超过最大允许应力；相对于混凝土管来说，钢管属于薄壁结构，在较大的局部应力集中情况下，焊缝处极易产生拉裂或压碎等屈服现象，造成工程失败。类似的工程事故在最近几年均发生过，严重的甚至发生人员伤亡情况。

2.2.3.2　现实工程中曲线钢顶管的理论分析

由于地下土层的软硬变化，施工中出土均匀性、超挖量大小、注浆效果及施工操作中的误差等，都会造成顶管施工中的轴线误差。因此，无论是混凝土管还是钢管，实际顶管施工中根本无法做到真正的直线顶进。所以，设计文件中均要求顶进中要勤测勤纠。

按照上述分析，钢管顶进中还是存在曲线顶进的实际情况，只是由于控制了偏移误差，角度较小，曲率半径较大。也正是如此，有些施工单位甚至在实际工程中抛开直线顶进的要求，直接采用曲线钢顶管的工艺来避开障碍物，达到顶管的目的（图 2-1）。选用曲线顶进后，可以省却中间的 1 个井体结构，降低造价，缩短工期，效果显著。

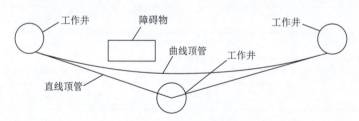

图 2-1　采用曲线钢顶管工艺来避开障碍物

曲线顶管施工之后，转角位置的焊缝势必存在拉应力，在管道未满水、没有温度应力等荷载作用下，焊缝位置已经发生由于曲线顶进而产生的纵向应力集中现象。

在直线钢顶管情况下，能较为合理地计算出管道在各种工况下的受力情况，进而设计管壁厚度，甚至所谓的顶进施工变形形成的影响等内容都已考虑。但是，目前无法给出曲线顶管情况下预先出现的纵向、环向应力，因此，也就无法判定原来的设计壁厚是否能够满足在新情况下的需要。当无法合理地计算出叠加的应力大小及其分布情况时，势必会产生管内加压时爆管的现象；或长期在内压作用下，初始变形及应力集中一直持续发展,最终,由于塑性变形、应力突变等情况的发生,造成管道屈服,使用寿命缩短,造成无法估量的后果,产生巨大的经济损失。甚至在开槽敷设的钢管中,很多爆管事故也是由于焊缝的原因造成的,焊缝成为整个钢顶管施工的薄弱环节。同时,由于管道基础施工没有完全按照设计及规范的要求进行,造成管道通水之后,管道部分位置(尤其是焊缝位置)发生不均匀沉降,焊缝位置长时间处于不均匀变形状态,由弹性变形变成塑性变形,造成管道焊缝处疲劳破坏,进而发生爆管事故。

由此可见,无论是埋管还是顶管,钢管的焊缝位置都是薄弱环节,所以,在设计管道敷设方式时,须考虑焊缝疲劳变形的可能。因此,现有的顶管工程一直将钢管的顶进方式确定为直线顶进。

2.2.3.3 曲线钢顶管设想的引出

混凝土管曲线顶进已经比较成熟,我们是否能够从中吸取一些经验呢?比如在长距离钢顶管中,中继站的使用越来越多,而且中继站在顶管施工过程中是承插形式(图2-2),待管道顶通之后,再拆卸中继站油缸,最后焊接连接。

图 2-2 中继站

由混凝土管曲线顶进及钢顶管中继站原理可知,钢管的曲线顶进也是可以实现的。传统钢顶管中,往往是抱着焊接连接这一前提,使得曲线顶进无法实现。那么,钢管管节之间先不焊接,而是借鉴混凝土管的承插连接,就可以满足其曲线顶进的先决条件了。

2.2.3.4 曲线钢顶管的管节设计

钢管管节一端接头为插口,另一端接头为承口,承口和插口端部分别设置有加劲圆环,加劲圆环和钢管之间设置纵向加劲板。2节钢管管节的加劲圆环之间安放楔形垫块,并通过螺栓连接。管节之间在顶进时为柔性连接,进行曲线顶进,顶进完成后转变为刚性连接。这种曲线钢顶管管节的优点在于构造简单、布置紧凑、成本较低,施工时操作较为容易、工期较短。曲线钢顶管管节结构如图 2-3 所示。钢顶管要实现曲线顶进的几个原则性问题已基本解决:首先,顶进过程中为承插连接,焊缝薄弱环节解除;其次,曲线张角通过螺栓固定,同时,只要张角控制严格,在管节缝隙之间设置松木等垫片,能很好地调节管道顶进过程中的受力,避免管壁一点接触造成屈服破坏;再次,管道承口与插口之间设置橡胶圈,能够解决顶进施工中的止水问题。

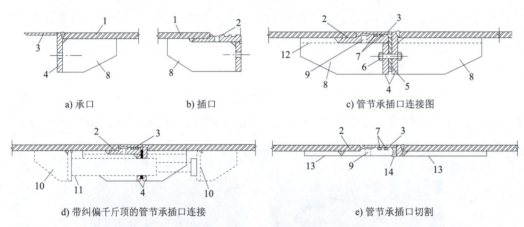

a) 承口　　　　b) 插口　　　　c) 管节承插口连接图

d) 带纠偏千斤顶的管节承插口连接　　　e) 管节承插口切割

图 2-3　曲线钢顶管管节结构

1- 管节;2- 插口;3- 承口;4- 加劲圆环;5- 楔形垫块;6- 限位螺栓;7- 橡胶密封圈;8- 纵向加劲板;9- 注浆孔;
10- 局部加劲板;11- 小行程液压千斤顶;12- 切割线;13- 残留纵向加劲板;14- 焊接

2.2.3.5　曲线钢顶管的注意事项

通过上述改进调整,钢管曲线顶进已基本可以实现,但在一些关键环节上还需严格控制。

(1) 角度的控制。通过螺栓的松紧来固定曲线张角,但这些螺栓的松紧是人工操作的,这就成为影响工程施工的第一个关键环节。螺栓的连接,必须严格按照预先设计的管道张角来控制其松紧,方能达到控制施工质量的目的。

(2) 橡胶圈的设置。曲线管节之间采用承插口连接,因此,管内的止水效果完全取决于管外的注浆及承插口中的橡胶止水圈。

(3) 管节之间的焊接连接。在混凝土顶管领域,往往顶进结束之后,承插口不需要再焊接加固,其止水效果仍能满足使用要求。但是,在钢顶管领域(尤其是给水工程中),无论采用何种形式顶进,最终所有的接头之间仍必须采用焊缝连接,才能确保管道能够承受因较大内水压力、温度应力等因素造成的管道纵向应力。因此，在确定钢顶管曲线顶进方案时，施工结束后，管节之间仍需要焊接连接。

（4）承插口的设计、加工。曲线钢顶管因采用承插口设计，使顶管施工中由于曲线转角、施工偏差等原因造成的应力、变形能够及时释放，为今后管道的承载力提供了足够的保障，这也是承插口较焊接连接的优势所在。由于承插口的构造相对较为复杂、焊缝较多，工厂加工成为影响接口质量的关键环节。如焊缝质量不好，可能严重影响施工及今后的正常运行。

2.2.4 曲线顶管环境效应分析

向安田等（2006）以软土地区长距离急曲线顶管的施工为例，全面分析了顶管施工过程中可能引起地层沉降的施工因素，并系统提出了相应的沉降控制措施。

2.2.4.1 引起地层沉降的施工因素分析

顶管施工引起地层沉降而破坏环境的原因往往是综合性的，涉及施工的方方面面，归纳起来，有以下主要因素。

（1）膨润土泥浆制备质量差，减阻性能不好，顶进摩阻力大。

（2）注浆工艺不合理，顶管密封性不好，不能形成完整的泥浆套，泥浆减阻作用不能有效发挥甚至产生"背土"现象。

（3）纠偏措施不力，轴线偏差过大。

（4）顶管机选型不合理，其开挖面土体因卸荷作用大量向外挤出，甚至坍塌，从而引起较大地层沉降。

（5）中继环或顶管接头因曲线顶进而张开或局部应力集中而破损，密封失效，使膨润土泥浆大量渗漏到管内，以致浆套无法形成，从而导致一系列严重后果，如摩阻力增大、地层强烈扰动等。对非黏性地层，甚至会因为渗漏泥水和流砂引起管道下沉和地表塌陷，导致停工。

（6）注浆压力偏小，难以维持土壁稳定，对于砂性土，土体在径向压力不足的情况下坍塌。对于黏性土，虽然不致塌方，但也会致使泥浆套收缩，从而引起地层沉降。

（7）泥浆配比不当，泥浆套支撑作用难以有效发挥，导致上覆土体特别是非黏性土垮塌，或者施工完毕未及时彻底置换掉膨润土泥浆，因其失水收缩引起较大沉降。

（8）在顶管机进出洞时，洞口土体强度不够，或是对非黏性土层不进行加固和密封处理，大量土体和地下水通过洞口涌入工作井，导致大面积地表沉陷。

2.2.4.2　控制沉降的对策与措施

在顶管施工过程中，难免会扰动周围地层而引起一定沉降。制定良好的施工预案，采取合理的应对措施，将沉降控制在周围环境（特别是繁华商业区和交通繁忙的闹市区）能够承受的范围内是非常必要的。针对产生沉降的原因分析，就泥浆制备和注浆工艺、进出洞技术和中继环密封技术等方面提出相应的施工控制措施。

（1）泥浆制备和注浆工艺

①触变泥浆要选用优质膨润土，根据经验和试验采用合适的配比比例，以保证泥浆的减阻效果和支承能力。浆液必须搅拌充分，在膨润土泥浆压入以前，对储浆箱内的泥浆再进行一次搅拌。

②压浆一定要从出洞口开始，可避免管节进入土体后被握裹，进而引起"背土"的恶劣情况。

③机尾需同步压浆，使浆套随机头不断延伸，若不及时压浆，机壳外面也很容易产生"背土"现象。

④管道沿线要定时进行补浆，不断弥补浆液向土层的渗透量，有助于保证泥浆套的完整，减少管道前移时对上方土体的摩擦扰动。

⑤压浆孔环向均匀布置，相邻两个断面注浆孔应错开布置，以利于形成完整的泥浆套。

⑥严格控制注浆压力，使其不小于管体上部的静止土压力和水头压力。顶进时要根据地面变形、地下水位等因素适当调整压力和压浆量。在泥浆出口处装止回阀，使其不回浆，以使触变泥浆套的压力在临时停泵后仍保持基本不变。必要时应设置中继压浆泵，以抵消输送管的压力损失，稳定注浆压力。

⑦由于曲线段外侧存在法向分力作用，对土体扰动和摩阻力都会增大，当顶管机进入曲线段时，要增加对曲线外侧的注浆量，尽可能形成完整泥浆套。

⑧顶管贯通后，要利用触变泥浆压注孔及时对顶进时处于管道外的触变泥浆进行纯水泥浆置换，从而减少管道的后期沉降。

（2）进出洞技术和中继环密封技术

工作井洞口止水装置采用橡胶止水法兰密封。在橡胶止水法兰之前应预埋注浆孔，以便压注膨润土泥浆，如图 2-4 所示。洞外工作井土体密封加固可采用 SMW（Soil Mixing Wall）工法桩加压密注浆等方案。在支护结构内预设钢圈，使出洞更加快捷。在内衬预留洞上安装双道橡胶法兰止水装置，确保止水可靠安全。顶管过程中加强出洞口的触变泥浆压注，以减小对出洞段土体的扰动。

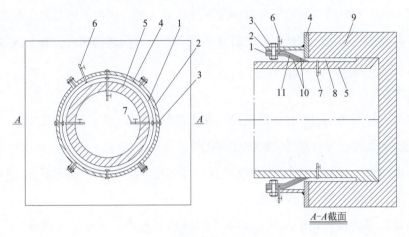

图 2-4　顶管洞口防水止浆装置

1- 井圈刷；2- 刷架；3- 螺栓；4- 井圈；5- 顶管；6- 注油管；7- 注浆管；8- 空隙；9- 围岩；10- 薄铁片；11- 弹性钢丝

为加强中继环密封效果，可采取如下措施：

①采用径向可调整的止水装置，确保在施工中可以施加预紧力以满足密封效果，或者通过调整压紧螺栓，恢复密封性能；

②在两道橡胶圈之间设置油脂注入孔，通过油脂来减少橡胶圈磨损速度和加强止水效果；提高密封配合面的尺寸精度、表面粗糙度以及密封材料的质量。

2.2.5　长距离曲线顶管的精度控制关键技术和常用措施

2.2.5.1　顶管机姿态控制技术

（1）光学法

在一般的工程测量中，光学法是最常用的方法，顶管和微型隧道技术也不例外，主要的测量设备或系统包括激光仪、经纬仪、激光经纬仪。

①激光仪

激光仪的可测距离为 100~200m，光束射点直径为 10~20mm，基本能满足顶管测量精度的要求。采用激光测量时，在顶进工作坑内安装激光发射器，按照管线设计的坡度和方向将发射器调整好；同时，在管内装上接收靶（目标靶），目标靶上刻有尺度线，当顶进管道与设计坡度一致时，激光点直射靶心，说明顶进质量良好，未出现偏差。

接收靶又称激光接收装置。激光仪接通电源后，通过 3000V 的电压点燃激光管，发射出一束红色光束，调整光束方向使之对准接收靶中心。如顶进管道在方向或高程上出现偏差时，则光点射在靶上的位置偏离中心点，此时，实际误差方位与靶上所反映的位置相反。由于发射器与接收靶各自固定在顶程的一端，而激光束总是按照管线设计方向发射并射在接收靶上，因此，能及时观测管端与设计线路的相对位置，故能做到随时观察，及时发现误差。

②经纬仪

当顶管直径≥DN1200时，采用经纬仪来测量和确定顶管机的位置更合适，因为，这样才能完全发挥经纬仪测量角度变化的优势。

采用经纬仪一般不可能实现顶管机的自动导向，因为，光点的观察和顶管机偏斜的测量都必须在工作坑中通过肉眼来进行。

经纬仪的主要优点在于所采用的光学射线是恒定的，不像激光束容易受其他因素的干扰。

无论是激光仪还是经纬仪，都会受到光的折射作用的影响。但是当由于空气涡流而引起光的扩散时，人的肉眼仍能够通过经纬仪在足够的精度下观察到目标；而在同样的条件下，采用激光仪则可能无法进行精确测量。

③激光经纬仪

激光经纬仪是上述两种方法的优势结合，即使在长距离的顶进施工中，也仍然能够观察到激光束的偏移，从而采取必要的纠正措施。

激光经纬仪有两种类型。一种是将激光器与经纬仪并联后固定于望远镜上，通过棱镜将激光射入望远镜内发射出去。其特点是输出功率大、射程远，但采用仪器横轴支承不利；同时，激光器产生的热量传给经纬仪，会影响其精度。另一种是采用光导纤维将激光导入望远镜内而同轴发射，这就不致影响经纬仪的精度，但激光束的能量损失较大。

图2-5是数码激光经纬仪，激光束在白天多云条件下，工作范围达400m，在管道、地下等黑暗环境下，工作范围更远。激光束可在聚焦模式和平行模式下切换，激光光斑非常逼近圆形，判断光斑中心非常简单、精确。

④CCD摄像机

采用电荷耦合摄像机（CCD Camera）的测量方法（图2-6）和大直径管道顶进时的测量方法类似。在这种方法中，用两个双联式的CCD摄像机取代了经纬仪，CCD摄像机的半导体芯片可用来扫描、处理和储存目标靶上的图像数据。在对相反方向进行测量时，这两个相互连接的 CCD 摄像机无须像经纬仪那样进行旋转。另外，采用这种测量方法可提高测量的精度。

两个 CCD 摄像机被安装在两个目标靶的中间，其中之一安装在与顶管机铰接在一起的工具管内，另一个则安装在已铺好的管道中。CCD 摄像机和目标靶之间的距离是相等的，具体要根据所采用 CCD 摄像机的镜头确定。

在进行测量时，CCD 摄像机扫描并将目标靶上的图像数据传输到计算机，计算机将这些新获得的数据与以前采集并存储的数据进行比较分析，通过计算得出目标靶的当前位置，也即顶管机当前的位置。管道的转动以及 CCD 摄像机的位置可以通过两个呈直角安放的倾角测量仪测得。

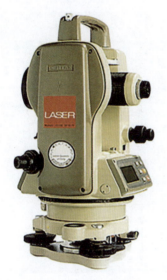

图 2-5　数码激光经纬仪

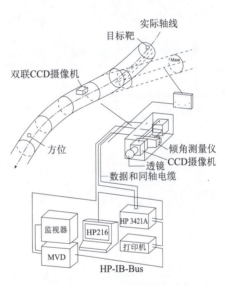

图 2-6　CCD 摄像机的测量原理图

（2）陀螺仪法

陀螺仪已被广泛地应用于钻井工程，用来测量钻孔的顶角和方位角。陀螺装置主要优点在于：在测定顶管机位置时，可不受管道顶进轨迹和顶进长度的影响。

在 20 世纪 60 年代，陀螺测量系统已应用于德国汉堡地下管道施工中，1977—1979 年，在德国汉堡又成功地应用于一项长 1243m、管道直径为 2600mm 的污水管道工程，其方向测量精度为 0.1°。为了使得陀螺法能够被顶管施工界所接受，人们随后又进行了一些研究工作。1984 年 7 月，在德国汉堡采用 TELE MOLE 顶管机施工时，德国波鸿鲁尔大学进行了陀螺测量系统和激光系统的同步测试对比，所采用的陀螺仪为 Teldix

NSK5-1 型。

上述对陀螺系统的研究证明,陀螺仪基本可以满足顶管和微型隧道施工对水平偏差的测量要求,但是许多专家仍然认为,这种方法在今后的实际应用中还值得讨论。

(3)液面水平法和水压测量法

液面水平法(Tube Level/Hose Level)是一种精确的高程测量方法。其测量原理是基于流体物理性能,即两个相互连通容器中的液面始终保持相等。在测量过程中,通过简单的调整,很容易将一端容器中的液面设置在测点位置,这样,液面的变化可以在另一端进行观察并记录下来。

现代的液面水平法测量系统如图 2-7 所示,通过测量触角来监测液面,同时,通过一套精密的机械装置始终保持触角与液面的接触。

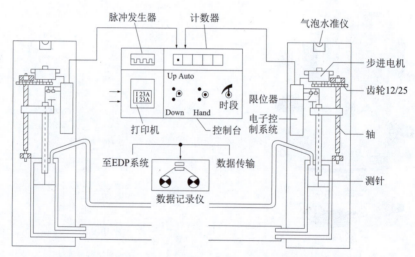

图 2-7 液面水平法测量系统原理图

标准的测量系统由于受容器高度影响,其测量范围也受到限制。

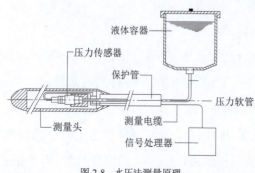

图 2-8 水压法测量原理

水压测量(又称静压测量,Hydrostatic Measuring)方法(图 2-8)基本原理和液面水平法相同。在该系统中,液体管路的一端和一个液体容器相连,该容器安置在一个固定的位置,其液面是自由的,可作为参考液面或高度;管路的另一端装备一个电子测量数值记录装置,其作用是将管路两端静水压力差（和两端液面的高度差呈正比）转变成电信号。

由于液面水平法伴随着流体的流动，可能产生结果显示的滞后；而水压法则不存在类似情况，可以即时获得测量数据。测量信号被传输到信号处理装置，对信号进行处理并通过数字的格式显示出管路两端的高度差。该测量装置也可以连接到打印机，打印输出测量结果。

(4) 顶距测量法

在确定顶管机的位置时，顶管机的顶进长度也是一个十分重要的因素。通常可采用如下方法对顶距进行测量：

①将所有顶进管道长度相加；

②测量顶进油缸的总行程；

③通过一个测量轮测量管道行程；

④拉线法，即测量线的一端固定在顶管机上，在顶进过程中，测量线随顶管机同步跟进。

上述测量方法中，目前应用最广的是测量轮法（图 2-9）。测量轮一般安装在工作井的封门上 [图 2-9 a)]，借助于测量轮的转动激发起电信号并转换成顶进长度显示出来。

a) 工作井封门上的测量轮　　　　　　　b) 测量轮

图 2-9　测量轮法

2.2.5.2　纠偏控制

(1) 海瑞克长距离曲线顶管 SLS-RV 测量导向系统（简称 SLS-RV 系统）

鉴于拱北隧道工程为曲线顶管且精度要求高，采取 SLS-RV 系统进行测量。

在顶管施工测量中，最大的困难是整个系统始终处于运动中，因此，在管路系统中不可能找到一个固定不变的参考点作为测量基准点。所以，传统的测量方法不得不每次都采用始发井作为测量的零点。随着顶进长度的增加，测量的工作量也就越来越大。且传统方法只有在停止顶进时才能进行，即不能进行同步测量，使得测量结果有一定的滞后。

SLS-RV 系统具有如下优点：

①能够对曲线顶管进行水平和垂直方向的跟踪测量；

②顶进开始后，测量系统所有部件都位于隧道前部，无须再从工作井进行测量；

③所有部件控制通过相应的软件来实现；

④所有测量结果记录在系统的数据库中，和顶管机控制数据一起提供给操作者。SLS-RV 系统包括硬件和软件两部分，硬件设备主要包括主动目标靶、激光全站仪（图 2-10）、反射棱镜、倾角测量仪、控制装置、顶距测量装置和导向系统所用的计算机等。

SLS-RV 系统（图 2-11）利用安装在移动的管道壁上的激光发射器发出的激光对顶管机提供足够精确的稳定基准，使顶管机能够适应长距离及曲线顶进。该系统可为长距离及曲线顶管隧道的顶进提供精确导向。

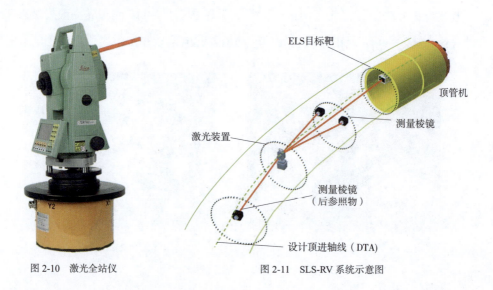

图 2-10　激光全站仪　　　　图 2-11　SLS-RV 系统示意图

该系统特点是：连续提供顶管机的姿态和趋向角信息，利用数字及图像两种方式显示，并在此基础上来调整顶管机的姿态，将跟顶进有关的数据保存在系统的数据库中，可编程激光全站仪，活动激光靶等。

例如，隧道顶管机（TBM）的操作者需要连续地得到顶管轴线相对于隧道设计轴线（DTA）的位置及方向关系，而且在顶管机匀速顶进（保持每分钟几厘米的顶进速率）的情况下，为了保持顶管机尽量跟随 DTA 走，操作者也必须即时得到他的操作所带来的结果反馈。

SLS-RV 系统就是为此目的而设计开发的。SLS-RV 系统能够为顶管顶进连续地提供最新的有关顶管机空间位置及方向的数据信息，操作者通过对顶管机进行合理的控制操作，使顶管在允许的误差范围内尽量沿 DTA 向前顶进。

SLS-RV 系统主要的基准是由安装在始发井中相对稳定的地方的激光全站仪发出的一束可见激光。一般来说，根据激光的功率不同，激光需要能够发射 100~200m 的距离，同时，激光发射距离的长短还与外部大气环境影响和激光束本身所受的反射有关。激光束穿过机器中的净空区域及后配套设备（激光窗），击到安装在机器前部的电子激光靶上。激光发射起点和激光靶之间的有效距离也取决于激光窗的尺寸和隧道的曲率。

当激光束击到电子激光靶时，激光束的精确中心相对于电子激光靶（ELS 靶）中心的位置关系就会被自动测量，同时，激光束击到 ELS 靶上的水平方向角也被记录下来。在 ELS 靶内部是一个双轴倾斜仪，用这个倾斜仪来测量 ELS 靶的仰俯角和滚动角。在 ELS 靶的前方安装有一个反射棱镜，激光基准点和 ELS 靶之间的距离通过全站仪中的内置电子测距仪（Electronic Distance Measuring Device，EDM）来测定。

通过测量激光站和基准点的绝对位置，就能得到电子激光靶的绝对位置及方位，从而得到顶管机的位置和方位。把以上得到的信息同设计轴线结合起来，就能给操作者提供一个简单直观的顶管机当前位置和其所应处位置的关系。

SLS-RV 系统不仅为随时（特别是在顶进的过程中）精确测量 TBM 的位置提供了一种途径，而且，还通过简单明了的方式把得到的结果呈现在操作者面前，以便操作者及时采取必要的纠偏措施。

顶管施工中，非常重要的是应避免顶进方向突然变动及管道外边缘局部受力导致密封受损，以致不能保持顶进过程中的水密性。方向突然改变还会造成顶管机及后续管道向前移动过程中的阻力太大，需要更大的液压动力才能够克服所增加的阻力。

为操作者提供导向信息的导向系统的一个弊端是，开始时激光站放置在始发井内的一个稳定的地方，但随着向前推进，当从始发井内发射出来的激光不再能激活电子激光靶时，就必须在此时将激光全站仪移到移动的管道中。一旦激光全站仪进入移动的管道之中，就会相应地处于移动状态。

为了解决这个问题，需要做以下假设，即顶管沿顶管机顶进的轨迹向前走。这在有时候是不正确的，可在接下来的计算中进行调整，但有了这个假设就有了解决问题的基础。

①工作原理

在顶进过程中每隔一定时间顶管机的位置就被记录下来，当有必要将激光全站仪移到移动的管道中时，放置激光全站仪的管道中心的位置就可以从以前的记录中得知，管道中心的位置也就是指在同一里程的顶管机位置，但是管道的走向和顶管机的走向在绝大部分情况下是不相符的。

如果激光全站仪的位置不是处于管道中心，发生在管道上面的任何旋转都有可能造成激光全站仪位置的改变，因此，采用倾斜计来测量管道的旋转量，计算激光全站仪位置的时候把管道的旋转量也考虑进去。

为了使激光全站仪保持固定的高程，以消除计算时管道前后起伏的影响，将激光全站仪安放在一个自动整平台上，这就解决了由于管道前后起伏及整体滚动带来的影响，并使激光全站仪的补偿器在其设定的工作范围内工作。

激光的方位角通过一个后视靶来得到。当后视靶被安放在稳定的地方时（即始发井内）很容易测定激光的方位角。将后视靶移到移动的管道中时，利用在同一里程顶管机的位置来确定此管道此时所处的位置，从而确定后视靶的位置，得出激光的方位角。同时，也采用倾斜仪测出装有后视靶管道的转动量，以消除在计算后视靶的位置时由于管道的转动所带来的影响。

利用以上得到的数值就能够精确地计算出激光全站仪的即时位置和方位，从而测出顶管机的位置，最后在电脑显示屏上提供给操作者顶管机位置同隧道设计轴线的相互位置关系。

然而，在现实操作中，上述理想状态往往会受某些外在因素的影响，如管道形状不规则、极度超挖或非常急的曲线等。因此，有必要定期进行人工控制测量，用人工测得的数据来更新顶管机的位置数据。人工控制测量应不超过 100m 测一次。

此外，顶进过程中，由于地质条件的不均匀或由于液压力的改变，造成管道起伏波动，也会使得测量结果与在顶管机处于静止状态的时候有很大不同，因此，必须进行辅以人工控制测量，以对顶进状态下测得的数据进行修正。

顶进过程中，SLS-RV 系统通过测量循环操作进行测量并更新数据。激光全站仪的出现，可使控制测量更加快捷，且可多频次地进行测量循环的操作。

测量循环不仅对激光全站仪的位置和方位进行测量更新，而且对位于激光全站仪前一小段距离的基准管道的位置也进行测量更新。基准管道的位置被记录并储存起来作为基准线，系统会利用这条基准线作为管道线路位置运行轨迹的记录。对测量循环时出现的异常情况，用户可对基准线进行修改（使平缓），以便产生一条更符合实际的基准线来指导下一步的顶进。整套系统安装在管线的前部，一般来说激光不会受到反射影响而造成错误。

②系统组件（图2-12）

电子激光靶（ELS靶）：ELS靶用来接收激光束，决定激光束的水平及竖向入射点。此外，ELS靶的滚动角和仰俯角也通过集成于ELS靶内部的倾斜计来测得。偏航角通过击到ELS靶上的激光入射角来决定。ELS靶固定在顶管机上，在ELS靶的下面安装有一个小的棱镜以便进行距离测量。

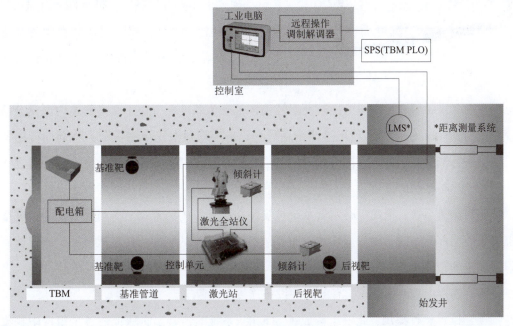

图2-12 SLS-RV系统组件

控制单元：控制单元为激光全站仪、倾斜计、后视靶倾斜计及距离测量系统提供电源供应。控制单元从倾斜计、后视靶倾斜计、距离测量系统及激光全站仪中采集数据，并同控制电脑进行数据通信。

VMT设计开发的机动伺服激光全站仪（Leica TCA1103/ATR/GUS 74）：具有电脑控制

及自动目标识别功能（ATR2），以便精确锁定目标棱镜。此激光全站仪是一种精密的大地测量仪器，能够精确地测量角度（水平及竖向）并能发射一束可见的基准激光。

AD-12型自动整平台：能够在±10gon（1gon=0.9°）的范围内将仪器自动整平。整平工作可连续进行，精度为±1mgon（1mgon=0.0009°）。

激光全站仪上的倾斜计：倾斜计安装在激光全站仪的基座上面，用来确定激光站的滚动角，并通过控制单元将数据传向控制电脑。

SLS-RV系统工业电脑（图2-13）：工业电脑安装在顶管机操作者附近，收集所有测量数据，并自动进行数据整合、评估计算，以数字和图像的形式在电脑屏幕上显示出来，因此，顶管机的操作者可对其姿态位置一目了然。

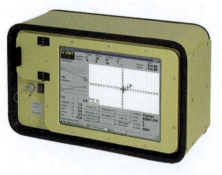

图2-13　SLS-RV系统工业电脑

后视靶：用圆形标准反射棱镜作为后视靶，在自动模式下作为方向基准，被ATR2识别及测量。后视靶上的倾斜计被固定在后视靶的基座上面，用来确定后视靶当前的滚动量并将数据传向控制单元。

左右基准棱镜：两个圆形标准反射棱镜，被称为基准靶，位于基准管道内激光全站仪的前方约12m的位置。利用这两个基准靶，可实现对激光全站仪前方移动的隧道即时位置进行测量。因此，在同一位置的顶管机的实际测量数据和理论数据以及两者之间的不同，均可被随时发现。

距离测量系统：轮式距离测量系统被安装在始发井内的管线上。当顶管机的顶进系统将管线向前顶进时，由轮式距离测量系统的轮子产生的脉冲会传输入电脑，用以计算管道顶进的距离。

整套连接电缆：将系统所有的硬件设备连接在一起。

顶管位置软件模组：此模组构成了SLS-RV系统的核心。它从上述各个组件中收集数据，顶管的位置通过其中的隧道顶进软件进行计算。各种信息通过数字及图像显示。WINDOWS^{TM}操作环境，操作简单。

基准线编辑器图像模组：对产生的基准点进行检查，必要时可对基准线进行修改，平缓基准线，在进行控制测量后形成一条新的基准线。

该系统的优点是全自动且精确，理论上没有距离限制，可测曲线；缺点是成本高

（约 100 万元），系统较复杂，技术含量高，系统出现故障后较难修理。

（2）隧道陀螺仪导向系统（Gyro Tunneling System，GTS）

隧道陀螺仪导向系统（图 2-14）和上述其他导向方法不同，在该系统中省去了目标靶。另外，方向定位装置不是安装在顶进管道中，而是直接位于顶管机内。在漂移严重的情况下，该系统也可以配备一套激光装置。

GTS 系统主要由陀螺仪和水力高度仪两部分组成，可以通过 3D 坐标形式确定顶管机的绝对位置。在顶进过程中，用户可以通过一个基于 Windows 平台的用户控制终端，输入管道顶进轨迹，即能显示出顶管机实际位置和设计位置的偏离程度。

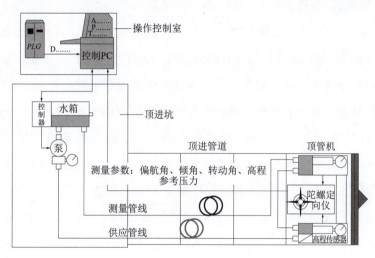

图 2-14　隧道陀螺仪导向系统原理及构成

陀螺定向仪用来测量顶管机的方位，其中，以地理上的北向为参照测定顶管机的偏航角（Yaw Angle）；以地球重力线为参考测定顶管机的倾角（Pitch Angle）和转动角（Roll Angle）。

传感器的核心部分由一个陀螺仪和两个倾角仪组成，这些装置安放在一个水平的平台上，以便顶管机在 ±90° 范围内倾斜或偏转时，传感器也能够找准北向。通过上述测得的偏航角、倾角和转动角以及用其他方法测得的顶进长度，即可以利用航位推测法计算出顶管机的位置。

测量中，采用陀螺定位大约要用 4min 时间。当 GTS 系统用于顶管和微型隧道施工时，控制终端和顶管机之间的能量连接在接入新管道时要暂时断开，解决的办法是临时采用一个外部的能量供应装置（如蓄电池等）。

高度仪（Altimeter）用来测量顶管机头位置的绝对高程，这一数据用来核对上述通过航位推算法计算出来的高度值。测量方法是采用静水压力原理。

GTS 系统的一些特殊技术参数如下：

①偏航角、倾角和转动角的测量精度 <1mm/m；

②绝对高程的测量精度 <20mm；

③激光定位角的精确度 <1mrad（分辨率为 0.1mm/m）；

④在 5m 的深度范围内具有防水性能。

GTS 系统优点是：可用于小管径，测量曲线，理论上没有距离限制。缺点是：成本最高（应该在 100 万以上），技术复杂（海瑞克配置有此种设备）。

（3）日本伊势机（ISEKI）

日本伊势机公司是世界上最大的专门生产顶管设备的公司，其顶管设备产品具有不同类型，多种规格。ISEKI 顶管机具有纠偏功能，操作员通过摄像系统，观察激光定位仪发出的激光束在顶管机内光靶上光点的移动来预测顶管机偏离顶进计划线的偏差值，从而进行方向修正，在顶进过程中顶管机与计划线之间的偏差保持在上下 20mm 以内、左右 30mm 以内。ISEKI 泥水平衡顶管机所配备的自主研发的 RSG 反射型方向诱导装置，可以真正做到无须操作人员有丰富的纠偏经验，亦可大大提高顶进精度。采用该系列顶管机顶进精度极高，一般偏差都可以控制在 10mm 之内。

目前，绝大多数顶管机生产厂家的激光靶装置如图 2-15 所示（激光靶安放在顶管机后部）。

如图 2-15 a）所示，顶管机的方向偏差，通常是在 C 点产生折角的同时发生偏差。由于绝大多数厂家把顶管机的激光靶设置在后部，当顶管机的前部（A 点）发生偏差时，激光点反映在激光靶的偏移量实际上是很小的，也就是说，当激光靶安置在后部时，激光靶上所反映出的偏差（B 点）是滞后的。如此一来，顶管机的操作人员需要根据先前的偏差，绘制偏差趋势图来判断偏差的趋势，然后，根据发展趋势来进行纠偏动作，这对于操作经验的要求是很高的。由于偏差发现滞后的原因，方向控制的精度不容易保证，有经验的操作人员能将偏差控制在 30mm 之内已属不易。

如图 2-15 b）所示，ISEKI 公司专利设计的 RSG 辅助系统是由两块光靶组成，第一块光靶显示的是实际偏差值，第二块是反射光靶，激光透过第一块光靶射向前方的反射镜，然后反射到第二块激光投影板，如此一来，只要顶管机头有一点点的折角，立刻可以通过第二块激光投影板反映出来，也就是当偏差发生之前就可以对其进行预先纠偏了。由于该专利系统设计巧妙，采用该设计的系列顶管机顶进精度极高，一般偏差都可以控制在 5mm 之内，真正做到高精度、低要求的傻瓜式操作。

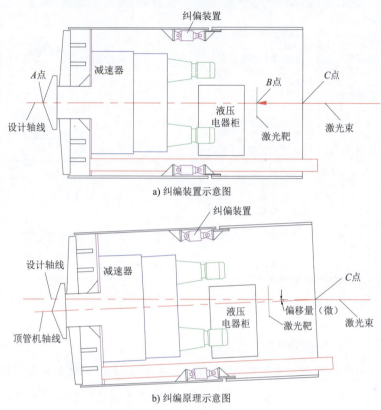

图 2-15 日本伊势机纠偏对比示意图

综上所述，顶管施工常用的集中导向纠偏方法适用条件、造价等如表 2-2 所示，可根据实际工程条件参考选择。

7 种常见的测量导向方法　　　　　　　　　　　　　　　表 2-2

方法	优点	缺点	管径	价格	备注
全站仪导线	1.仪器简单，故障率低；2.成本小	1.人工从头到尾测量，费时；2.只能在停止顶进的情况下进行，在顶进中顶管机处于"失明"状态，不能即时纠偏；3.易产生接站误差和失误	$D > 1.65m$	约 12 万元	国内广泛使用
全站仪半自动	1.较省时；2.成本小；3.需全站仪+电脑+计算程序+电缆	1.只能在停止顶进情况校核调平全站仪，在顶进过程中机器处于"半失明"状态，不能进行完全正确的纠偏（10m/次）；2.测量校核很频繁，较费时	$D > 1.50m$	约 14 万元	国内尝试使用

续上表

方法	优 点	缺 点	管径	价格	备注
多机联动全站仪测量	1. 可测曲线; 2. 理论上没有距离限制; 3. 较稳定; 4. 为国产,价格适中; 5. 自动测量	1. 系统需在整条管道安装测量,较麻烦; 2. 需要多台全站仪; 3. 国产系统,稳定性须进一步了解	$D > 1.65m$	顶程1km,估价50万	
激光指向仪	1. 省时,仪器故障率低; 2. 成本小	1. 目前只能测量500~800m; 2. 测角精度低,导向精度低; 3. 安装仪器容易产生误差	$D \geq 0.5m$	约5000元	由于测量精度原因,使用不是很广泛
SLS-RV测量系统	1. 全自动且精确; 2. 理论上没有距离限制; 3. 可测曲线	1. 成本高; 2. 系统较复杂,技术含量高,系统出现故障,较难修理	$D \geq 1.2m$	约100万元	国外常用
GTS测量系统	1. 可用于小管径; 2. 可测曲线; 3. 理论上没有距离限制	1. 成本最高; 2. 技术复杂	$D \geq 0.5m$	100万元以上	海瑞克有

2.2.5.3 顶管偏斜的原因及预防措施

顶管机在顶进过程中持续朝某个方向偏斜,即使使用纠偏激光束也不能使之回归到预定标靶位置的现象称为纠偏失控。如不及时处理会造成拟铺设管道无法满足设计轨迹要求。可能原因、防范措施及解决方法分析如下。

1) 顶管偏斜的原因

根据顶管施工特点并查询相关资料可知,顶管顶进施工引起地层移动的原因有地层损失、受扰动土体的再固结等。

（1）地层损失

①管节外围环形空隙引起的地层损失。

为减少顶进过程中的摩擦阻力,后续管节的直径比顶管机的直径小20~50mm。因此,顶管机顶进后,管道外围与土体之间存在环形间隙,如不及时用触变泥浆充分填充,周围土体由于应力释放而向环形空隙移动,导致地层损失。

顶进过程中,管道外周的触变泥浆起到支承土体和减阻的作用。但由于顶进过程中管道与其周围的触变泥浆发生相对运动,管道外壁因管节生产、运输、堆放和顶进安装中的尺寸误差产生的不平直现象,因管道与触变泥浆的摩擦,以及管道的局部凸出,就会带走环形空隙中的部分触变泥浆。

应特别留意的是,中继环的外周应与管道外周保持平直。若中继环外周高出管道外周时,中继环在顶进过程中往往会带走较多的泥浆,甚至带走一部分管道外周的土体。顶管机后面的管道外周环形空隙的触变泥浆若发生失水现象而又未及时补浆,也可能造成较大的地层损失。大量工程实践中可知,顶管施工中管道外周空隙所引起的地层损失是产生地表沉降的主要原因。

通过以上分析可知,管道外周空隙引起的地层损失主要包括4个方面:顶管机外径与管道外径的差异引起的地层损失;中继环外径与管道外径差异引起的地层损失;相邻管节的平整度过大引起的地层损失;触变泥浆失水引起的地层损失。

②顶管机开挖引起的地层损失。

顶管施工中,很难保证正面土体的原始应力状态不发生改变。顶进过程中,正面土体由于应力释放而向开挖面方向移动会引起地层损失。有时,开挖面土体承受的压力大于原始侧向应力,正面土体自开挖面向外移动,由此引起负的地层损失及隆起。

③管道及中继环接头密封不好引起的地层损失。

管道接头及中继环与管道的接头密封性不好时,极易发生水土流失,这在饱和砂性土中表现较为突出,该接头处因泥水渗透往往引起较大的地层损失。

④顶管机及管节与周围地层摩擦所引起的地层损失。

顶管机在顶进过程中对外围土体产生剪切扰动,也会产生地层损失。顶管外径略小于顶管机外径,加之外围有触变泥浆减阻,顶管对土体的剪切扰动相对较小。

在顶管外壁存在附加地层应力的地段,土体受到较大的剪切扰动。已顶进的顶管总长度越长,顶管挠曲曲率越大,这部分土体受到剪切扰动的程度也越大,相应产生的地层损失也会越大。所以,在部分顶管施工中,顶管管节刚出工作井就因导向不当而产生局部挠曲,则在工作井附近就会产生较大的地层损失,导致地面沉降或隆起。

⑤顶管机纠偏引起的地层损失。

纠偏时顶管机轴线偏离原来顶进的轴线方向,因而,产生侧向纠偏荷载。施工中纠偏表现为顶管机对拟偏转方向一侧土体产生挤压,此时,当土体应力超过等效屈服应力时就会产生塑性变形,导致土体发生位移。在另一侧则相应地产生间隙,这也会引起地层损失。

⑥顶进过程中工作井后靠土体变形引起的地层损失。

顶管工作井承压壁承受顶力后会产生较大变形，钢板桩围护形成的工作井尤其严重。工作井后靠土体产生滑移及隆起，使工作井出洞一侧相应产生地层损失，严重时可能产生破坏性的地面沉陷。

⑦顶管机进出工作井引起的地层损失。

顶管机进出工作井洞口时，因洞口空隙封堵不及时产生水土流失和正面土体倒塌，会产生较大的地层损失和地面沉降。

⑧顶管后退引起的土层移动。

在顶进过程中，由于中途更换管节时主千斤顶系统卸载而使管节发生回弹，使得开挖面容易塌落或松动，从而产生地层移动。这部分地层损失与顶进长度有关，当顶进长度达到一定数值时，由于管壁摩阻力存在，管节回弹将会减小，因而地层损失也不大。

（2）受扰动土体的再固结

顶管施工导致管线周围土体的再固结过程主要有两种情况：

①管道周围土体受到顶管施工扰动后，便在管道周围土体中形成超静孔隙水压力区。当顶管机头离开该处地时，由于管道周围土体表面应力释放，管道周围土体中孔隙水排出，孔隙压力下降，引起土层固结，形成地层移动和地面沉降。

②由于顶管顶进中的挤压作用和压浆作用等因素，周围地层形成正值的超静孔隙水压力区，其超静孔隙水压力在顶管施工后的一段时间内消散。在此过程中，地层也发生排水固结变形，引起地面沉降。

（3）防范措施及解决方法

首先，要充分熟悉地勘资料，并进行现场踏勘；必要时在较复杂的地段应进行补勘。事实上，顶管施工中，因为土质变化、设备能力和操作失误等原因出现偏差是难免的，所以，及时进行纠偏工作非常重要，这关系到管道铺设质量，甚至整个顶进过程的成败。纠偏的一般原则是：勤纠微纠、标不离靶、禁止盲顶。其控制细节应注意以下几点：

①当顶管机头尚未全部进洞前，在机头中心、高程偏差不大于±20mm时，不考虑纠偏，因为，此时轨道在控制前进方向，若纠偏不但没效果，反而会使第1节管道偏离轨道。若顶管机头中心、高程偏差>±20mm，则要立即停止顶进，纠偏校正应缓慢进行，使管节逐渐复位，不得猛纠硬调。纠偏高程时，轨道上的管节要加配重；纠偏顶管机头中心时，轨道上的管节要加两侧支撑。

②当机头全部入洞后,且高程、顶管机头中心偏差 > ±10mm 时,要及时采用机头纠偏设备进行纠偏,顶管机头中心控制在 5mm 以内,高程控制在 ±10mm 以内,校正方法采用顶管机头自身纠偏法。这种纠偏方法可有效控制工具头上下左右 4 个方向的状态,每次纠偏幅度以 5mm 为一个单元,再顶进 1m 时,根据顶管机头的测斜仪及激光经纬仪测量偏位进行判断,如果趋势没有减少时,增大纠偏力度(以 5mm 为一个单元);如果趋势稳定或减少时,应保持该纠偏力度,继续顶进;当偏位趋势相反时,则需要逐渐减少纠偏力度。

③顶管顶进过程中,如果在粉细砂土层中顶进速率偏低,可调低泥浆浓度,减小顶进速率。当遇到软硬程度不同的土层时,通过刀盘的转矩判断地质条件。若突然变硬,则应向土仓内加入水或泥浆。如果对地质勘察资料掌握比较准确,且当穿越的软弱地层长度小于 15m 时,入洞前可以采取机头与管节、管节与管节间加接连接杆的方式进行固定,以增加其刚性,并辅以适当纠偏方式,防止机头和管道"磕头"现象发生。此外,当穿越含水比较丰富的地层,且软弱地层长度大于 15m 时,施工前须进行抽排水,降低水位,待场地沉降稳定后再进行顶进施工。

2.3 隧道施工引起地层变形研究现状

2.3.1 国内外理论方面的研究

Peck(1969)通过对大量隧道施工中地表沉陷数据及工程资料的分析后,首先提出了地表沉降槽呈正态分布的概念。地层移动由地层损失引起,并认为施工引起的地面沉降是在不排水条件下发生的,所以,沉降槽的体积应等于地层损失的体积。其横向分布地面沉降估算公式为

$$S_{(x)} = S_{\max} e^{-\frac{x^2}{2i}} \tag{2-3}$$

$$S_{\max} = \frac{V_{\text{loss}}}{i\sqrt{2\pi}} \tag{2-4}$$

$$\frac{i}{r} = \left(\frac{Z_0}{2r}\right)^n \tag{2-5}$$

式中:$S_{(x)}$——地面沉降量(mm);

x——距隧道中心线的距离(m);

$S_{\max}$——隧道中心线处的最大沉降量(mm);

V_{loss}——盾构隧道单位长度土体体积损失量（m³/m）；

i——沉降槽宽度系数（m），由查图或公式求得，不同地质条件及工程技术人员所总结的 i 值略有不同；

r——隧道半径（m）；

Z_0——覆土层厚度（地面到隧道轴线距离）（m）；

n——取 0.8~1.0，土越软，n 取值越大。

Peck 公式非常简单，其曲线形状与顶管实测地面沉降曲线较吻合，但存在以下不足：

（1）只能计算横向地面沉降，不能计算纵向变形及土体分层沉降；

（2）没有考虑施工工艺；

（3）仅考虑了很少的土体和几何参数；

（4）参数 i 和 V_{loss} 较难准确确定，对计算结果影响较大；

（5）只能计算瞬时沉降，不能考虑土体受扰动引起的再固结沉降；

（6）不适用于细粒状土和超固结黏土。

后来许多学者对 Peck 公式作了进一步研究。Attewell 和 Farmer（1974）、Atkinson 和 Potts（1977）、Clough 和 Schmidt（1981）、O'Reilly 和 News（1982）（1998）、Loganathan 和 Poulos（1988）等对参数 i 提出了不同的取值方法。Attewell 和 Farmer（1975）对 S_{max} 及 V_{loss} 的取值做了研究。

方从启等（1998）分析了软土地层中顶管施工引起的地面沉降及沉降槽形状预测方法。对沉降曲线的推导和分析显示，沉降曲线取决于顶管隧道轴线处上部的地面沉降和曲线的拐点到顶管轴线的水平距离。所推导的理论得到顶管工程实例的验证。根据现场监测和试验结果，对大型顶管施工产生的周围土体扰动变形的机理和特性进行了分析研究，提出了对工程施工有指导意义的扰动机理理论；同时，考虑扰动区土体密实度变化的影响，对 Peck 的地表沉降理论计算公式进行了修正，修正的 Peck 理论公式的计算结果与实测结果更为一致。

房营光等（2003）考虑到施工扰动可能改变土体的密实度而产生体积变化，特别是饱和含水砂土和粉土的情况。因此，在 Peck 计算公式的基础上，假设地面下沉槽体积等于地层损失体积与土体密实变化产生的体积增量之和，给出了与 Peck 公式类似的顶管施工引起的地表沉降横向分布计算公式：

$$S(x) = \frac{(1+k)V_0}{i\sqrt{2\pi}} \exp\left(-\frac{x^2}{2i^2}\right) \quad (2\text{-}6)$$

$$S_{\max} = \frac{(1+k)V_0}{i\sqrt{2\pi}} \approx \frac{(1+k)V_0}{2.51i} \quad (2\text{-}7)$$

式中：V_0——单位长度土体损失量 (m^3/m)；

k——沉降槽宽度系数，$k = i/z$。

沈培良等（2003）根据上海地铁明珠线浦东南路站—南浦大桥站区间隧道盾构推进引起的地面沉降的实际观测数据，分析常用的地面沉降槽计算经验公式对于上海地区软土中修建的地铁盾构隧道的适应性，提出了地铁盾构隧道横断面上地表沉降预测公式参数确定方法以及纵断面上地表沉降分布修正计算公式及其参数确定方法。

不同观测断面沉降槽宽度系数 k 及体积损失率 $V_1\left[V_1 = V_{\text{loss}}/(\pi r^2)\right]$ 的统计情况如图 2-16、图 2-17 所示。从图中可以看出，沉降槽宽度系数 k 的取值范围为 0.15~0.35，体积损失率 V_1 的取值范围为 0.35%~0.70%。

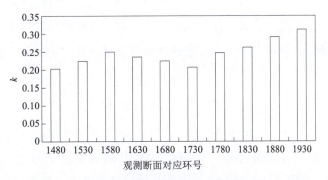

图 2-16　不同观测断面沉降槽宽度系数 k

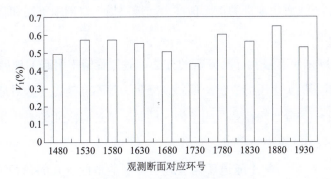

图 2-17　不同观测断面体积损失率 V_1

通过对大量曲线形式的尝试，发现用下面的曲线公式来拟合盾构隧道纵向地面沉降是适宜的。

$$S(y) = S_{max} \frac{\exp[n(y_c - y)]}{1 + \exp[n(y_c - y)]} \quad (2\text{-}8)$$

式中：y_c——沉降值等于 $0.5S_{max}$ 的点离开挖面的距离（m）；

n——曲线形状参数，据对实测资料的统计，取值在 0.05~0.15 之间。

y_c 可通过以下公式近似确定

$$y_c = -\alpha D \quad (2\text{-}9)$$

式中：α——取值在 2.5~3.5 之间；

D——盾构外径（m）。

该方法只是根据一条实测曲线拟合得到，只能计算地面沉降，不能计算地面隆起，且参数的取值是经验性的。因此，该方法的正确性还有待进一步验证。

2.3.2 顶管技术数值分析方法研究

计算机和有限元方法的应用，为顶管的数值模拟提供了有效的工具。通过有限单元法对土体和管道进行离散，根据土体和管道的受力和整体刚度可求得土体的变形、应力以及管道与土之间的接触应力。应用数值计算方法是解决顶管施工引起的受力和变形问题的一种很好的方法。

Nakai 等（1997）应用二维与三维有限元分析了盾构掘进产生的应力和沉降，介绍了用有限元分析双孔隧道相继先后掘进的相互影响。指出对单孔隧道可用二维平面应变方法来解决，而双孔隧道就必须应用三维有限元才能比较真实地反映应力、应变的变化。

阮林旺（1997）采用弹性二维有限元方法分析了盾构推进对相邻土层及桩体的影响，得出了在不同工况下，盾构推进的正面顶推力和地层损失对周围土层和临近桩体的应力及位移所产生的影响。

冯海宁（2003）采用有限元计算分析的方法，对顶管施工引起的地层运动及地表位移进行研究，分析了机头土压力、机头偏斜、摩阻力等不同施工参数对地表变形的影响以及附加应力在土中的分布规律和影响范围。同时，通过有限元的方法建立模型，计算顶管施工对周围建（构）筑物的影响。

刘洪洲等（2001）针对软土隧道盾构法施工中影响地面沉降的几种因素（注浆、盾体长度、推进步长、盾尾建筑空隙、上覆扰动土层固结程度、开挖面推进力和地表硬壳层等），采用三维有限元方法进行了数值模拟分析，找出它们对地面沉降的定量影响关系。

张海波（2004）利用三维有限元对盾构施工过程中影响地面沉降的因素（隧道覆土厚度、隧道外径、开挖面应力释放量、地基模量、盾尾窄隙填充率等）进行研究，提出了反映施工中各种因素的地面沉降预测公式。

2.3.3 顶管技术模型、现场测试研究

Mair 等（1993）通过实地量测和离心模型试验，探讨了黏土中隧道施工引起的地表沉降槽宽度与最大沉降量随深度的变化。

Kim 等（1998）通过模型试验研究近间距盾构隧道施工对邻近已建隧道衬砌的影响。研究表明，隧道的盾构施工改变了作用在邻近已建隧道衬砌上的应力状态，且应力的增加引起邻近隧道衬砌的变形和弯矩增大。垂直相交的隧道间相互作用主要由施加在隧道衬砌和盾构机上的推进力引起，而平行隧道间的相互作用则由因衬砌变形和土体损失所致的土体应力重分布引起的。

朱忠隆等（2000）采用静力触探试验来研究盾构推进这种动态施工对地层扰动的影响，通过对土层力学参数的试验数据进行整理分析，总结了盾构法施工对周围地层扰动的一般影响规律，并初步定量地描述了这种变化情况。

魏纲等（2004）在研究中发现顶管施工会对管道周围的土体产生扰动，引起深层土体移动，这种移动会对周围建（构）筑物及地下管线造成危害。结合实际顶管工程的现场试验，分析了土体沿管道轴线方向和垂直于管壁方向的移动规律，探讨了引起土体移动的原因和影响因素。

2.3.4 顶管管间相互作用及对周围环境土工影响的研究

Rogers（1990）应用不相关塑性流动准则研究了隧道顶管过程中周围土层的移动规律以及影响周边建（构）筑物的最小安全距离，并经与现场实测数据进行对比分析，得到比较完整的理论试验成果。

Soliman 等（1993）利用有限元法计算了并排密布的双孔隧道相继掘进施工的相互影响。

张海波（2004）详细分析了近距离叠交情况下新建隧道盾构施工对已建隧道应力和变形的影响，研究了相对距离、相对位置、盾尾注浆压力对隧道间相互作用的影响规律。

Chapman 等（2004）通过研究双联隧道施工过程中由于扰动土体会造成地表变形比

预估值要大，误差函数的修正可以得到更为接近实际的沉降槽形状。同时研究表明，地表的沉降由于先前隧道施工对土体的扰动，需要考虑60%左右对地表沉降的影响率。

Addenbrooke 等（2001）应用非线性有限元分析方法对两条相近隧道简化为平面应变问题进行研究。通过对水平和垂直方向的隧道布置形式及隧道不同的施工时间间隔等进行研究，得出两条隧道的空间位置以及第一条隧道施工完成后的停滞时间明显对地表沉降槽产生影响，沉降槽是不对称的。

2.4 群管顶进引起地层变形的分析及预测

顶管施工由于设备构成、施工工艺、施工速度等方面具有盾构法不可比拟的优点而被广泛地应用于小直径隧道的施工中。但是由于顶管在施工完成前，顶管管道在膨润土泥浆套的支持下，不断地作向前的顶进运动，而且管节转换时，顶力释放可能引起管道的后退运动。这些环节，使顶管施工中对地面与土体变形的控制以及环境保护较盾构法复杂。葛金科等认为如下几个施工环节与地层的变形密切相关：①顶管机姿态控制与开挖面的土压设定；②顶管的顶进与换管；③注浆过程；④顶管机的进出洞控制等。理论分析时只有准确把握顶管施工的主要因素，才能使分析结果更为合理。

对于顶管施工中引起的地层与地表变形预测方面，一般借鉴盾构施工引起的地表与地层位移的方法。Sagaseta 分析由土体损失的运动模式，得到了不排水条件下三维土体变形计算公式。Loganathan 和 Poulos 采用椭圆形土体移动模式，提出用于估算软土地区由土体损失引起的土体位移解析法。廖少明等利用 Mindlin 解，用边界元法计算盾构机的正面顶推力和侧面摩阻力引起的土体变形；魏纲对 Mindlin 解积分，给出顶管施工时的三维土体变形计算公式。李方楠等（2012）认为顶管施工过程中对土体作用力与盾构施工不同，一方面是后续管节顶进时的摩阻力对土体的剪切作用，另一方面是顶管管节周围的注浆压力。由于触变泥浆套的存在，后续管节的摩阻力作用对土体影响较小，相对于注浆压力的影响是可忽略不计的。本节结合已有计算方法，提出考虑注浆压力影响的顶管施工引起土体变形的计算方法。

2.4.1 顶管施工引起土体变形的原因及机理

2.4.1.1 顶管施工引起土体变形的原因

（1）开挖面的土体变形

开挖面的土体变形与开挖面的设置压力有关。如果开挖面的设置压力 P_0 保持自然土压状态，即 $P_0=P_N$，则无土层变形，理论上地面的沉降值为零。但实际顶进中，P_0 不可能正好与 P_N 相等。当 $P_0>P_N$ 时，将对开挖面产生挤压，引起地面隆起；反之，当 $P_0<P_N$ 时，则地面发生沉降。

（2）顶管机纠偏引起的土层变形

纠偏时顶管机轴线偏离原来顶进的轴线方向，因而产生侧向纠偏荷载。施工中纠偏表现为顶管机对拟偏转方向一侧土体产生挤压，此时，当应力超过等效屈服应力时就会产生黏塑性变形，导致土体位移；另一方面，在另一侧产生间隙，导致土体位移。

（3）顶管机与后续管节之间管径差引起的土层移动

对于长距离顶管，为减小摩擦阻力，后续管节的直径比顶管机的直径小 20~50mm。所以，在顶进时土体填补后续管节外围的间隙而产生土体移动。为保持土层稳定，施工过程中必须在管节外周注浆，并保持适当的注浆压力。因此，这部分土层移动与间隙的大小、注浆方法等因素有关。

（4）顶管后退引起的土层移动

在顶进隧洞后，由于更换管节时主千斤顶系统卸载而使管节回弹，此时，开挖面容易塌落或松动，产生土层移动。这部分移动与顶进长度有关。当顶进长度达到一定数值，由于摩擦力的存在，这部分土层移动将减小。

（5）土体流入管节接缝渗漏产生的土体损失

在顶进过程中注浆不及时，土体流入管节接缝，或由于接缝失效而产生渗漏，进而产生土体损失。

（6）受扰动土体的固结

顶管管道周围土体受施工扰动后，将形成超静孔隙水压力区。在顶管机离开该区以后，超静孔隙水压力下降，孔隙水消散，土体发生固结作用，引起土层沉降，这部分为主固结沉降；随后，土体仍产生蠕变，发生次固结沉降。

土体变形除上述常见的原因以外，还有一些较少出现的可能原因，包括中继环连接处的密封不良、工作井洞门密封不严、顶管机在施工过程中沉降等。

2.4.1.2 土体变形机理

顶管顶进过程中产生土体变形（沉降或隆起）的根本原因是顶管施工对周围土体的扰动。

2.4.1.3 土体变形的影响因素

顶管施工过程中引起土体变形的影响因素众多,其中,有3个主要因素。

(1)正面附加推力。土压平衡顶管机施工时,会边挤压边切削土体,刀头的顶进、土的切削和出土是完全同步的,以达到土压力与支护压力平衡。但是,在实际操作中土压力与支护压力并不能完全保持平衡,当支护压力大于土的被动土压力时,土被挤出而产生挤土效应;当支护压力小于土的主动土压力时,临空面可能会产生坍塌。在实际施工过程中为了使开挖面土体稳定,开挖面通常保证有足够的支护力,产生"正面附加推力 P"。在正常施工中,P 一般控制在 $\pm 20\text{kPa}$ 之间。但是在一些特殊情况下,例如当开挖面前方存在不明障碍物、顶管机穿越不同土层交界面以及在长时间停止顶进后又顶进时,都可能导致正面附加推力有较大的波动。土体受到挤压后会产生挤土效应,表现为开挖面前方地面产生隆起、后方地面产生沉降,在开挖面正上方土体变形为零。

(2)顶管机和后续管节与土体之间的摩擦力。当顶管机和后续管节一起向前顶进时,它们与土体之间会产生摩擦力,并带动周围土体移动,从而引起土体变形。由于顶管机与土体之间的接触面积较大,产生的摩擦力较大。当不注浆时,顶管的后续管节与周围土体之间的摩擦力也比较大;但在顶管施工中一般都会采取注浆减阻措施,注浆后管节顶进时产生的摩擦力可以降低到 3~5kPa,因此,其引起的土体变形较小。

(3)土体损失。在顶管施工过程中,一方面由于土体开挖卸载,另一方面顶管机尾部通过后,由于其外径较顶管外径大 20~50mm,从而产生环形建筑空隙。尽管采用了注浆填充措施,但仍不可避免地会产生土体损失,进而引起地面沉降。

因此,在计算顶管施工引起的土体变形时必须考虑以上这三个主要因素的影响。根据以上分析,顶管施工引起的总的土体变形可以通过分别求解正面附加推力、顶管机和后续管节与土体之间的摩擦力以及土体损失引起的土体变形,进而叠加求得总变形。

2.4.2 正面附加推力和摩擦力引起的土体变形计算公式

2.4.2.1 计算模型及假定

假定顶管机是在正常固结软土(包括黏土、粉土和淤泥等)中沿直线顶进,不考虑顶管机偏斜和注浆压力,如图 2-18 所示。同时假定:

(1)土体不排水固结,仅考虑施工期间的变形;

（2）土体为均匀的线弹性半无限体；

（3）顶管机的顶进面为荷载作用面，将正面附加推力近似为圆形均布荷载；

（4）顶管机及后续管节与周围土体之间的摩擦力呈均匀分布；

（5）顶管机的顶进仅为空间位置上的变化，与时间无关。

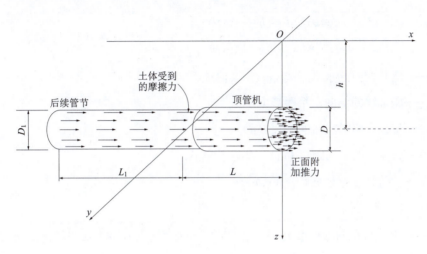

图 2-18　土体的受力模型

2.4.2.2　正面附加推力引起的土体变形计算公式

计算所取坐标系如图 2-18 所示。在图 2-18 中，荷载作用圆截面内取微分面积 $r\mathrm{d}r\mathrm{d}\theta$，利用弹性力学的 Mindlin 解，通过积分可以得到。在圆形均布荷载作用下，土体中任一点 (x, y, z) 处产生的沿 x、y、z 方向的位移分别为 u_1、v_1、w_1，则

$$u_1 = \frac{P}{16\pi G(1-\mu)} \int_0^{2\pi} \int_0^{\frac{D}{2}} \left\{ \frac{3-4\mu}{M_1} + \frac{1}{N_1} + \frac{x^2}{M_1^3} + \frac{(3-4\mu)x^2}{N_1^3} + \frac{2z(h-r\sin\theta)}{N_1^3}\left(1 - \frac{3x^2}{N_1^2}\right) + \right. $$
$$\left. \frac{4(1-\mu)(1-2\mu)}{N_1 + z + h - r\sin\theta}\left[1 - \frac{x^2}{N_1(N_1 + z + h - r\sin\theta)}\right] \right\} r\mathrm{d}r\mathrm{d}\theta \qquad (2\text{-}10)$$

$$v_1 = \frac{Px}{16\pi G(1-\mu)} \int_0^{2\pi} \int_0^{\frac{D}{2}} (y + r\cos\theta)\left[\frac{1}{M_1^3} + \frac{3-4\mu}{N_1^3} - \frac{6z(h-r\sin\theta)}{N_1^5} - \right.$$
$$\left. \frac{4(1-\mu)(1-2\mu)}{N_1(N_1 + z + h - r\sin\theta)}\right] r\mathrm{d}r\mathrm{d}\theta \qquad (2\text{-}11)$$

$$w_1 = \frac{Px}{16\pi G(1-\mu)} \int_0^{2\pi} \int_0^{\frac{D}{2}} \left[\frac{z-h+r\sin\theta}{M_1^3} + \frac{(3-4\mu)(z-h+r\sin\theta)}{N_1^3} - \right.$$

$$\left. \frac{6z(h-r\sin\theta)}{N_1^5} - \frac{4(1-\mu)(1-2\mu)}{N_1(N_1+z+h-r\sin\theta)} \right] r\,dr\,d\theta \quad (2\text{-}12)$$

式中：$M_1 = \sqrt{x^2 + (y+r\cos\theta)^2 + (z-h+r\sin\theta)^2}$；

$N_1 = \sqrt{x^2 + (y+r\cos\theta)^2 + (z+h-r\sin\theta)^2}$；

x——离开挖面的水平距离（m），以顶进方向为正；

y——离轴线的横向水平距离（m）；

r——荷载作用圆截面的半径（m）；

z——离地面的竖向距离（m），以向下为正；

h——顶管轴线至地面距离（m）；

D——顶管机外直径（m）；

P——顶管机正面附加推力（kPa），即开挖面支护应力与该处的静止土压力之差；

G——土的剪切弹性模量（MPa），$G = \dfrac{(1-2\mu k_0)E_{s0}}{2(1+\mu)}$（$E_{s0}$ 为土的压缩模量，k_0 为静止土压力系数，μ 为土的泊松比）。

由于式（2-10）~式（2-12）很难直接积分计算，可以采用数值积分。为提高精度，采用五点 Gauss-Legendre 公式，则

$$\int_{-1}^{1} f(x)\,dx \approx 0.2369 f(0.9062) + 0.2369 f(-0.9062) + 0.4786 f(0.5385) +$$

$$0.4786 f(-0.5385) + 0.5689 f(0) \quad (2\text{-}13)$$

由于 θ 的积分域为 $[0, 2\pi]$，不能直接采用 Gauss-Legendre 公式，所以，要作积分变换，令 $\theta = \pi + \pi t$，$t \in [-1, 1]$，则 $\int_0^{2\pi} f(\theta)\,d\theta = \pi \int_{-1}^{1} f(\pi+\pi t)\,dt$。则式（2-10）可变换为

$$u_1 = \frac{P}{16G(1-\mu)} \int_0^{2\pi} \int_{-1}^{1} \left\{ \frac{3-4\mu}{M_1} + \frac{1}{N_1} + \frac{x^2}{M_1^3} + \frac{(3-4\mu)x^2}{N_1^3} + \frac{2z[h+r\sin(\pi t)]}{N_1^3}\left(1-\frac{3x^2}{N_1^2}\right) + \right.$$

$$\left. \frac{4(1-\mu)(1-2\mu)}{N_1+z+h+r\sin(\pi t)}\left[1 - \frac{x^2}{N_1(N_1+z+h+r\sin(\pi t))}\right] \right\} r\,dt\,dr \quad (2\text{-}14)$$

式（2-11）、式（2-12）的积分变换可参考式（2-10）的变换过程。

2.4.2.3 摩擦力引起的土体变形计算公式

顶管机为一圆柱体,取顶管机表面的微分面积$RdLd\theta$,利用 Mindlin 解,积分得到在顶管机与土体之间的摩擦力作用下,土体中任一点(x, y, z)处产生的沿x、y、z方向的位移分别为u_2、v_2、w_2,则

$$u_2 = \frac{pR}{16\pi G(1-\mu)} \int_0^{2\pi} \int_0^L \left\{ \frac{3-4\mu}{M_2} + \frac{1}{N_2} + \frac{(x+L)^2}{M_2^3} + \frac{(3-4\mu)(x+L)^2}{N_2^3} + \frac{2z(h-R\sin\theta)}{N_2^3} \cdot \right.$$
$$\left. \left[1 - \frac{3(x+L)^2}{N_2^2}\right] + \frac{4(1-\mu)(1-2\mu)}{N_2 + z + h - R\sin\theta}\left[1 - \frac{(x+L)^2}{N_2(N_2 + z + h - R\sin\theta)}\right] \right\} dLd\theta \quad (2\text{-}15)$$

$$v_2 = \frac{pR}{16\pi G(1-\mu)} \int_0^{2\pi} \int_0^L (x+L)(y+R\cos\theta)\left[\frac{1}{M_2^3} + \frac{3-4\mu}{N_2^3} - \frac{6z(h-R\sin\theta)}{N_2^5} - \right.$$
$$\left. \frac{4(1-\mu)(1-2\mu)}{N_2(N_2 + z + h - R\sin\theta)^2}\right] dLd\theta \quad (2\text{-}16)$$

$$w_2 = \frac{pR}{16\pi G(1-\mu)} \int_0^{2\pi} \int_0^L (x+L)\left[\frac{z-h+R\sin\theta}{M_2^3} + \frac{(3-4\mu)(z-h+R\sin\theta)}{N_2^3} - \right.$$
$$\left. \frac{6z(h-R\sin\theta)(z+h-R\sin\theta)}{N_2^5} + \frac{4(1-\mu)(1-2\mu)}{N_2(N_2 + z + h - R\sin\theta)}\right] dLd\theta \quad (2\text{-}17)$$

式中:$M_2 = \sqrt{(x+L)^2 + (y+R\cos\theta)^2 + (z-h+R\sin\theta)^2}$;

$N_2 = \sqrt{(x+L)^2 + (y+R\cos\theta)^2 + (z+h-R\sin\theta)^2}$;

L——顶管机长度(m);

R——顶管机外半径(m);

p——顶管机与土体之间单位面积的摩擦力(kPa)。

2.4.3 土体损失引起的土体垂直变形计算公式

就岩土工程而言,顶管施工中土体损失造成地面沉降与其他隧道开挖方法(特别是盾构法)造成的地面沉降是相似的。

2.4.3.1 现有经验公式

Peck 提出地面沉降槽呈拟正态分布,认为土体移动是由土体损失引起的。假定土体不排水、体积不可压缩,则沉降槽体积应等于土体损失体积,得到横向地面沉降估算公式如式(2-3)、式(2-4)、式(2-5)所示。

隧道单位长度土体损失量 V_{loss} 的计算方法主要有两种：一是经验方法，根据以往的施工经验选择一个合适的挖掘面百分率来估算土体损失的大小，对于黏土通常是挖掘面的 0.5%~2.5%，令 η 为土体损失百分率，则

$$V_{\text{loss}} = \pi R^2 \eta \tag{2-18}$$

二是采用 Lee 等提出的等效土体损失参数 g 进行计算，土体损失计算公式为

$$V_{\text{loss}} = \pi R^2 - \pi \left(R - \frac{g}{2} \right)^2 \tag{2-19}$$

$$g = G_p + U_{3D} + \omega \tag{2-20}$$

式中：G_p——顶管机与管道之间的几何空隙，考虑到注浆填充，对于黏土：

$\alpha = 0.116\left(\dfrac{h}{2R}\right) - 0.042$；

U_{3D}——顶管机前部土体三维弹塑性变形；

ω——施工因素。

g 的具体计算方法可参见孙钧等（2006）的研究。

2.4.3.2　Peck 公式在国内的适用性

根据 Celestino 等人对世界范围内 51 条实测沉降曲线的拟合结果，58% 的实测结果与高斯分布的相关系数在 0.90 以上，而相关系数在 0.80 以上的则接近 80%（图 2-19）。由此看来，沉降槽采用高斯曲线拟合具有普遍意义。但根据 New 和 Reilly（1991）的研究，对于粒状土，采用 Peck 公式估算的沉降往往过小，而根据 Eisentien 等人的研究结果，对于超固结土所估算的沉降也相对较小。

我国幅员辽阔，各个地区的工程地质、水文地质条件差异很大，再加上施工技术、管理水平等因素也千差万别，因此，本节并不着力于得出一个普遍适合的公式或经验参数，而是在对已有的实测资料、各个地区地质条件分析的基础上，分别讨论各地区应用 Peck 公式的情况。

韩煊等（2007）根据搜集的 30 多组实测地面沉降变形数据的分析，可以得到以下初步结论：

（1）除了个别实测数据外，绝大多数搜集

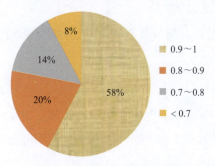

图 2-19　采用高斯分布拟合 51 条沉降曲线的相关系数

到的全国各地的实测数据都可以较好地采用高斯分布拟合。因此，总体上来看，可认为不论是黏性土还是砂砾石中的隧道开挖，不论是盾构法还是浅埋暗挖法，也不论是全断面法还是分台阶开挖法，若隧道符合一定的埋深，其瞬时地表沉降曲线都基本符合高斯分布规律。

（2）对于实测资料较多的北京和上海地区，已给出了 Peck 公式中经验参数的建议值；对于其他几个地区也给出了分析得到的初步建议值，在实测资料进一步丰富的情况下，可以针对当地的施工情况和地质条件总结当地的经验。以上成果对当地土体变形的预测有重要的意义。

（3）对于隧道浅埋或超浅埋的情况（$z_0/D<1.0\sim1.5$），开挖断面的具体形状和开挖支护的具体情况就会明显影响到地面沉降曲线的形状，采用 Peck 公式尚无法考虑这个因素的影响。

2.5　国内外管幕工法应用和研究现状

管幕工法是在管幕围护的结构内开挖并构筑大跨度、大断面地下工程的施工方法。管幕由相对刚性的钢管形成临时止水或挡土结构，隔离地下水或减少开挖时对邻近土体的扰动并相应减少周围土体的变形，达到开挖时不影响地面活动，并维持上部建（构）筑物与管线正常使用功能的目的。它以单管顶进为基础，各单管间依靠锁口在钢管侧面相接形成管排，并在锁口空隙注入止水剂以达到止水要求，管排顶进完成后，形成管幕。一般情况下通过对管幕内土体进行加固处理后边开挖边支撑，直至管幕段开挖贯通，再浇筑结构体。根据内部结构断面形状及土质，管幕可为半圆形、圆形、门字形、口字形等形状。

管幕工法作为利用小口径顶管机建造大断面地下空间的施工方法，在国外已有近 50 年的发展历程。在日本、美国、新加坡和中国台湾等应用于穿越道路、铁路、结构物、机场等地下工程，都取得了不错的效果，积累了一定的施工经验。总的来说，该工法主要具有以下优点：施工时无噪声和振动，不必降低地下水水位，可以大范围开挖；不影响道路等地面及浅层地下公共设施的正常使用，并可有效地控制地面沉降及对周围环境的影响；适用于（杂）填土、砂土、黏土、岩层等地层，在软土地层中更具有明显的优越性。对于穿越铁路、机场联络通道、高速公路、繁忙街道、建筑密集或者环境保护要求严格的大跨度大断面地下通道等特殊工况下的地下工程施工，管幕工法相对其他工法具有明显的优势。由于该工法自身的施工特点，存在某些方面的缺陷：使用小型顶管机进行施工，要求顶管机具有较高的顶进精度和顶进速率；埋入的钢管不能回收，建设成本相对较高。

2.5.1 国内外管幕工法应用现状

管幕工法起源于日本，最早出现在 1971 年，日本 Kawase-Inae 穿越铁路的通道工程采用了管幕法，1971—1980 年采用 Iseki 公司设备施工的管幕工程就有 6 项。欧洲最早采用管幕工法的工程是 1979 年比利时 Antewerp 地铁车站的修建。1982 年新加坡采用管幕工法在城市街道下修建地下通道，用 24 根 ϕ600mm 的钢管围成管幕。1993 年马来西亚开始采用管幕工法施工。美国首次应用管幕工法施工是 1994 年，管幕钢管直径为 770mm。2000 年日本大池成田线高速公路下大断面箱涵长 47m、宽 19.8m、高 7.33m，采用管幕结合 FJ（Front Jacking）工法施工，注浆加固管幕内土体。

中国首次应用管幕工法是 1984 年香港修建地下通道。1989 年台北松山机场地下通道工程由日本铁建公司承建，采用管幕结合 ESA（Endless Self-advancing）箱涵推进工法施工，箱涵长 100m、宽 22.2m、高 7.5m，水平注浆法加固管幕内土体。1996 年台北修建地下通道，管幕内采用注浆加固。2004 年，上海中环线虹许路与北虹路间地下通道施工，管幕为由 80 根 ϕ970mm 的钢管组成的矩形，钢管单根长度为 125m。该地下通道工程规模为双向 8 车道，内部箱涵横断面尺寸为 34m×7.85m，箱涵分 8 节，每节长度为 15.5m，单向顶进。这是我国第一次采用管幕结合箱涵顶进施工案例，也是当时世界上在软土地层中施工的断面尺寸最大的管幕工法工程。2004 年，北京地铁 5 号线崇文门车站下穿既有环线的工程中，采用了 28 根 ϕ600mm 的钢管，单根顶进长度为 36m，钢管之间采用工字钢和槽钢单、双咬合。

管幕工法的应用实例如表 2-3 所示。

管幕工法工程实例　　　　表 2-3

工程名称	覆土厚度（m）	地层状况	钢管管径（mm）	顶进长度（m）
高雄市中博地下车行通道	4.0	回填土及砂土	600	81
三重市力行路穿越中山高速公路	2.0~5.0	回填土及卵砾石	812	56
台北市富民街穿越水源快速道路	2.4~3.8	回填土	812	25
台北市中山南路地下车行道	8.1	砂土	600	46~51
台北市复兴北路穿松山机场地下车行通道	5.0~16.0	黏土	812	78~103

续上表

工程名称	覆土厚度（m）	地层状况	钢管管径（mm）	顶进长度（m）
美国亚特兰大地铁东延伸线	1.7	回填土、夹卵砾石	760	55
美国洛杉矶防洪通道	2.0	回填土	1130	44
葡萄牙里斯本阿拉梅达站地铁	4.0	石灰岩	1600	20
日本横滨高速铁路穿越东名高速公路箱涵	5.0~10.0	泥岩、砂岩	610	66
新加坡穿越乌节路地下人行道		粉土	570	26
马来西亚穿越柔佛州新山地下人行道		砂质粉土	760	65
上海市中环线虹许路—北虹路下立交工程	5.0	灰色淤泥质粉质黏土及灰色淤泥质黏土	970	125
北京地铁5号线崇文门站过既有线段	13.5	永定河冲洪积扇中部地带，地下水位高，地质条件差	600	202.9

新管幕工法（New Tubular Roof Method，简称 NTR 工法）最早由比利时的 Smet Boring 公司开发。该工法以单根大直径顶管为基础，在结构施作部位顶进多个大直径钢管，并采用管间切割支护后，利用环梁将钢管相互连接，在相互连接的钢管内部空间内施工并形成永久结构，进而开挖结构内部土方，从而形成地下空间。该工法在韩国、意大利已有多起成功案例，其中，韩国采用此工法成功修建了制约条件极为苛刻的首尔地铁9号线923车站，取得了良好的社会和经济效益。首尔923地铁车站的建设也成为该工法的典型工程实例。国内关于新管幕工法的引进和应用主要是借鉴韩国设计施工经验。管幕作为一种新型的地下结构受力体系，沈阳首次采用新管幕工法——NTR工法进行施工的是地铁2号线新乐遗址站。新乐遗址站位于黄河北大街与龙山路交叉口以北，沿黄河北大街呈南北向布置，为地下二层岛式暗挖车站，车站主体结构形式为单拱钢筋混凝土结构，是新管幕工法在国内的首次应用。新管幕的三维结构如图 2-20 所示。

图 2-20 新管幕结构三维模型

新管幕工法的特点是先形成管幕结构，后开挖土方。采用传统方法修建隧道（尤其是在不良变化地层中），开挖过程中围岩的松弛发展一般将导致岩体的塑性变形，这将不可避免地引起地层的变形和衬砌受力的滞后。新管幕工法技术的独特之处在于它使地层由未扰动的初始平衡直接转换到建成的地下结构的最终平衡状态，使该技术明显优于其他传统技术。除此之外，采用新管幕工法修建的地下结构还具有如下显著的优点：

（1）所有结构施工和土方开挖均在钢管管幕结构的保护下进行，因此整个施工过程安全可靠，大大降低了塌方概率；

（2）对不同地质适应性较强，工程质量易于控制，结构可靠性大大提高；

（3）即使在困难地质和浅埋地层条件下，对于大断面地下结构也可采用全断面暗挖法施工；

（4）由于对上部结构的影响较小，很好地解决了在城市环境下暗挖施工对既有建筑影响的技术难题；

（5）由于该技术能简单地进行管径和结构尺寸的调整，具有极大的灵活性，对于修建大于60m跨度的地下结构也是可能的；

（6）新管幕工法技术可使地层变形降低到较小值，且在大多数情况下可消除地层变形。因而，采用新管幕技术进行大断面地下空间的暗挖不会引起大的地表下沉。

虽然新管幕工法具备常规工法所无法比拟的优点，同样该工法也具有一定的缺点与局限性，主要包括：投资较大；焊接工作量大；施工受顶进能力限制，遇到坚硬围岩时工期较长等。

虽然新管幕工法具有上述不足，但是该工法在软土条件下的地下结构施工及在既有结构下的穿越施工、超浅埋施工方面有不可比拟的优势，因此，新管幕工法对解决困难条件下的地下结构建造，及对环境要求较高的地下结构施工和地下结构近接施工方面具有广阔的应用前景。在这样的大背景下，对新型暗挖工法的消化吸收再创新，形成具有自主知识产权的关键技术，并对现有工法进行有益的补充与改进，显得尤为重要。

2.5.2 国内外管幕工法的研究现状

管幕工法研究发展主要集中在结合箱涵顶进工艺开发新的工法和不同管幕类型及接头形式等方面，理论方面研究较少，日本在这方面做了一些工作。Gotoyoshiaki（1984）对钢管之间锁口的受力特性进行了理论分析，并进行试验对比。Matsumoto等（2001）应用二维有限元方法对外围打设大直径钢管管幕并在管幕内注浆的日本Satsuma Tatami

隧道进行数值模拟，在允许的变形范围之内模拟结果与实测变形吻合良好；Attwell 等（1986）、Bracegirdle 等（1996）和 Mair 等（1996）也通过数值方法研究了管幕工程隧道掘进引起土层位移对周边环境（如市政管线等）的影响，详细研究了土层变形的影响范围。钢管顶进引起的地表变形一般有两种，其一是由于垂直方向的地表位移引起土层的侧向位移从而造成钢管的轴向弯矩；其二是当土在隧道前进方面进入钢管时的轴向位移造成钢管的压缩应变。隧道开挖面后面的土层在隧道开挖过程中产生拉应力对土层起加固作用，可阻止该部分土向开挖面滑动，这就大大减少了开挖面土体的位移。开挖面的稳定则保证了隧道掘进过程中有足够的时间进行支撑，使工程得以顺利进行。Tan（2003）通过 FLAC 数值分析方法对管幕工法的钢管作用进行了系统的研究，表明钢管管幕可明显地抑制隧道的变形及相应的地表沉降，地表沉降比没有应用钢管管幕情况下可减少40%~50%；中国台湾姚大钧等（2004）结合台北复兴北路松山机场地下通道穿越管幕工程，通过 FLAC 数值分析方法模拟隧道支撑开挖工序，研究地表的变形特征，并同现场监测数据作对比，预测效果良好。

2.5.3 管幕工法的特点

相对于顶管盾构、箱涵顶进等暗挖工艺，管幕工法在周边环境较为复杂的情况下具有以下优势：不影响地面的正常交通，地面道路不用改道或改建；无须进行管线改接（指地面下 5m 以内的各种管线的移位、复位等），从而不发生断电、断水、断气等影响市民生活的情况；不抽取地下水（井点降水），地面沉降较小；不对周边建筑物产生不良影响，无须加固房屋地基和桩基；无须打钢管桩，无垂直钢管桩定位困难的问题，可无噪声、无振动；可 24h 连续施工；管幕钢管锁口注浆片可有效防止渗漏水。

各种暗挖工法的适用范围及对环境的影响如表 2-4 所示。

各种暗挖工法适用范围 表 2-4

施工方式	施工空间要求	洞口加固要求	对周边环境影响及适用范围
顶管盾构工法	较大	较大	影响土体的 pH 值，不适用于上部有管线、建筑物、道路及古树名木区域
箱涵顶进法	较大	较大，顶进过程中需减阻注浆	影响土体的 pH 值，不适用于上部有管线、建筑物、道路及古树名木区域
管幕工法	较小	小	不影响地面正常交通，无须进行地下管线搬迁，施工过程中噪声小，对居民影响小，适用于环境复杂区域

2.5.4 管幕工法施工

管幕工法施工可分为两大部分：钢管管幕施工及在管幕保护下地下结构体的施工。管幕工法的施工一般分为如下六步。

（1）构筑顶管始发井和接收井，必要时需进行土体加固。

（2）将钢管按一定的顺序分节顶入土层中，钢管之间设有锁口（图2-21~图2-23），使钢管彼此搭接，形成管幕。

图2-21 常用钢管锁口接头样式

图2-22 钢管之间的锁口

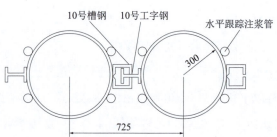

图2-23 管幕咬合示意图（尺寸单位：mm）

（3）钢管锁口处涂刷止水润滑剂，在钢管顶进时有润滑作用，后期成为有止水作用的凝胶。通过预埋注浆管在钢管接头处注入止水剂，使浆液纵向流动并充满锁口处的间隙，防止开挖时周围地下水渗入管幕内。

（4）在钢管内进行注浆或注入混凝土，并进行养护，以提高管幕刚度，减小开挖时管幕变形。

（5）在管幕内全断面开挖，边开挖边支撑，形成从始发井至接收井的通道。

（6）依次逐段构筑混凝土内部结构，并逐步拆除管幕内支撑，最终形成完整的地下通道。

若采用管幕结合箱涵的施工方法，前四步施工内容基本一致。不同的是，在管幕的保护下，单向顶进箱涵或双向对拉箱涵形成最终地下结构物。

其具体施工流程如图 2-24 所示。

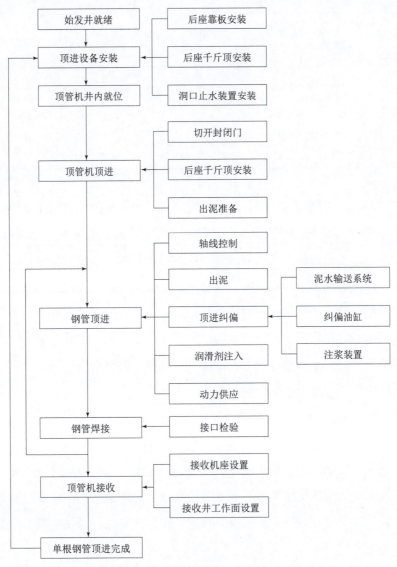

图 2-24　管幕工法施工流程图

2.5.5　管幕工法施工控制要点

2.5.5.1　管幕顶进工艺选择

管幕钢管顶进工艺的选择较为重要,可直接影响土体的稳定和管幕闭合精度,以及锁口的止水效果。管幕钢管的顶进工艺一般有钻孔法、夯管法及顶管法,各顶进工艺适用范围及优缺点如表 2-5 所示。

管幕钢管顶进工艺对比　　　　　表 2-5

管幕钢管推进工艺	适用范围	优点	缺点
钻孔法	软弱地层的中小直径管幕	工艺简单，设备轻便，施工进度快，造价低	在软弱土层中易卡钻、塌孔，进管困难，施工中会造成地层位移和沉降
夯管法	均匀软土地层的中小直径管幕	避免卡钻、塌孔、进管困难等问题，施工造成地层位移和沉降较小	工序复杂，设备选型限制大，发生偏位后纠偏困难
顶管法	均匀软土地层的大直径、长距离管幕	避免卡钻、塌孔、进管困难等，施工造成地层位移和沉降较小，施工噪声小	施工设备系统较复杂，造价较高，需设置后座墙

在富水软弱地层中进行施工时，必须考虑降低对土体的影响，避免土体扰动所造成的超孔隙水消散后的长期沉降变形，以及顶进过程中水土流失导致的地层位移及沉降。富水软弱地层采用钻孔法及夯管法对周边环境的影响较大，故在管幕钢管推进工艺的选择上，推荐使用具有泥水平衡功能的顶管机施工。

拱北隧道的设计方案中采用的钢管直径很大，定向钻施工难度较大，若采取夯管施工，无法满足曲线管幕的要求，且顶进精度上很难满足。最终拱北隧道采用了曲线顶管管幕的施工方案，既能满足曲线顶管管幕的轨迹要求，施工精度较高，且对地层扰动较小，最大限度满足了对地层沉降的控制要求。

2.5.5.2　管幕工法的施工精度控制

管幕工法的施工精度（简称管幕精度）将直接影响管幕的封闭状态和止水效果，对工程的成败有较大影响，故管幕精度控制在整个工艺中有着较为重要的地位。管幕精度影响因素主要有施工前的定位精度、施工顺序及施工时的精度。在管幕施工前，对各个管位进行定位，预先进行编排，设置施工顺序，并复核定位点以保证施工精度满足设计及施工要求。

由于施工机械对土体不可避免地会产生扰动影响，在钢管附近产生塑性变形及沉降，故合理的施工顺序对于管幕精度控制有着较为重要的作用。单根基准管的施工精度可控制在 30mm 以内，通过设计合理的钢管顶进顺序，可以将管幕的累计偏差控制在允许范围内。钢管幕顶进顺序将对管幕变形和地表沉降产生较大的影响。从力学角度考察，应先施工底排钢管幕，再施工两侧和顶排管幕。如先施工完底排管幕，地面沉降已经产生，再施工顶排钢管时则对底排管幕的影响很小；如先施工顶排管幕，周围土体受到扰动形成塑性区而产生沉降，再施工底排管幕时将再一次产生沉降，且这种沉降不是均匀的，使得顶排管幕纵向不均匀变形加剧，影响管幕和箱涵之间的建筑空隙。从施工角度考虑，虽然由上而下施工管幕能缩短工期，施工方便，但更重要的是应考虑对底排管幕的不利影响。

值得一提的是，葛金科等（2006）在介绍上海中环线虹许路—北虹路下立交工程时谈到，由于工程工期很紧，在施工顺序上优先考虑工期因素，先施工上排再施工下排管幕。施工时根据以往的施工实践，钢管顶进采用从基准管开始顺序顶进的方法，单根钢管的偏差可以控制在30mm以内，整体管幕偏差可以控制在40mm以内。

顶进过程中，施工精度控制较为重要。为保证顶管机的施工精度，可设置倾斜仪传感器和纠偏油缸，必要时设置机头旋转控制装置，及时了解机头姿态并进行修正。

由于顶管机在软土中顶进会发生误差，为保证顶进过程中的施工精度，在顺序顶进时增加基准管，在施工过程中对顶进钢管与基准管之间进行测量以调整管位。对于最终的闭合管应根据相邻钢管的测量结果，采用异形锁口来满足封闭要求；对于长距离钢管施工，可设置导向探测仪器，在顶进线路上设置控制点，并及时纠偏，以满足施工精度要求。

2.5.5.3 管幕工法施工的沉降控制

管幕钢管在长距离顶进过程中切削土体，不可避免地会发生土体沉降，主要是由管幕洞口及锁口间止水顶进过程中的土体沉降、结构洞口破除、内部土体加固、钢管的挠度等因素引起，故需在施工中对上述因素进行控制，以减小施工中的沉降。

（1）保证洞口止水效果。钢管在顶进前需要对始发井进行开洞处理，对于地下水位较高的软土地区，洞口止水至关重要，需避免洞口水土流失导致地面沉降。由于钢管连续搭接，洞口也需连续开凿，在连续开洞状态下，止水有一定难度。为保证洞口的止水效果可采用橡胶止水环片，环片间连续搭接。在钢管内设置注浆管路，钢管到位后进行注浆填充，保证止水环片与钢管间的止水效果。

（2）选择合适的顶管机，顶进过程中及时调整参数。根据地质特点，选择开挖面稳定性较高的顶管机，有效控制地面沉降，并及时根据监测情况调整参数。另外，需保证机头与钢管间的间隙，既有利于泥浆套的形成，又不致使机头与钢管间空隙增大导致地面沉降。

（3）制定结构洞口破除步骤，对内部土体进行加固。内部土体的水平压力直接作用在始发井及接收井的外墙上，洞口破除顺序及开洞大小将影响自由面土体稳定状态及上部土体沉降，故在通道开挖时应事先制定开洞大小及破除步骤。另外，在软弱土层中进行土方开挖，为保证开挖面稳定及增加管幕侧向的刚度以减少变形，在土方开挖前需进行内部土体加固，保证开挖顺利，减少上部土体沉降。内部土体加固可选择在管幕完成前进行垂直加固，也可在管幕施工完成后进行水平加固。

（4）保证锁口间止水效果。在内部土方开挖及结构施工过程中，锁口若封闭效果不佳，周边地下水及土体进入通道内部，造成地面变形，对环境十分不利。在钢管制作时，预先在锁口间按照一定间距设置注浆管路；在相邻钢管完成后，锁口间进行注浆填充止水，保证钢管帷幕的止水效果。

（5）保证钢管挠度。钢管挠度与钢管设计长度及直径有关，在对环境较为敏感的区域，应根据钢管设计长度确定钢管直径及壁厚，保证挠度满足地面沉降变形要求。

2.5.6　富水软弱地层中管幕工法施工风险分析及预防措施

朱合华等（2005）结合上海市中环线虹许路—北虹路下立交工程分析了饱和软土地层中管幕工法隧道施工时在管幕顶进精度、管幕顶力、地表沉降（隆起）、管幕损坏、管幕水密性、管幕锁口连接等方面存在的风险，并提出了相应的预防措施及处理办法。这些措施和办法对于同样在软土地层中采用管幕工法施工的拱北隧道具有较高的借鉴价值，如表 2-6 所示。

管幕工法施工风险分析表　　表 2-6

类　别	风险项目	预防措施及处理办法
钢管顶进方向失控	进、出洞口土体没有加固	顶进前，预先对工作井、出洞口加固
	顶管机长径比设计不合理	根据工程具体情况合理确定
	顶管机纠偏系统出现故障	施工前，对顶管机进行全面检查；施工中，随时检测其状态
	顶管机纠偏行程、纠偏力小	增加纠偏装置，增大纠偏力
	测量数据错误	采取 3 级复核制度
	后靠、工作井及导轨发生变位	顶进前，对工作井后靠进行加固；施工中定期对工作井位移进行检测，确保导轨安装精度
	纠偏不及时、纠偏幅度过大	采取勤测、微纠的原则
	没有机头轨迹曲线指导施工	施工现场采用计算机绘制机头姿态曲线图，以指导顶进、纠偏
	顶管机开挖面土体失稳	采用泥水、土压双重平衡顶管机施工
	顶管机机头旋转	采用合理的施工方法及顶进顺序；利用机头正反转的方法纠正

续上表

类　别	风险项目	预防措施及处理办法
顶力剧增	触变泥浆质量不良	施工前，通过试验对配方优化；施工现场充分搅拌，充分水化
	注浆孔布置不合理	对管路布置进行科学合理的设计；根据土层的性质、浆液的流变特性、顶进速度确定注浆孔的位置
	注浆泵耐压低	采用液压注浆泵
	注浆量控制不良	注浆量和注浆压力严格按设计要求控制
	注浆压力不合理	施工前，根据土层的情况计算土层压力，确定注浆压力
	注浆管路接头渗漏	注浆管接头用生料带包扎，并加强检查
	管道周围泥浆套不完整	采用合适的压浆工艺并加强监测
	洞口止水装置失灵，导致漏浆	进出洞口止水装置采用双道橡胶法兰结构
地表沉降/隆起大	顶进速度太快	顶进速度按开挖面土压平衡条件确定；调整土压力和泥水压力控制值，并采取相应的跟踪注浆措施
	开挖面不稳定	采用泥水、土压双重平衡顶管机；减少正面出土量，提高正面土压力
	机头外径比钢管外径大太多	根据实际经验，机头壳体比钢管外径大 20mm 较好；超量压注润滑浆液
	泥浆套形成不好，带土顶进	采用合适的压浆工艺并加强监测
	外接式锁口扰动土层造成超挖	采用合理的施工方法和顶进顺序
	顶管机管路出土不畅，地表隆起	反冲管路
管幕损坏	顶进偏差过大导致锁口损坏	锁口补强
	接头处同一断面，发生连续脱落	管幕采用错缝焊接
	焊接质量不良导致钢管局部断开	采用可靠焊接的焊接工艺
管幕水密性不佳	顶管偏差超标，导致锁口不闭合	采用合理的钢管顶进高精度控制技术及异形锁口
	管幕接头渗漏	顶进过程中，母榫以海绵充填；顶进完成后在锁口处充分压注水泥浆
	机头主轴密封渗漏	机头主轴密封采用多道聚氨酯密封，并采用油嘴泵加压以平衡开挖面水土压力

当管幕段处于富水软弱地层时，因其含水率高、强度低，为保证管幕钢管进出洞时洞口的稳定性及防水要求，避免软弱土体及地下水涌入工作井内，造成地表沉降，需对工作井中管幕方向土体进行加固。加固过程中，应对地表进行跟踪监测，要求地表隆起

控制在20mm以内。

由于锁口的影响，顶管顶进过程中，需要严格控制顶管水平和高程方向的顶进精度。当钢管管幕顶进偏差大时，会导致锁口角钢变形和脱焊，管幕无法闭合。根据施工场地的工程地质、水文地质情况以及周边环境的要求，钢管管幕在顶进过程中要进行地表跟踪监测，合理选用顶管施工参数，采用合理的顶进顺序，严格保证顶进的精度。

在富水软弱地层中进行管幕钢管顶进施工时，存在的风险主要是有钢管顶进方向失控，顶力剧增，地表沉降（隆起）大，管幕损坏及管幕水密性不佳等。其中，尤以钢管顶进方向失控最为严重。这是因为钢管顶进时，由于锁口的约束，很有可能会出现纠偏无效及累积偏差较大的情况，导致钢管幕不能按设计要求正确顶进到位，甚至撕裂锁口，导致管幕密封性能降低甚至丧失。同时，影响后续暗挖法的施工，引起过大的地表变形。因此，管幕施工的顶进精度是影响本工程成败的极为重要的关键因素。

由于拱北隧道工程是在富水软弱地层中施工，管幕的止水效果同样是影响工程成败的决定性因素。采用曲线顶管方式，管幕钢管之间咬合难度较大，如咬合失败将会导致整个管幕密封性能丧失，无法起到止水作用。所以，针对拱北隧道，并不建议采用钢管管幕咬合的方式施工，这会给工程带来巨大的风险。

第 3 章 长距离曲线顶管设计关键技术

3.1 基于弹性地基梁管幕管径优选技术

3.1.1 管幕顶管力学分析模型

在管幕受力机制研究方面,目前常用的方法是荷载-结构法,即将管幕看成以下三种结构模型。

(1)简单的梁模型。该模型简单地将管幕看作是一端支撑在初期支护上,另一端嵌入未扰动土体中的简支梁。

(2)简单模式弹性地基梁模型。该模型将整个管幕看作弹性地基梁,取全部土柱所受重力作为荷载作用在一次开挖长度范围,得到一次顶进长度的位移和应力增量,按每次顶进长度计算累计位移和应力。

(3)刚性固定端弹性地基梁模型。该模型将已施工的初期支护作为刚性固定端,不发生任何转角,而未开挖段作为地基上的弹性地基梁。Pasternak 模型由巴斯捷纳克提出,改进了 Winkler 模型中地基变形不连续的缺陷,更符合实际受力情况。

在一个典型的施工循环中,根据土体所处的状态,可以将管幕分为 4 个区段(图 3-1):衬砌区段(OA)、未衬砌区段(AB)、开挖面前方土体扰动区段(BC)以及未扰动区段(CD)。

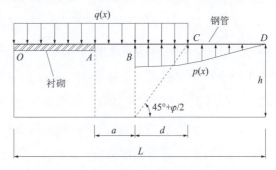

图 3-1 隧道开挖过程中管幕受力图

在建立力学模型时,作如下假定:

(1)假定管幕为作用在 Pasternak 弹性地基上的梁,承受均布荷载 $q(x)$。图 3-2 为置于 Pasternak 弹性地基上的梁,在外荷载与位移之间的关系为

$$p(x) = k\omega(x) - G_p \frac{\partial^2 \omega(x)}{\partial^2 x} \quad (3\text{-}1)$$

式中:$p(x)$——地基反力(kN/m);

k——土体的基床系数(kN/m³);

$\omega(x)$——地基位移(m);

G_p——土体的剪切模量(kPa)。

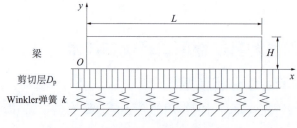

图 3-2 置于 Pasternak 弹性地基上的梁

(2)管幕上部荷载的确定,目前计算隧道顶部土压力的理论有:

①全覆土重理论。该理论认为隧道顶部土压力等于隧道顶部覆土的自重。该方法较适合于土体变形很小的软土地层;当隧道埋深较大或土质较硬时,土体松动产生的拱效应不可忽略,其计算结果则不合理。

②普氏土压力理论。该理论认为在松散介质中开挖隧道后,在其上方形成抛物线的平衡拱,拱以下的土体以平均压力作用于隧道上,即隧道的顶部土压力与隧道埋深无关。对不能形成压力拱的松软土层或埋深不大的隧道不是很适用。

③太沙基松动土压力理论。该理论认为隧道在开挖以后,顶部的土体由于重力作用而向下移动,在隧洞两侧至地面出现了 2 个剪切面。当上覆土体厚度大于顶管外径时,由于隧道开挖引起上方土体发生位移,土体颗粒的相互错动使得土体颗粒之间应力传递,导致隧道上方周围土体对下移土体产生一定的阻碍作用。

基于安全考虑,拱北隧道所处的地层条件多为软土地层,且埋深不大,因此,计算管幕上部的荷载 q_0 宜根据全覆土重确定,即

$$q_0 = \gamma h \quad (3\text{-}2)$$

式中：γ——管幕上部土的天然重度（kN/m^3）；

h——隧道埋深（m）。

（3）假设破裂面始于开挖面，则开挖面前方管幕受力段长度 d 为

$$d = h\tan\left(45° - \frac{\varphi}{2}\right) \tag{3-3}$$

式中：φ——地层内摩擦角（°）。

（4）考虑初期支护的延滞效应，即第一榀钢拱架架设并喷射混凝土后，并不能立即发挥其力学效应，而是需一定的延滞时间。不取此时的固定端在第一榀钢拱架的连接处，而是取在该榀与上一榀钢拱架的中间位置，并且，视固定端有一定的垂直位移 ω（ω 为已知值，可视为实测的该位置处的拱顶下沉值）。

根据以上假定，管幕受力分析的力学模型如图 3-3、图 3-4 所示。

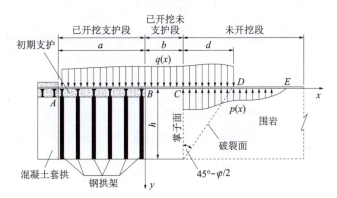

图 3-3 隧道开挖过程中模型图

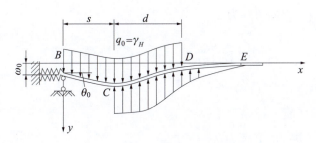

图 3-4 隧道开挖过程中受力图

由弹性地基梁理论，可得顶管的挠曲线微分方程为

$$EI\frac{d\omega^4(x)}{dx^4} - G_p b^* \frac{d\omega^2(x)}{dx^2} + kb^*\omega(x) = bq(x) \tag{3-4}$$

式中：E——钢管的弹性模量（GPa）；

I——钢管的惯性矩（m^4）；

$\omega(x)$——地基位移（m）；

G_p——土体的剪切模量（kPa）；

b^*——考虑双参数地基连续性情况下梁的等效宽度（m）；

k——土体的基床系数（kN/m^3）；

b——弹性地基梁的宽度（m）。

在掌子面附近较短范围内（图 3-4），隧道埋深变化范围不是很大，因此，可将围岩压力 $q(x)$ 视为均布荷载 q_0，可以得到各段的控制方程分别如下：

①未衬砌区 BC 段，围岩压力 $q(x)=\gamma h$，地基反力 $p(x)=0$，控制方程为

$$EI\frac{d^4\omega(x)}{dx^4}=b\gamma h \tag{3-5}$$

②开挖面前方土体扰动区 CD 段，围岩压力 $q(x)=\gamma h$，地基反力 $p(x)$ 按式（3-1）计算，控制方程为

$$EI\frac{d^4\omega(x)}{dx^4}-G_p b^*\frac{d^2\omega(x)}{dx^2}+kb^*\omega(x)=b\gamma h \tag{3-6}$$

③未扰动区 DE 段，围岩压力 $q(x)=0$，地基反力 $p(x)$ 按式（3-1）计算，控制方程为

$$EI\frac{d^4\omega(x)}{dx^4}-G_p b^*\frac{d^2\omega(x)}{dx^2}+kb^*\omega(x)=0 \tag{3-7}$$

3.1.2 微分方程的求解及边界条件

（1）BC 段控制方程的通解为

$$\omega_1(x)=\frac{q_0}{24EI}x^4+C_1 x^3+C_2 x^2+C_3 x+C_4 \tag{3-8}$$

式中：C_1、C_2、C_3、C_4——待定系数；

其他变量意义同前。

（2）CD 段控制方程的通解为

$$\omega_2(x)=e^{\alpha_1\lambda x}[C_5\cos(\alpha_2\lambda x)+C_6\sin(\alpha_2\lambda x)]+e^{-\alpha_1\lambda x}[C_7\cos(\alpha_2\lambda x)+C_8\sin(\alpha_2\lambda x)]+\omega_2^* \tag{3-9}$$

$$\omega_2^*=\frac{q_0}{kb}\{1-\cosh[\beta(x-s-d)]\cos(x-s-d)\} \tag{3-10}$$

式中：$\alpha_1 = \sqrt{1 + \dfrac{G_p k}{\lambda^2}}$；$\alpha_2 = \sqrt{1 - \dfrac{G_p k}{\lambda^2}}$；$\lambda = \sqrt[4]{\dfrac{kb^*}{4EI}}$；

C_5、C_6、C_7、C_8——待定系数；

其他变量意义同前。

（3）DE 段控制方程的通解为

$$\omega_3(x) = e^{\alpha_1 \lambda x}[C_5 \cos(\alpha_2 \lambda x) + C_6 \sin(\alpha_2 \lambda x)] + e^{-\alpha_1 \lambda x}[C_7 \cos(\alpha_2 \lambda x) + C_8 \sin(\alpha_2 \lambda x)] \quad (3\text{-}11)$$

式中：各变量意义同前。

由于隧道开挖影响范围有限，当掌子面距管幕前端较远时，可将管幕看作半无限长弹性地基梁，即边界条件为 $\omega_3|_{x\to\infty} = 0$，$\theta_3|_{x\to\infty} = 0$。

由于 B 端为具有一定竖向位移 ω_0 和竖向转角 θ_0 的弹性固定端，边界条件为 $\omega_1|_{x=0} = \omega_0$，$\theta_1|_{x=0} = \theta_0$。

在 C 点满足变形连续性条件，即边界条件为 $\omega_1|_{x=s} = \omega_2|_{x=s}$，$\theta_1|_{x=s} = \theta_2|_{x=s}$。

根据以上所述，边界条件的解可以根据以下方程组求出。

$$\begin{bmatrix} 0 & 0 & 0 & 1 & 0 & 0 \\ 0 & 0 & 1 & 0 & 0 & 0 \\ s^3 & s^2 & s & 1 & \varphi_{35} & \varphi_{36} \\ 3s^2 & 2s & 1 & 0 & \varphi_{45} & \varphi_{46} \\ 6s & 2 & 0 & 0 & \varphi_{55} & \varphi_{56} \\ 6 & 0 & 0 & 0 & \varphi_{65} & \varphi_{66} \end{bmatrix} \begin{bmatrix} C_1 \\ C_2 \\ C_5 \\ C_6 \\ C_7 \\ C_8 \end{bmatrix} = \begin{bmatrix} \omega_0 \\ \theta_0 \\ \psi_3 \\ \psi_4 \\ \psi_5 \\ \psi_6 \end{bmatrix} \quad (3\text{-}12)$$

式中：$\varphi_{35} = -e^{-\alpha_1 \lambda s} \cos(\alpha_2 \lambda s)$；

$\varphi_{35} = -e^{-\alpha_1 \lambda s} \sin(\alpha_2 \lambda s)$；

$\varphi_{45} = -e^{-\alpha_1 \lambda s}[-\alpha_2 \lambda \sin(\alpha_2 \lambda s) - \alpha_1 \lambda \cos(\alpha_2 \lambda s)]$；

$\varphi_{46} = -e^{-\alpha_1 \lambda s}[\alpha_2 \lambda \cos(\alpha_2 \lambda s) - \alpha_1 \lambda \sin(\alpha_2 \lambda s)]$；

$\varphi_{55} = -e^{-\alpha_1 \lambda s}[2\alpha_1 \alpha_2 \lambda^2 \sin(\alpha_2 \lambda s) + (\alpha_1^2 - \alpha_2^2)\lambda^2 \cos(\alpha_2 \lambda s)]$；

$\varphi_{56} = -e^{-\alpha_1 \lambda s}[-2\alpha_1 \alpha_2 \lambda^2 \cos(\alpha_2 \lambda s) + (\alpha_1^2 - \alpha_2^2)\lambda^2 \sin(\alpha_2 \lambda s)]$；

$\varphi_{65} = -e^{-\alpha_1 \lambda s}[(\alpha_2^3 - 3\alpha_1^2 \alpha_2)\lambda^3 \sin(\alpha_2 \lambda s) - (\alpha_1^3 - 3\alpha_2^2 \alpha_1)\lambda^3 \cos(\alpha_2 \lambda s)]$；

$\varphi_{66} = e^{-\alpha_1 \lambda s}[(\alpha_2^3 - 3\alpha_1^2 \alpha_2)\lambda^3 \cos(\alpha_2 \lambda s) + (\alpha_1^3 - 3\alpha_2^2 \alpha_1)\lambda^3 \sin(\alpha_2 \lambda s)]$；

$\psi_3 = -\dfrac{q_0 b}{24EI} s^4 + \dfrac{q_0}{kb^*}[1 - \cos(\alpha_2 \lambda d)\cosh(\alpha_2 \lambda d)]$；

$$\psi_4 = -\frac{q_0 b}{6EI}s^3 + \alpha_2\lambda\frac{q_0}{kb^*}[\cos(\alpha_2\lambda d)\sinh(\alpha_2\lambda d) - \cosh(\alpha_2\lambda d)\sin(\alpha_2\lambda d)];$$

$$\psi_5 = -\frac{q_0 b}{2EI}s^2 + 2\alpha_2^2\lambda^2\frac{q_0}{kb^*}\sin(\alpha_2\lambda d)\sinh(\alpha_2\lambda d);$$

$$\psi_6 = -\frac{q_0 b}{EI}s - 2\alpha_2^3\lambda^3\frac{q_0}{kb^*}[\cosh(\alpha_2\lambda d)\sin(\alpha_2\lambda d) + \cos(\alpha_2\lambda d)\sinh(\alpha_2\lambda d)]。$$

3.1.3 针对拱北隧道的管径优选

根据勘察结果，拱北隧道顶管穿越的土层地质情况见表 3-1。

土层物理力学参数表　　　　　　　　　　　　　表 3-1

取样深度（m）	密度（g/cm³）	内聚力（kPa）	内摩擦角 φ（°）	压缩模量（MPa）	土 样 描 述
0~5	1.5	4	4~10	1.1	淤泥、淤泥质土
5~9.4	2	暂无	暂无	暂无	中砂
9.4~6.7	1.7~1.8	7~10	3.3~5	3~4	粉质黏土
16.7~19	2	暂无	暂无	暂无	砂砾
19~24	1.9~2	10~20	5~7	4~7	粉质黏土
24~26.5	2	暂无	暂无	暂无	砂砾
26.5~30	1.7~1.9	13~18	10~18	4~6	粉质黏土
30~35	暂无	暂无	暂无	暂无	强风化花岗

（1）土体的基床系数 k 取值见表 3-2。

土体的基床系数 k 取值推荐表　　　　　　　　表 3-2

地基一般特性	土 的 种 类		k（kN/m³）
松软土	流动砂土、软化湿土、新填土		1000~5000
松软土	流塑黏性土、淤泥及淤泥质土、有机质土		5000~10000
中等密实土	黏土及亚黏土	软塑	10000~20000
中等密实土	黏土及亚黏土	可塑	20000~40000
中等密实土	软亚黏土	软塑	10000~30000
中等密实土	软亚黏土	可塑	30000~50000
中等密实土	砂土	松散或稍密	10000~15000
中等密实土	砂土	中密	15000~25000
中等密实土	砂土	密实	25000~40000

续上表

地基一般特性	土 的 种 类		k（kN/m³）
中等密实土	碎石土	稍密	15000~25000
		中密	25000~40000
	黄土及黄土亚黏土		40000~50000
密实土	硬塑黏土及黏土		40000~100000
	硬塑软亚黏土		50000~100000
	密实碎石黏土		50000~100000
极密实土	人工压实的填亚黏土、硬黏土		100000~200000
坚硬土	冻土层		200000~1000000
岩石	软质岩石 中等风化或强风化的硬岩石		200000~1000000
	硬岩石 微风化		1000000~15000000
桩基	弱土层内的摩擦桩		10000~50000
	穿过弱土层达密实砂层及黏土层的桩		5000~150000
	打至岩层的支承桩		8000000

（2）弹性模量取值根据《公路钢管混凝土拱桥设计规范》（JTG/T D65-06-2015），规定混凝土的弹性模量和强度如表3-3所示。

混凝土强度值及弹性模量值　　　　表3-3

强度等级	抗 压 强 度		抗 拉 强 度		弹性模量 E_c（MPa）
	标准值 f_{ck}（MPa）	设计值 f_c（MPa）	标准值 f_{tk}（MPa）	设计值 f_t（MPa）	
C30	20.1	13.8	2.01	1.39	3.00×10^4
C40	26.8	18.4	2.40	1.65	3.25×10^4
C50	32.4	22.4	2.65	1.83	3.45×10^4
C60	38.5	26.5	2.85	1.96	3.60×10^4

钢管混凝土组合弹性抗弯刚度 EI 按式（3-13）计算。

①内力计算时，EI 计算式为

$$EI = E_s I_s + E_c I_c \qquad (3\text{-}13)$$

②挠度和稳定计算时，EI 计算式为

$$EI = E_s I_s + 0.8 E_c I_c \qquad (3\text{-}14)$$

式中：E_s、E_c——钢管和混凝土的弹性模量；

　　　I_s、I_c——钢管和混凝土的弹性抗弯惯矩。

拱北隧道工程中使用的混凝土等级为 C30 混凝土，其剪切模量可按弹性模量的 0.4 倍采用，泊松比 μ 可采用 0.2。钢管的弹性模量取值为 210GPa，因此，可以计算出钢顶管混凝土的弹性模量为：

$$E = \frac{E_s I_s + 0.8 E_c I_c}{I} = \frac{210 \times \frac{\pi}{64}[D^4 - (D-d)^4] + 0.8 \times 30 \times \frac{\pi}{64}(D-d)^4}{\frac{\pi}{64}D^4} \qquad (3\text{-}15)$$

式中：D——钢管外径（m）；

　　　d——钢管壁厚（m）。

取钢管的弹性模量 $E_s = 210\text{GPa}$，土体的基床系数 $k = 30000\text{kN/m}^3$，剪切模量 $G_p = 1200\text{kPa}$，隧道上覆土层的密度为 $\rho = 1500\text{kg/m}^3$，土的内摩擦角 $\varphi = 10°$。隧道的埋深 $h = 6\text{m}$，开挖时 B 端（即开挖面的支护端）的初始位移和初始转角均为零，由于拱北隧道拟采用双层方案，按施工设计，取隧道的开挖高度为 8m，钢管的外径和壁厚依据夯管法施工所选用的规格。按上述建立的力学模型，依次计算在不同的外径和壁厚条件下，在不同的开挖进尺条件下（开挖进尺 3~5m），钢管的最大挠度结果如下。

（1）开挖进尺为 3m 时的最大挠度见表 3-4 和图 3-5。

开挖进尺为 3m 时的最大挠度　　　　　表 3-4

钢管外径（mm）	壁厚（mm）	剪切模量（kPa）	基床系数（kN/m³）	每循环进尺（m）	土的密度（kg/m³）	隧道埋深（m）	隧道开挖高度（m）	土的内摩擦角（°）	最大挠度（mm）
150	7.1	1200	30000	3	1500	6	8	10	—
200	7.1	1200	30000	3	1500	6	8	10	—
250	7.1	1200	30000	3	1500	6	8	10	—
300	7.1	1200	30000	3	1500	6	8	10	—
350	8	1200	30000	3	1500	6	8	10	53.2
400	8	1200	30000	3	1500	6	8	10	49.7
450	10	1200	30000	3	1500	6	8	10	38.8

续上表

钢管外径（mm）	壁厚（mm）	剪切模量（kPa）	基床系数（kN/m³）	每循环进尺（m）	土的密度（kg/m³）	隧道埋深（m）	隧道开挖高度（m）	土的内摩擦角（°）	最大挠度（mm）
500	10	1200	30000	3	1500	6	8	10	30.4
600	12	1200	30000	3	1500	6	8	10	16.5
700	12	1200	30000	3	1500	6	8	10	9.9
750	14	1200	30000	3	1500	6	8	10	7.5
800	14	1200	30000	3	1500	6	8	10	6.1
900	16	1200	30000	3	1500	6	8	10	4.1
1000	16	1200	30000	3	1500	6	8	10	3
1050	16	1200	30000	3	1500	6	8	10	2.6
1200	18	1200	30000	3	1500	6	8	10	1.8
1300	18	1200	30000	3	1500	6	8	10	1.4
1400	20	1200	30000	3	1500	6	8	10	1.1
1500	22	1200	30000	3	1500	6	8	10	0.8974
1800	25	1200	30000	3	1500	6	8	10	0.5243
2000	25	1200	30000	3	1500	6	8	10	0.3922

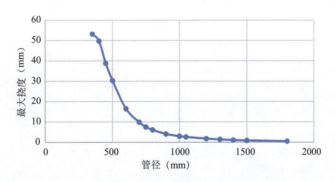

图 3-5 开挖进尺为 3m 时最大挠度随管径变化曲线图

由图 3-5 可以明显看出，当开挖进尺为 3m，钢管最大挠度随着管径增大而减小；当管径小于 1000mm 时，钢管最大挠度随着管径增大急剧减小；当管径大于 1000mm 时，钢管最大挠度随管径变化不明显，曲线基本变平缓。

（2）开挖进尺为 4m 时的最大挠度见表 3-5 和图 3-6。

开挖进尺为 4m 时的最大挠度 表 3-5

钢管外径（mm）	壁厚（mm）	剪切模量（kPa）	基床系数（kN/m³）	每循环进尺（m）	土的密度（kg/m³）	隧道埋深（m）	隧道开挖高度（m）	土的内摩擦角（°）	最大挠度（m）
150	7.1	1200	30000	4	1500	6	8	10	已破坏
200	7.1	1200	30000	4	1500	6	8	10	已破坏
250	7.1	1200	30000	4	1500	6	8	10	已破坏
300	7.1	1200	30000	4	1500	6	8	10	78.5
350	8	1200	30000	4	1500	6	8	10	66
400	8	1200	30000	4	1500	6	8	10	56.7
450	10	1200	30000	4	1500	6	8	10	44.9
500	10	1200	30000	4	1500	6	8	10	36.7
600	12	1200	30000	4	1500	6	8	10	23
700	12	1200	30000	4	1500	6	8	10	15.4
750	14	1200	30000	4	1500	6	8	10	12
800	14	1200	30000	4	1500	6	8	10	9.9
900	16	1200	30000	4	1500	6	8	10	6.5
1000	16	1200	30000	4	1500	6	8	10	4.6
1050	16	1200	30000	4	1500	6	8	10	3.9
1200	18	1200	30000	4	1500	6	8	10	2.5
1300	18	1200	30000	4	1500	6	8	10	1.9
1400	20	1200	30000	4	1500	6	8	10	1.5
1500	22	1200	30000	4	1500	6	8	10	1.2
1800	25	1200	30000	4	1500	6	8	10	0.676
2000	25	1200	30000	4	1500	6	8	10	0.503

当开挖进尺为 4m，由图 3-6 可以明显看出，钢管最大挠度随着管径增大而减小；当管径小于 1000mm 时，钢管最大挠度随着管径增大急剧减小；当管径大于 1000mm 时，钢管最大挠度随管径变化不明显，曲线基本变平缓。

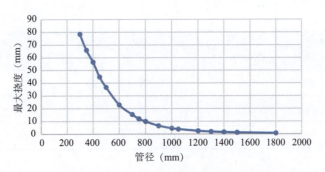

图 3-6 开挖进尺为 4m 时最大挠度随管径变化曲线图

（3）开挖进尺为 5m 时的最大挠度见表 3-6 和图 3-7。

开挖进尺为 5m 时的最大挠度　　　　　表 3-6

钢管外径（mm）	壁厚（mm）	剪切模量（kPa）	基床系数（kN/m³）	每循环进尺（m）	土的密度（kg/m³）	隧道埋深（m）	隧道开挖高度（m）	土的内摩擦角（°）	最大挠度（m）
150	7.1	1200	30000	5	1500	6	8	10	已破坏
200	7.1	1200	30000	5	1500	6	8	10	已破坏
250	7.1	1200	30000	5	1500	6	8	10	已破坏
300	7.1	1200	30000	5	1500	6	8	10	已破坏
350	8	1200	30000	5	1500	6	8	10	0.0942
400	8	1200	30000	5	1500	6	8	10	0.0626
450	10	1200	30000	5	1500	6	8	10	0.0466
500	10	1200	30000	5	1500	6	8	10	0.0373
600	12	1200	30000	5	1500	6	8	10	0.0232
700	12	1200	30000	5	1500	6	8	10	0.016
750	14	1200	30000	5	1500	6	8	10	0.0129
800	14	1200	30000	5	1500	6	8	10	0.011
900	16	1200	30000	5	1500	6	8	10	0.0077
1000	16	1200	30000	5	1500	6	8	10	0.0058
1050	16	1200	30000	5	1500	6	8	10	0.005
1200	18	1200	30000	5	1500	6	8	10	0.0032
1300	18	1200	30000	5	1500	6	8	10	0.0025
1400	20	1200	30000	5	1500	6	8	10	0.0019

续上表

钢管外径（mm）	壁厚（mm）	剪切模量（kPa）	基床系数（kN/m³）	每循环进尺（m）	土的密度（kg/m³）	隧道埋深（m）	隧道开挖高度（m）	土的内摩擦角（°）	最大挠度（m）
1500	22	1200	30000	5	1500	6	8	10	0.0015
1800	25	1200	30000	5	1500	6	8	10	8.05E-04
2000	25	1200	30000	5	1500	6	8	10	5.89E-04

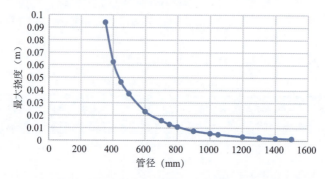

图 3-7 开挖进尺为 5m 时钢管最大挠度随管径变化图

当开挖进尺为 5m，由图 3-7 可以明显看出，钢管最大挠度随着管径增大而减小；当管径小于 1000mm 时，钢管最大挠度随着管径增大急剧减小；当管径大于 1000mm 时，钢管最大挠度随管径变化不明显，曲线基本变平缓。

综合上述，在不同开挖进尺的条件下，钢管最大挠度均随着管径增大而减小，且当管径小于 1000mm 时，钢管最大挠度随管径增大急剧减小；当管径大于 1000mm 时，钢管最大挠度随管径变化不明显。

将上述计算结果列于表 3-7 中，并绘制相应的曲线图（图 3-8）。

不同开挖进尺下钢管的最大挠度值　　　　表 3-7

钢管外径（mm）	壁厚（mm）	3m 时的最大挠度（mm）	4m 时的最大挠度（mm）	5m 时的最大挠度（mm）
150	7.1	已破坏！	已破坏！	已破坏
200	7.1	已破坏！	已破坏！	已破坏
250	7.1	已破坏！	已破坏！	已破坏
300	7.1	66.2	78.5	86.1
350	8	53.2	66	94.2
400	8	49.7	56.7	62.6

续上表

钢管外径（mm）	壁厚（mm）	3m 时的最大挠度（mm）	4m 时的最大挠度（mm）	5m 时的最大挠度（mm）
450	10	38.8	44.9	46.6
500	10	30.4	36.7	37.3
600	12	16.5	23	23.2
700	12	9.9	15.4	16
750	14	7.5	12	12.9
800	14	6.1	9.9	11
900	16	4.1	6.5	7.7
1000	16	3	4.6	5.8
1050	16	2.6	3.9	5
1200	18	1.8	2.5	3.2
1300	18	1.4	1.9	2.5
1400	20	1.1	1.5	1.9
1500	22	0.8974	1.2	1.5
1800	25	0.5243	0.676	8.05E−01
2000	25	0.3922	0.503	5.89E−01

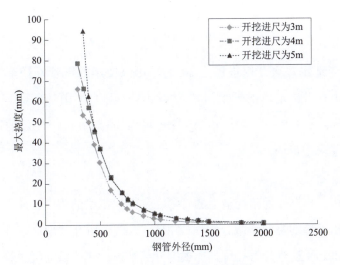

图 3-8　最大挠度随管径变化曲线

由图 3-8 可知：

①当选定开挖进尺后，钢管最大挠度值随着钢管外径的增大而减小；当钢管外径和壁厚确定时，钢管最大挠度随着开挖进尺的增大而增大。

②当开挖进尺确定后，钢管最大挠度值从变化趋势来看，当管径较小时，钢管最大挠度值的变化比较大；当钢管的外径增加到 1000mm 以后，钢管最大挠度值随钢管外径的增加而减小的趋势变缓，此时，如果仅采用增加钢管外径和壁厚的办法来减小隧道开挖过程中钢管的挠度值显然不经济，应依靠其他的方法和途径来减小钢管最大挠度值。

③如果给定钢管的最大挠度值为 5mm，可以在图 3-8 中作一条水平线，那么位于水平线下方的钢管外径则可用（图 3-9）。

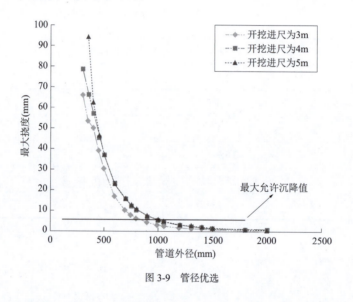

图 3-9　管径优选

可以看出，当选定每次开挖进尺为 3m 时，可以使用的钢管外径至少应在 900mm （壁厚 16mm）以上；当选定每次开挖进尺为 4m 时，可以使用的钢管外径至少应该在 1000mm（壁厚 16mm）以上；当选定每次开挖进尺为 5m 时，可以使用的钢管外径至少应该在 1050mm（壁厚 16mm）以上。

3.1.4　小结

综合以上分析，根据浅埋暗挖隧道的管幕在弹性地基梁的假设，建立管幕在开挖时的受力模型，得出管幕的挠曲线微分方程；并且结合隧道所在的地质条件和不同开挖进尺进行计算，对拱北隧道进行管径优选。根据计算结果，建议拱北隧道管幕顶管管径要大于 1m，且根据顶管设计规范，当顶管管道内部有人通过时，管径要大于 1.4m。

考虑到当管幕顶管管径大于 1.6m 以上时，顶管管道挠度随管径增加基本不发生变化，此时，如果仅采用增加钢管外径和壁厚的办法来减小隧道开挖过程中钢管的挠度值显然不经济。因此，最终建议管幕顶管管径在 1.4~1.6m 范围内，同时，通过调研顶管设备厂家，最终选择 1.62m 作为拱北隧道管幕顶管统一管径。

3.2 曲线顶管管节长度优选

3.2.1 拱北隧道管幕顶管曲线形状

拱北隧道设计速度只为 80km/h，曲线全长 255m，采用回旋线 + 圆曲线。其中，圆曲线的曲率半径与顶管管材有很大的关系，圆曲线的最小曲率半径按式（3-16）计算：

$$R_{\min} = \frac{ED}{2\sigma} \quad (3\text{-}16)$$

式中：$R_{\min}$——管道最小曲率半径（m）；

E——管道弹性模量（MPa）；

D——管道外径（m）；

σ——管道弯曲应力（MPa）。

取 $E = 210\text{GPa}$，$D = 1.62\text{m}$，$\sigma = 225 \times 10^6 \text{Pa}$，计算得 $R_{\min} = 756\text{m}$。

回旋线参数 A 的取值按 $R/3 \leqslant A \leqslant R$ 确定，取 $A \geqslant 300$。

缓和曲线最小长度 $l_{\min}$ 按驾驶员的操作反应时间确定为

$$l_{\min} = \frac{v}{1.2} = \frac{80}{1.2} = 66.7(\text{m}) \quad (3\text{-}17)$$

设计图中圆曲线曲率半径取为 896~920m，圆曲线所对应的圆心角为 11°，回旋线参数 A 的取值为 300。经计算得到圆曲线的长度 l 为 172m，因隧道总长为 255m，则剩余回旋曲线长度为 83m。

回旋线的长度 l_0 满足《公路工程技术标准》（JTG B01—2014）所规定的最小回旋线长度 70m 的要求，同时，也满足按驾驶员的操作反应时间所确定的最小长度要求。

取回旋线参数 $A=300$，计算回旋线的曲率半径 ρ 变化情况，由 $\rho l = A^2$ 可得

$$\rho = \frac{A^2}{l} \quad (3\text{-}18)$$

以曲线端长度 l 为横坐标，曲线段的曲率半径 ρ 为纵坐标，可得出缓和曲线段曲率半径 ρ 随曲线段长度 l 的变化图，如图 3-10 所示。

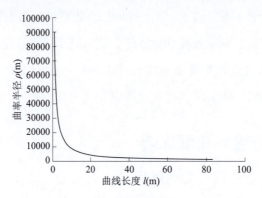

图 3-10 曲率半径随曲线长度变化曲线图

3.2.2 管幕不同位置被动土压力强度计算

被动土压力强度的计算是为了得出管幕顶部、中部和底部土体不被破坏所能承受的最大压力值,将其与不同长度管节的土体反力作比较,从而,保证土体和管节的稳定性。根据朗肯土压力理论,计算被动土压力强度。

朗肯土压力理论的被动土压力强度计算公式为

$$P_\mathrm{p} = \gamma z K_\mathrm{p} + 2c\sqrt{K_\mathrm{p}} \qquad (3\text{-}19)$$

式中:γ——土体天然重度(kN/m^3);

z——覆土厚度(m);

K_p——被动土压力系数,$K_\mathrm{p} = \tan^2\left(45° + \dfrac{\varphi}{2}\right)$,$\varphi$ 为土体内摩擦角(°);

c——土体黏聚力(kPa)。

根据之前参数,分别求出了管幕顶部、中部、底部的被动土压强度,见表 3-8。

管幕不同部位土层被动土压强度 表 3-8

管幕部位	覆土厚度(m)	被动土压强度(kPa)
顶部	6	124.34
中部	19	540.09
底部	29	901.21

3.2.3 曲线顶管管道失稳分析

3.2.3.1 传统曲线顶管法

该方法主要适用于单纯的曲线顶管,即顶进的路线是只有一种曲率半径的圆曲线。

施工原理是按照张口设计要求将套环加工成楔形，或者把楔形垫块放在钢管之间，使接触的两个管面张开一定角度。楔块的材质多为硬质木料，这样不易变形以保持管节接触面的开口度。曲线顶进过程中，刃口（工具管）千斤顶在顶进方向的最前端先顶出曲线形状，在其后管节之间再陆续插入楔块并逐节顶进，形成曲线段；进入直线段后，刃口千斤顶则预先将线路纠成直线，然后，管节依次撤去楔块，管节之间开口被推进至闭合，形成直线段。传统曲线顶管法是目前大多数曲线顶管选用的顶进工艺。

（1）首节管节受力分析

进入曲线段的第一节钢管受力包括顶管机向后的顶推反力 P_0、后面管节向前的顶推力 P_1、管壁外周摩阻力 F 及周围土体抗力。P_{N1} 为顶推力轴向分力，P_{h1} 为切向分力，由受力平衡可得 $P_{N1} = P_0 + F$，如图 3-11 所示。

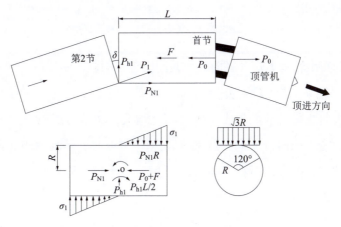

图 3-11 传统曲线顶管法首节管节受力图

对管节中心 O 点取矩，则管节受到的转动力矩包括 P_{N1} 引起的 $(P_0+F)R$ 和 P_{h1} 引起的 $-P_{h1}L/2$。R 为管节外半径，L 为管节长度。由于管节之间的张口最大一般控制不超过 20~30mm，所以，张角 δ 一般小于 2°，且 P_1 值较小，$P_{h1} = P_1\sin\theta$ 就更小，故 $P_{h1}L/2 \ll (P_0+F)R$。因此，由径向分力产生的转动力矩可以忽略不计，则管节受到的总转动力矩可取为 $(P_0+F)R$。

为简化计算，假定土压力呈直线分布。根据以往工程经验，假设钢管侧土体抗力由管节上部 120° 范围内的土体承担（图 3-11），对 O 点取矩，则周围土体提供的抵抗力矩 M_0 为

$$M_0 = \frac{\sqrt{3}RL^2\sigma_1}{6} \qquad (3\text{-}20)$$

对 O 点取力矩平衡方程为

$$\frac{\sqrt{3}RL^2\sigma_1}{6} = (P_0 + F)R \quad (3\text{-}21)$$

从而求得

$$\sigma_1 = \frac{6(P_0 + F)R}{\sqrt{3}L^2} \quad (3\text{-}22)$$

（2）后续顶进管节的受力分析

对于进入曲线段的第 n 节管节受力包括第 $n\text{-}1$ 节管节向后的顶推反力 P_{n-1}、第 $n+1$ 节管节向前的顶推力 P_n、管壁外周摩阻力 F 及周围土体抗力。管节在同一侧受力，顶推力又可分解为轴向分力 P_{Nn} 和切向分力 P_{hn}，由受力平衡得 $P_{Nn} = P_{n-1} + F$，如图 3-12 所示。对于管节中心 O 点，管节受到的转动力矩为

$$M = \frac{P_{hn}L}{2} + P_{n-1}R - P_{Nn}R = \frac{P_{hn}L}{2} - FR \quad (3\text{-}23)$$

土体反力分布由转动力矩和径向分力共同决定。刚进入曲线段的前几节管节受到的 P_n 值较小，所以转动力矩 M 为逆时针方向，且值较小，此时土体远没有达到被破坏的程度；随着进入曲线段管节的增多，P_n 值随之增大，转动力矩 M 先变小直至零；然后由零开始变大，变为顺时针方向。当 P_n 值大到一定值时，转动力矩和径向分力也大到一定程度，土体反力分布不对称，如图 3-12 所示。此时，最大土体反力 σ_n 有可能大于被动土压力，土体受到破坏，管道失稳。

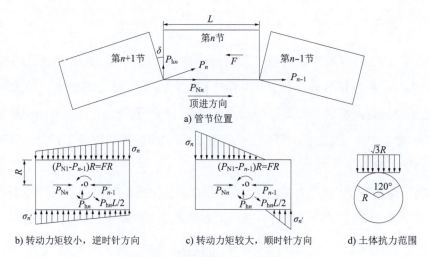

图 3-12 传统曲线顶管法第 n 节管节受力图

综上可知，土体反力分为3个部分，一部分是由力矩 M 引起，则

$$M = \frac{P_{hn}L}{2}, \quad \sigma_1 = \frac{\sqrt{3}P_{hn}}{RL} \quad (3\text{-}24)$$

另一部分是由剪切力 P_{hn} 产生，则

$$\sigma_2 = \frac{\sqrt{3}P_{hn}}{3RL} \quad (3\text{-}25)$$

第三部分是由 $(P_{Nn}R - P_{n-1}R)$ 产生，则

$$\sigma_3 = \frac{2\sqrt{3}F}{L^2} \quad (3\text{-}26)$$

以上三部分土体反力分别如图 3-13 所示，设土体抗力由管侧 120° 范围内的土体来承担，反力沿径向均匀分布，沿轴向线性变化，则管侧土体抗力为以上三部分作用效果之和。

故：

$$\sigma_4 = \sigma_1 - \sigma_3 - \sigma_2 \quad (3\text{-}27)$$

$$\sigma_5 = \sigma_1 - \sigma_3 + \sigma_2 \quad (3\text{-}28)$$

可得：

$$\sigma_4 = \frac{2P_{hn}}{\sqrt{3}RL} - \frac{2\sqrt{3}F}{L^2} \quad (3\text{-}29)$$

$$\sigma_5 = \frac{4P_{hn}}{\sqrt{3}RL} - \frac{2\sqrt{3}F}{L^2} \quad (3\text{-}30)$$

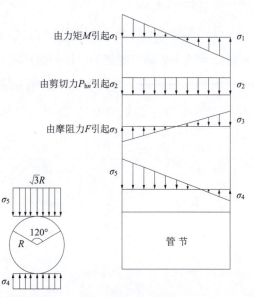

图 3-13 传统曲线顶管法管节土体反力图

以上 σ_4、σ_5 为传统法曲线顶进时土体需要提供的 2 个应力极值，选取二者中较大值作为最大应力值，并与相应的被动土压力进行比较。不同长度的管节及不同位置的管节相应的土体最大反力肯定不一样，只要计算出某长度范围内管节的土体反力，无论在管幕任何位置都不会超过被动土压力即可，然后在其范围内尽量保证土体反力较小，选择出一个确定值。这是传统曲线顶管法情况下进行管节优化的理论分析思路。

3.2.3.2 预调式曲线顶管法

该法由日本东京大学学者 Teruhisa Nanno 在 20 世纪 90 年代初首创，并推广运用至

世界各地，迄今已在 30 多个案例中成功使用。预调式曲线顶进法（又称为单元曲线顶管法）是曲线顶管施工技术上的一大创新，也是近年来该领域的一大进步。其工作原理是在每个管节尾部增设一组节点调整器，一般由 4 个螺旋千斤顶组成。在千斤顶台架和管节之间又安装缓冲橡胶垫分散压力，以避免应力集中现象。每个管节与其后面连接的节点调整器合称为一个顶进单元。曲线段顶进过程中，顶力较小时，直接调整 4 个千斤顶使管节间缝隙达到一定开口度，形成 V 形接口；顶力较大时，则可在曲线外侧处管端面上另安装几个小行程液压千斤顶，使用这些小行程千斤顶使管节接口达到所需要的开口度，再调节螺旋千斤顶保持该开口度不变。然后撤去小行程千斤顶在其他管节之间循环使用。当顶进至直线段时，再依次撤去节点调整器，并及时借助主顶油缸的顶力将管节之间的间隙闭合。

使用预调式曲线顶管方法施工时，由于管节之间存在节点调整器，顶力便会作用在螺旋千斤顶上，通过螺旋千斤顶向前传递。

如图 3-14 所示，进入曲线段的第 n 节管节受力包括第 $n-1$ 节管节向后的顶推反力 P_{n-1}、第 $n+1$ 节管节向前的顶推力 P_n、管壁四周与土体的摩阻力 F 及周围土体抗力 σ_n。

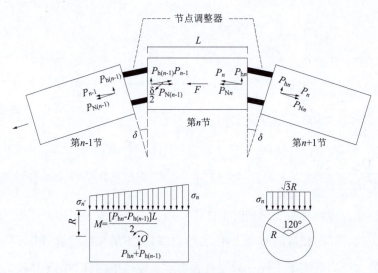

图 3-14 预调式曲线顶管法第 n 管节受力图

采用预调式曲线顶管法施工时，由于节点调整器和缓冲垫的作用，管节受到顶推力偏心度减小，因此应力相对均匀，从而有效避免了应力集中现象。为简化分析过程，我们假设顶推力作用在管节轴线上，此时顶推力轴向分力引起的弯矩则为 0。

与之前的分析方法相同,土体反力是由管侧120°范围内的土承担,且沿径向均匀分布,沿轴向线性变化。施工中需要土体提供的反力分为两部分:

第一部分是由$[P_{hn} - P_{h(n-1)}]$力矩M引起,则

$$M = \frac{[P_{hn} - P_{h(n-1)}]L}{2}, \quad \sigma_1 = \frac{\sqrt{3}[P_{hn} - P_{h(n-1)}]}{RL} \quad (3\text{-}31)$$

第二部分是由$[P_{hn} + P_{h(n-1)}]$剪切力引起,则

$$\sigma_2 = \frac{P_{hn} + P_{h(n-1)}}{\sqrt{3}RL} \quad (3\text{-}32)$$

σ_1、σ_2以及管侧土体总抗力σ_3、σ_4的分布如图3-15所示。

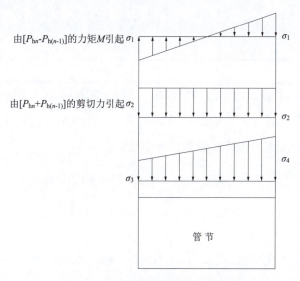

图3-15 预调式曲线顶管法管节土体反力图

可求得:

$$\sigma_3 = \sigma_2 - \sigma_1 = \frac{2[2P_{h(n-1)} - P_{hn}]}{\sqrt{3}RL} \quad (3\text{-}33)$$

$$\sigma_4 = \sigma_1 + \sigma_2 = \frac{2[2P_{hn} - P_{h(n-1)}]}{\sqrt{3}RL} \quad (3\text{-}34)$$

则上述σ_3、σ_4就是在预调式曲线顶进时所需的土体最大反力。同传统曲线顶管法一样,选择σ_3、σ_4较大者作为最大应力值,与相应被动土压力进行比较,要使土体最大反力不得超过被动土压力才能保证土体与管节的稳定。只要计算出管幕不同位置不同长度

管节的土体最大反力,找出符合土体最大反力小于被动土压力条件的管节长度范围即可,然后再根据反力应尽可能小的原则,确定一个管节长度具体值。这是预调式曲线顶管法进行管节长度优化计算的理论思路分析。

3.2.4 拱北隧道曲线顶管管节长度优选

3.2.4.1 传统曲线顶管法施工

(1) 管幕顶部管节受力计算

①管节长度为2m。

根据已有资料,计算参数如表3-9所示。

管幕顶部管节受力计算参数　　表3-9

地层	γ (kN/m³)	c (kPa)	φ (°)	D (mm)	L (m)	覆土厚度 (m)	管节长度 (m)
人工填土	15	6	6	1620	255	6	2~8

其中顶管机向后的顶推反力 P_0 采用《给水排水管道工程施工及验收规范》(GB50268—2008) 中的迎面阻力公式计算,结果为349.3kN。考虑到拱北隧道曲线顶管距离较长,采用了触变泥浆技术,故管周摩阻力 F 为

$$F = f_k \pi D L = 4 \times \pi \times 1.62 \times 2 = 40.7 \text{(kN)}$$

则首节管节的 $\sigma_1 = \dfrac{6(P_0+F)R}{\sqrt{3}L^2} = \dfrac{6 \times (349.3+40.7) \times 0.81}{\sqrt{3} \times 2 \times 2} = 273.58 \text{(kPa)}$

后续每节管节受力值根据3.2.3.1(2)中的方法依次求出,如图3-16~图3-19所示。

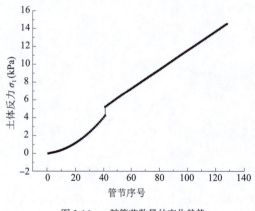

图3-16 σ_1 随管节数量的变化趋势

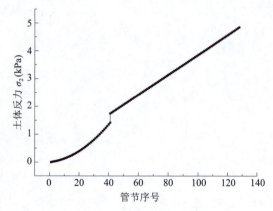

图3-17 σ_2 随管节数量的变化趋势

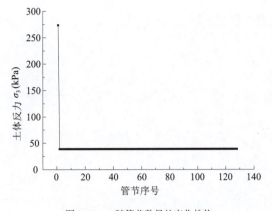
图 3-18 σ_3 随管节数量的变化趋势

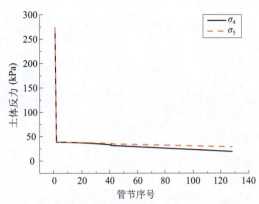
图 3-19 管节长度为 2m 时 σ_4、σ_5 沿管节分布趋势

从图 3-16、图 3-17 中可以看出，由 P_{hn} 力矩和由 P_{hn} 剪切力产生的土体反力是逐渐增大的，这与顶力的递增有关。从图 3-18 看出，由 $(P_{n-1}R - P_{Nn}R)$ 力矩产生的土体反力，第一节管节比较大，后续管节均为 38.80kPa 左右，这是因为第一节管节受力比较特殊，在前面分析首节管节的受力情况时讨论过。土体反力的累加值总体上来看是递减的，管节受到的最大土体反力在第一节管节，其值为 273.58kPa。

②管节长度为 3m。

其中，管周摩阻力 $F = f_k \pi D L = 4 \times \pi \times 1.62 \times 3 = 61.07(\text{kN})$。

首节管节的 $\sigma_1 = \dfrac{6(P_0 + F)R}{\sqrt{3}L^2} = \dfrac{6 \times (349.3 + 61.07) \times 0.81}{\sqrt{3} \times 3 \times 3} = 127.94(\text{kPa})$。

其余土体反力和管节长度为 2m 时的计算方法相同，运用 Excel 求出管节为 3m 时的土体抵抗反力 σ_4、σ_5 并绘制曲线图（图 3-20）。在这里就不一一展示 σ_1、σ_2、σ_3 与管节数量变化趋势的曲线图了。

③管节长度为 4m。

其中，管周摩阻力 $F = f_k \pi D L = 4 \times \pi \times 1.62 \times 4 = 81.43(\text{kN})$。

首节管节的 $\sigma_1 = \dfrac{6(P_0 + F)R}{\sqrt{3}L^2} = \dfrac{6 \times (349.3 + 81.43) \times 0.81}{\sqrt{3} \times 4 \times 4} = 74.54(\text{kPa})$。

σ_4、σ_5 沿管节的变化见图 3-21。

④管节长度为 5m。

其中，管周摩阻力 $F = f_k \pi D L = 4 \times \pi \times 1.62 \times 5 = 101.79(\text{kN})$。

首节管节的 $\sigma_1 = \dfrac{6(P_0+F)R}{\sqrt{3}L^2} = \dfrac{6\times(349.3+101.79)\times0.81}{\sqrt{3}\times5\times5} = 50.63(\text{kPa})$。

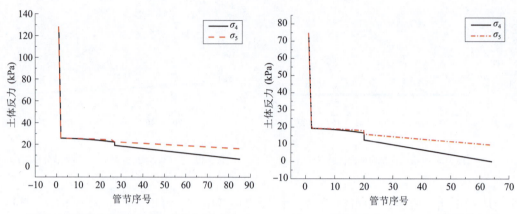

图 3-20　管节长度为 3m 时 σ_4、σ_5 沿管节分布趋势　　图 3-21　管节长度为 4m 时 σ_4、σ_5 沿管节分布趋势

σ_4、σ_5 沿管节的变化见图 3-22。

⑤管节长度为 6m。

其中，管周摩阻力 $F = f_k\pi DL = 4\times\pi\times1.62\times6 = 122.15(\text{kN})$。

首节管节的 $\sigma_1 = \dfrac{6(P_0+F)R}{\sqrt{3}L^2} = \dfrac{6\times(349.3+122.15)\times0.81}{\sqrt{3}\times6\times6} = 36.75(\text{kPa})$。

σ_4、σ_5 沿管节的变化见图 3-23。

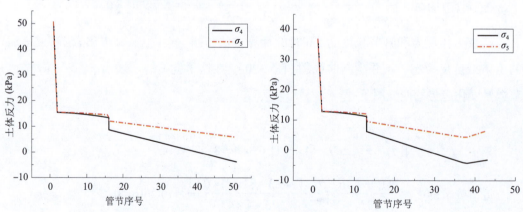

图 3-22　管节长度为 5m 时 σ_4、σ_5 沿管节分布趋势　　图 3-23　管节长度为 6m 时 σ_4、σ_5 沿管节分布趋势

⑥管节长度为 7m。

其中，管周摩阻力 $F = f_k\pi DL = 4\times\pi\times1.62\times7 = 142.50(\text{kN})$。

首节管节的 $\sigma_1 = \dfrac{6(P_0+F)R}{\sqrt{3}L^2} = \dfrac{6\times(349.3+142.50)\times 0.81}{\sqrt{3}\times 7\times 7} = 28.16(\text{kPa})$。

σ_4、σ_5 沿管节的变化见图 3-24。

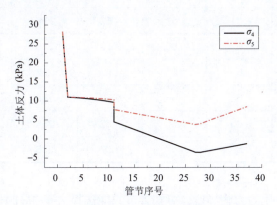

图 3-24　管节长度为 7m 时 σ_4、σ_5 沿管节分布趋势

⑦管节长度为 8m。

其中，管周摩阻力 $F = f_k\pi DL = 4\times\pi\times 1.62\times 8 = 162.86(\text{kN})$。

首节管节的 $\sigma_1 = \dfrac{6(P_0+F)R}{\sqrt{3}L^2} = \dfrac{6\times(349.3+162.86)\times 0.81}{\sqrt{3}\times 8\times 8} = 22.45(\text{kPa})$。

σ_4、σ_5 沿管节的变化见图 3-25。

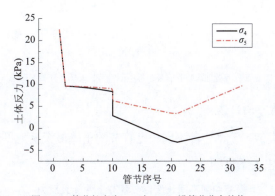

图 3-25　管节长度为 8m 时 σ_4、σ_5 沿管节分布趋势

根据分析图表可知，在传统曲线顶管法的施工过程中，首节管节需要的土体反力最大，下面就将管幕顶部直径为 1.62m 钢管分别在 2~8m 长度内需要土体最大反力列于表 3-10。土体最大反力与管节长度关系见图 3-26。

管幕顶部不同长度首节管节的土体最大反力   表 3-10

管节长度 （m）	γ （kN/m³）	c （kPa）	φ （°）	D （m）	L （m）	覆土厚度 （m）	土体最大 反力（kPa）
2	15	6	6	1.62	255	6	273.58
3	15	6	6	1.62	255	6	127.94
4	15	6	6	1.62	255	6	74.54
5	15	6	6	1.62	255	6	50.63
6	15	6	6	1.62	255	6	36.75
7	15	6	6	1.62	255	6	28.16
8	15	6	6	1.62	255	6	22.45

图 3-26 中被动土压力为临界线，可知管节只能选择大于 3m 的长度才能满足土体最大反力小于被动土压力，因此，管节长度需要大于 3m。

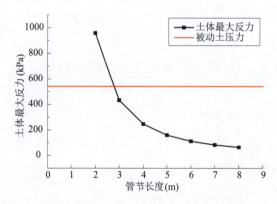

图 3-26　传统曲线顶管管幕顶部不同管节长度的土体最大反力

（2）管幕中部管节受力计算

与顶部计算过程类似，管幕中部不同长度管节的土体最大反力见表 3-11。土体最大反力值随管节长度的变化关系见图 3-27。

管幕中部不同长度首节管节土体最大反力   表 3-11

管节长度 （m）	γ （kN/m³）	c （kPa）	φ （°）	D （m）	L （m）	覆土厚度 （m）	土体最大反力 （kPa）
2	18	15	0	1.62	255	19	959.18
3	18	15	0	1.62	255	19	432.65

续上表

管节长度（m）	γ（kN/m³）	c（kPa）	φ（°）	D（m）	L（m）	覆土厚度（m）	土体最大反力（kPa）
4	18	15	0	1.62	255	19	246.94
5	18	15	0	1.62	255	19	160.32
6	18	15	0	1.62	255	19	112.92
7	18	15	0	1.62	255	19	84.13
8	18	15	0	1.62	255	19	65.3

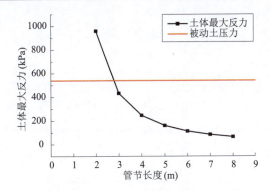

图 3-27 传统曲线顶管管幕中部不同管节长度的土体最大反力

由图 3-27 可知，管节长度不小于 3m 时，土体最大反力小于被动土压力。

（3）管幕底部管节受力计算

将 2~8m 长的管节对应的土体最大反力分别列于表 3-12。管幕底部管节的土体最大反力与管节长度关系见图 3-28。

管幕底部不同长度首节管节的土体最大反力　　表 3-12

管节长度（m）	γ（kN/m³）	c（kPa）	φ（°）	D（m）	L（m）	覆土厚度（m）	土体最大反力（kPa）
2	19	18	15	1.62	255	29	1609.99
3	19	18	15	1.62	255	29	723.81
4	19	18	15	1.62	255	29	409.64
5	19	18	15	1.62	255	29	264.45
6	19	18	15	1.62	255	29	185.24
7	19	18	15	1.62	255	29	137.25
8	19	18	15	1.62	255	29	105.98

由图 3-28 可知，管节取不小于 3m 时，土体最大反力小于被动土压力。

3.2.4.2 预调式曲线顶管（单元曲线顶管）法施工

（1）管幕顶部管节受力计算

管幕顶部的计算参数如表 3-13 所示。

埋深为 6m 时的计算参数表 　　　　　　　　　表 3-13

地层	γ（kN/m³）	c（kPa）	φ（°）	D（mm）	L（m）	覆土厚度（m）	管节长度（m）
人工填土	15	6	6	1620	255	6	2~8

① 管节长度为 2m。

已知：

$$\sigma_3 = \sigma_2 - \sigma_1 = \frac{2[2P_{h(n-1)} - P_{hn}]}{\sqrt{3}RL} = \frac{2\sin\frac{\delta}{2}(2P_{n-1} - P_n)}{\sqrt{3}RL} \quad (3-35)$$

$$\sigma_4 = \sigma_1 + \sigma_2 = \frac{2[2P_{hn} - P_{h(n-1)}]}{\sqrt{3}RL} = \frac{2\sin\frac{\delta}{2}(2P_n - P_{n-1})}{\sqrt{3}RL} \quad (3-36)$$

对于首节管节，$P_{h(n-1)}$ 取 P_0 计算，即迎面阻力。将已知计算参数代入，运用 Excel 软件得出管节长 2m 时，σ_3、σ_4 随管节增加的变化规律，见图 3-29。

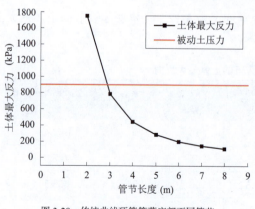

图 3-28 传统曲线顶管管幕底部不同管节长度的土体最大反力

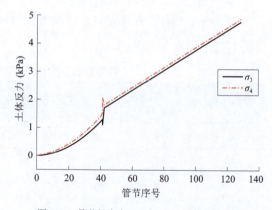

图 3-29 管节长度为 2m 时 σ_3、σ_4 沿管节分布图

② 管节长度为 3m、4m、5m、6m、7m、8m 时，σ_3、σ_4 沿管节的变化图分别见图 3-30~图 3-35。

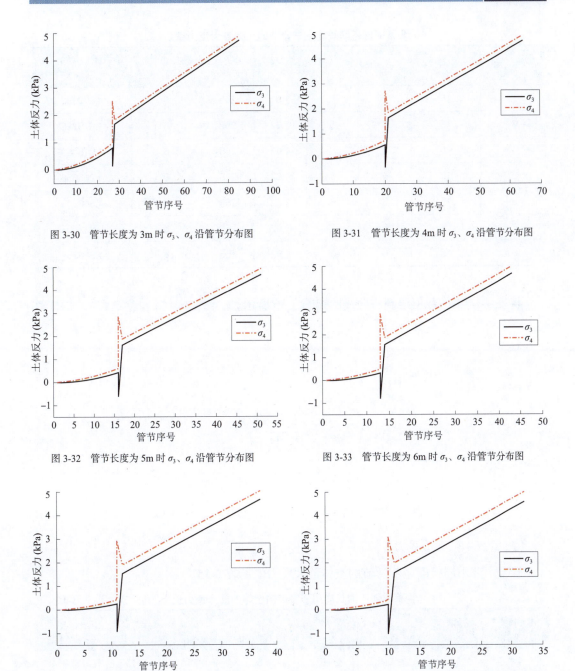

图 3-30 管节长度为 3m 时 σ_3、σ_4 沿管节分布图

图 3-31 管节长度为 4m 时 σ_3、σ_4 沿管节分布图

图 3-32 管节长度为 5m 时 σ_3、σ_4 沿管节分布图

图 3-33 管节长度为 6m 时 σ_3、σ_4 沿管节分布图

图 3-34 管节长度为 7m 时 σ_3、σ_4 沿管节分布图

图 3-35 管节长度为 8m 时 σ_3、σ_4 沿管节分布图

根据以上计算结果来看，采用预调式曲线顶管法顶进的话，尾节管节需要的土体的反力最大。位于管幕顶部、长度分别为 2~8m 的尾节管节的土体最大反力值见表 3-14。

管幕顶部不同长度尾节管节的土体最大反力值　　　　表3-14

管节长度 (m)	γ (kN/m³)	c (kPa)	φ (°)	D (m)	L (m)	覆土厚度 (m)	土体最大反力 (kPa)
2	15	6	6	1.62	255	6	4.879393
3	15	6	6	1.62	255	6	4.879392
4	15	6	6	1.62	255	6	4.915059
5	15	6	6	1.62	255	6	4.915056
6	15	6	6	1.62	255	6	4.986391
7	15	6	6	1.62	255	6	5.022057
8	15	6	6	1.62	255	6	4.986384

将表3-14中的数据绘制成曲线图如图3-36所示。

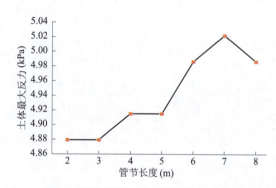

图3-36　预调式顶管管幕顶部不同长度管节土体最大反力变化图

（2）管幕中部管节受力计算

管幕中部不同长度尾节管节的土体最大反力值见表3-15。

管幕中部不同长度尾节管节的土体的最大反力值　　　　表3-15

管节长度 (m)	γ (kN/m³)	c (kPa)	φ (°)	D (m)	L (m)	覆土厚度 (m)	土体最大 反力（kPa)
2	18	0	15	1.62	255	19	5.657548
3	18	0	15	1.62	255	19	5.657547
4	18	0	15	1.62	255	19	5.693213
5	18	0	15	1.62	255	19	5.693211
6	18	0	15	1.62	255	19	5.764545

续上表

管节长度（m）	γ（kN/m³）	c（kPa）	φ（°）	D（m）	L（m）	覆土厚度（m）	土体最大反力（kPa）
7	18	0	15	1.62	255	19	5.800210
8	18	0	15	1.62	255	19	5.764537

不同长度管节所对应的土体最大反力值的变化关系如图3-37所示。

（3）管幕底部管节受力计算

管幕底部不同长度尾节管节的土体最大反力值见表3-16。

管幕底部不同长度尾节管节的土体最大反力值　　表3-16

管节长度（m）	γ（kN/m³）	c（kPa）	φ（°）	D（m）	L（m）	覆土厚度（m）	土体最大反力（kPa）
2	19	18	15	1.62	255	29	6.396221
3	19	18	15	1.62	255	29	6.396219
4	19	18	15	1.62	255	29	6.431885
5	19	18	15	1.62	255	29	6.431882
6	19	18	15	1.62	255	29	6.503216
7	19	18	15	1.62	255	29	6.538881
8	19	18	15	1.62	255	29	6.503207

不同长度管节所对应的土体最大反力值的变化关系如图3-38所示。

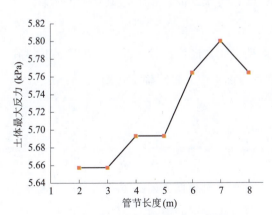

图3-37　预调式顶管管幕中部不同长度管节的土体最大反力变化图

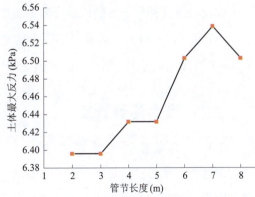

图3-38　预调式顶管管幕底部不同长度管节的土体最大反力变化图

3.2.4.3 结论

根据上述一系列计算结果和关系图，可总结出下列几个规律：

（1）采用传统式曲线顶管法时，首节道节需要的土体反力最大，而且一般比之后的管节大几倍至几十倍，与管幕位置和管节长度有关。管节埋深越大、管节越短，二者之间差距越大，可达 7~40 倍；管节埋深越浅、管节越长，二者差距越小，但也达 2~10 倍。到第 2 个管节时土体反力值突降，在 9.5~38.8kPa 之间，随管节长度变长而减小，与管节位置关系不大。之后每节管节的土体反力值呈缓慢下降趋势，缓和曲线段与圆曲线段交界处管节土体反力呈现小的突变。

采用预调式曲线顶管法时，土体反力随着管节增多基本呈增大趋势，但变化值不大，都在 0~6.5kPa 之间，中间有小幅波动。土体反力最大值出现在最后一节管节，在中间缓和线段到圆曲线段有突变。

（2）通过比较两种顶管方法的土体最大反力值，发现传统式曲线顶管法的土体最大反力要比预调式曲线顶管法大得多，即说明采用预调式曲线顶管法时管节的稳定性更好。

（3）采用传统式曲线顶管法时，土体最大反力值随管节长度的变化差别很大，即对管节的稳定性影响较大。随管节长度增长，土体最大反力值随之降低，开始骤降，后来下降趋势变缓。

采用预调式曲线顶管法时，不同管节长度的土体最大反力值虽有变化但非常微小，最大与最小值差值均在 0.1~0.2kPa 之间，即对管节稳定性影响很小。管节越长，土体最大反力值基本随之增大，4m、5m 长管节反力值几乎持平，管节长度为 7m 时达到最大值，长度为 8m 时又下降。但预调式的成本又要比传统式高，且工艺更复杂，所以，理论上建议采取两种顶管方法相结合的方式施工。

（4）通过以上分析，以及对不同土层的被动土压力进行比较，综合得出管节长度在 4~5m 最为合适；又从土体稳定性和施工难度等方面考虑，最终确定选用 4m 管节。

3.3 顶力设计计算

3.3.1 顶管机顶力计算方法

顶管施工中的顶力是指推进整个管道系统和相关机械设备向前运动的力，需要克服各种阻力，同时，在顶进过程中还不断受到各种外界因素的影响。

美国太沙基的筒仓土理论模型为

$$P_{EV} = \frac{B_e}{2K\mu}\left(1 - e^{-\frac{2K\mu h}{B_c}}\right) \quad (3\text{-}37)$$

式中：P_{EV}——作用于管节顶部的垂直土压力（kN/m²）；

B_e——土的松动范围（m），$B_e = B_t\left[\dfrac{1+\sin\left(45°-\dfrac{\varphi}{2}\right)}{\cos\left(45°-\dfrac{\varphi}{2}\right)}\right]$；

B_t——隧道直径（m），$B_t = B_c + 0.1$；

φ——土的内摩擦角（°）；

B_c——管外径（m）；

K——侧向土压力系数，$K=1.0$；

μ——土的内摩擦系数，$\mu = \tan\varphi$；

h——管道顶部覆土厚度（m）。

水平土压力 P_{Eh} 为：

$$P_{Eh} = \lambda P_{EV} \quad (3\text{-}38)$$

式中：λ——管顶以上的土的天然重度（kN/m³）。

（1）在顶进距离比较短的情况下，一般对地表沉降量没有太高要求，管壁四周未使用触变减阻泥浆时，管壁阻力 F_1 可按下式估算：

$$F_1 = f_1[K(P_{EV} + P_{Eh})DL + wL] \quad (3\text{-}39)$$

式中：F_1——不注浆时管壁与土层的摩阻力（kN）；

f_1——管壁与土层的摩擦系数，其值随土的种类和含水率不同而变化，一般取 $f_1 = 0.4 \sim 0.6$；

K——土压力系数；

D——管节外径（m）；

L——全部顶进长度（m）；

w——单位长度管节自重（kN/m）；

其他符号意义同前。

土压力系数 K 的取值遵循如下原则：若管节所处的土层坚实且降水良好，管节上部土层能保持土拱状态，取 $K=1$；若管节所处土层情况复杂且潮湿，管节上部土层不能保持土拱状态，取 $K=2$；一般土层可取 $1<K<2$。

（2）当顶管顶进距离较长，对地表沉降有着严格的要求，顶进时必须预先在管节的内孔向管壁四周注入触变泥浆，减小管壁与周围土体摩阻力且可以支撑土体。这种情况下管壁摩阻力可按下式估算：

$$F_2 = f_2 \pi D L \qquad (3\text{-}40)$$

式中：F_2——注入触变泥浆时管壁与周围土体的摩阻力（kN）；

　　　f_2——注入触变泥浆时管壁与土层单位面积摩擦阻力（kN/m²），该值可根据试验确定。根据软土地层施工经验，一般取 $f_2 = 4 \sim 12 \text{kN/m}^2$；

　　　其他符号意义同前。

按照《给水排水管道工程施工及验收规范》（GB 50268—2008）及《顶管工程施工规程》（DG/TJ 08-2049—2016），土压泥水平衡式顶管机迎面阻力 P_F 的计算公式如下：

$$P_F = \frac{\pi}{4} D_1^2 R_1 \qquad (3\text{-}41)$$

式中：D_1——顶管机外径（m）；

　　　R_1——顶管机下部 1/3 处的被动土压力（kN/m²）。

《给水排水管道工程施工及验收规范》（GB 50268—2008）对于顶管施工给出了以下规定。

①顶管施工应根据工程具体情况采用下列技术措施：

a. 一次顶进的距离大于 100m 时，应采用中继站技术；

b. 在砂砾层或卵石层顶管时，应采取管节外表面熔蜡措施、触变泥浆技术等减少摩阻力和稳定周围土体；

c. 长距离顶管应采用激光定向等测量控制技术。

②计算施工顶力时，应综合考虑管节材质、顶进工作井后背墙结构的允许最大荷载、顶进设备能力、施工技术措施等因素。施工最大顶力应大于摩阻力，但不得超过管材或工作井后背墙的允许顶力。

③顶力 F_p 应按下式进行计算：

$$F_p = \pi D_0 f_k L + N_F \qquad (3\text{-}42)$$

式中：F_p——顶力（kN）；

　　　D_0——管道外径（m）；

f_k——管道外壁与土体单位面积平均摩阻力（kN/m²），根据试验可确定；对于采用触变泥浆减阻技术的宜按表3-17选用；

L——管道设计顶进长度（m）；

N_F——顶管机的迎面阻力（kN）；不同类型顶管机的迎面阻力宜按表3-18选择计算式。

采用触变泥浆的管外壁单位面积平均摩擦阻力 f_k（kN/m²） 表3-17

土类管材	黏 性 土	粉 土	粉、细砂土	中、粗砂土
钢筋混凝土管	3.0~5.0	5.0~8.0	8.0~11.0	11.0~16.0
钢管	3.0~4.0	4.0~7.0	7.0~10.0	10.0~13.0

注：当触变泥浆技术成熟可靠，管外壁能形成和保持稳定连续的泥浆套时，f_k 值可直接取 3.0~5.0 kN/m²。

顶管机迎面阻力 N_F 的计算公式 表3-18

顶进方式	迎面阻力（kN）	式中符号
敞开式	$N_F = \pi(D_g - t)tR_s$	t 为工具管刃脚厚度（m）；D_g 为顶管机外径（m）；R_s 为挤压阻力（kPa），取 R_s=300~500kPa
挤压式	$N_F = \dfrac{\pi}{4}D_g^2(1-e)R_s$	e 为开口率
网格挤压	$N_F = \dfrac{\pi}{4}D_g^2 \alpha R_s$	α 为网格截面参数，取 α=0.6~1.0
气压平衡式	$N_F = \dfrac{\pi}{4}D_g^2(\alpha R_s + P_n)$	P_n 为气压强度（kN/m²）
土压平衡和泥水平衡	$N_F = \dfrac{\pi}{4}D_g^2 P$	P 为控制压力（kN/m²）

《顶管工程施工规程》（DG/TJ 08-2049—2016）中规定 P（控制压力）为顶管机下部 1/3 处的被动土压力（kN/m²）。

则控制压力 P 可近似按下式进行计算：

$$P = \lambda\left(H + \frac{2}{3}D\right)\tan^2\left(45° + \frac{\varphi}{2}\right) + 2c\tan\left(45° + \frac{\varphi}{2}\right) \tag{3-43}$$

式中：λ——上覆土层的重度（kN/m³）；

H——上覆土层厚度（m）；

D——顶管机外径（m）；

φ——土的内摩擦角（°）；

c——土的黏聚力（kN/m²）。

参照《顶管工程施工规程》（DG/TJ 08-2049 — 2016），曲线顶管顶力的估算中，与直线顶管顶力相比较，应乘以顶力附加系数 K，K 值宜按照表3-19选取。

曲线顶管顶力附加系数 K 值　　　　　表3-19

曲率半径 R	300D	250D	200D	150D	100D
K	1.1	1.15	1.2	1.25	1.3

注：D 为顶管外径。

根据拱北隧道工程资料，曲率半径为900m，顶管外径为1.62m，故：R/D=555.6，则 K=1.1。结合式（3-42），则拱北隧道顶管顶力计算公式可变为：

$$F_p = K(\pi D_0 f_k + N_F) = 1.1(\pi D_0 f_k + N_F) \qquad (3-44)$$

3.3.2 拱北隧道顶管顶力计算

3.3.2.1 管幕顶部顶力计算

根据工程已有资料可知，土的重度 γ 为15kN/m³，土的内聚力 c 为6kPa，内摩擦角 φ 为6°，管道外径 D 为1620mm，取管道与土体之间单位面积摩擦力为4kPa，管幕顶部覆土厚度为6m；曲线顶管管道设计顶进长度 L 为255m，曲率半径为900m。结合工程条件，顶力按照《给水排水管道工程施工及验收规范》（GB 50268—2008）计算，计算参数见表3-20。

埋深为 6m 时的计算参数表　　　　　表3-20

地层	γ（kN/m³）	c（kPa）	φ（°）	D（m）	L（m）	覆土厚度（m）
人工填土	15	6	6	1.62	255	6

将相关参数代入式（3-44），计算出来的最大顶力结果见表3-21，最大顶力随管节长度变化曲线如图3-39所示。

埋深为 6m 时最大顶力的计算结果　　　　　表3-21

管节长度（m）	2	3	4	5	6	7	8
最大顶力（kN）	6083.7	6061.3	6083.7	6061.3	6128.5	6150.9	6083.7

3.3.2.2 管幕中部顶力计算

管幕中部各土层的计算参数见表3-22。

埋深为 **19m** 时的计算参数表　　　　表 3-22

地层	γ（kN/m³）	c（kPa）	φ（°）	D（m）	L（m）	覆土厚度（m）
人工填土	15	6	6	1.62	255	8
淤泥质粉质黏土	18	11	5	1.62	255	18
砂土	18	0	15	1.62	255	19

将相关参数代入式（3-44），则将埋深为19m时的最大顶力计算结果如表3-23所示，最大顶力随管节长度的变化曲线如图3-40所示。

埋深为 **19m** 时最大顶力的计算结果　　　　表 3-23

管节长度（m）	2	3	4	5	6	7	8
最大顶力（kN）	7061.06	7038.66	7061.06	7038.66	7105.86	7128.26	7061.06

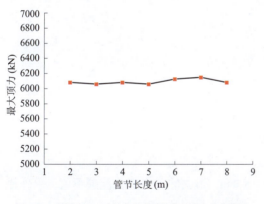

图 3-39　埋深为6m时最大顶力随管节长度变化曲线图　　　图 3-40　埋深为19m时最大顶力随管节长度变化曲线图

3.3.2.3 管幕底部顶力计算

管幕底部各土层的计算参数见表3-24。

埋深为 **29m** 时的计算参数表　　　　表 3-24

地层	γ（kN/m³）	c（kPa）	φ（°）	D（m）	L（m）	覆土厚度（m）
人工填土	15	6	6	1.62	255	8
淤泥质粉质黏土	18	11	5	1.62	255	18

续上表

地层	γ（kN/m³）	c（kPa）	φ（°）	D（m）	L（m）	覆土厚度（m）
砂土	18	0	15	1.62	255	24
粉质黏土	19	18	15	1.62	255	29

将埋深为 29m 时的最大顶力计算值列在表 3-25，最大顶力随管节长度的变化曲线如图 3-41 所示。

埋深为 29m 时最大顶力的计算结果　　　　　　　　表 3-25

管节长度（m）	2	3	4	5	6	7	8
最大顶力（kN）	7988.83	7966.43	7988.83	7966.43	8033.63	8055.94	7988.74

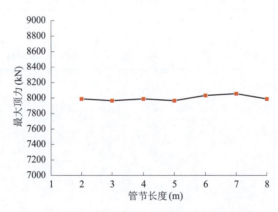

图 3-41　埋深为 29m 时最大顶力随管节长度变化曲线图

3.3.3　结论

（1）从上述结果来看，管节长度从 2m 增加到 8m，最大的顶力变化范围不大，以外径 1.62m 的顶管、埋深 6m 为例，管节长度从 2m 增加大 8m 时，最大的顶力在 6100kN 左右。

（2）上述计算出来的顶力，只是计算了顶进过程中顶力随管节编号的变化，而没有具体计算出顶管机在顶进过程中，顶力随顶进距离的变化，因此，本节计算结果没能完整地反映顶进过程中的顶力变化的具体情况。

（3）在计算顶进过程中的摩擦阻力时，采用的摩擦阻力均为一恒定值，即 4kPa，这就要求在施工时对触变性泥浆要有很严格的要求。只有当泥浆的技术相当成熟时，才能这样计算顶进过程中的摩擦阻力。

3.4 曲线顶管室内密封试验及管节接头数值模拟研究

3.4.1 曲线顶管室内密封试验研究

组成拱北隧道管幕的曲线顶管轨迹平面线形由 88m 缓和曲线与 167m 圆曲线组成，长度为 255m，平均曲率半径约为 890m。整个管幕由 36 根 ϕ1620mm 钢顶管组成，全部采用曲线顶管技术施工，其中，上层 17 根顶管壁厚 20mm，下层 19 根顶管壁厚 24mm，管间距 355~358mm，所有顶管通过东、西两个工作井实现双向顶进。

由于施工场地水文地质条件复杂，整个管幕均位于地下水水位线以下，地下水丰富，主要为含盐孔隙潜水，底部管道周围地下水位接近 30m，地下水压力高达 0.3MPa，同时，施工主要穿越地层为粉质黏土、淤泥质粉土等软土以及中粗砂等易流失地层。一旦管节接头密封或接收舱的密封失效，则可能导致涌水涌砂，甚至造成地表塌陷。因而，需要预先对拟采用的密封装置和接收装置进行可靠性验证，提出合理的改进建议，保证上述装置安全、高效地用于实际顶管施工中。

为此，采用数值模拟的方法对管节接头的密封性能进行模拟，为曲线顶管接头结构优化提供依据。同时，建立管节接头直线安装和偏转状态的数值模型，分析曲线顶管施工过程中接头橡胶圈的受力特性，结合室内顶管密封试验系统，检验施工所选用的管节接头密封性能，综合评价其密封性效果。此外，室内顶管密封试验系统还可以验证接收装置的密封可靠性，并为其施工应用提供有益的改进建议。

试验通过对现场顶管系统进行模拟，采用与现场施工同直径的管道以及简化的接收装置，通过注浆系统和反力加载系统，对顶管的顶进与接收过程进行模拟。最后，观察记录管节接头和接收装置的密封性能，验证其密封性能，并提出改进意见。

3.4.1.1 试验系统

实验室采用 1:1 全尺寸模型试验。试验装置由管道系统、反力系统、注浆系统、加压系统和试验监测记录系统组成。试验系统见图 3-42，其构造见图 3-43。下面介绍试验原理进行。

图 3-42 全尺寸模型试验系统图

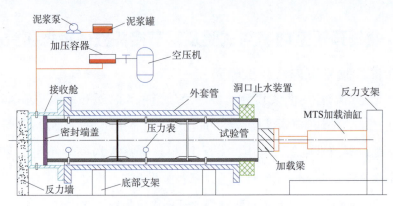

图 3-43 顶管密封性测试系统结构图

(1) 管道系统

密封试验的管道系统是该模型试验的核心组成部分,主要由顶进管道、密封舱、简化接收舱以及顶管始发密封装置组成,如图3-44所示。

图 3-44 管道系统

顶进管道为3根现场加工的钢管,采用承插口连接在一起。为便于管道运输及实验室的操作,管节长度由现场的4m改为2.2m,其余尺寸及结构形式均与现场保持一致。在试验顶进的过程中钢管管节之间垫以木垫片,与现场施工工法一致。管道接头采用F形管节接头,其结构见图3-45。

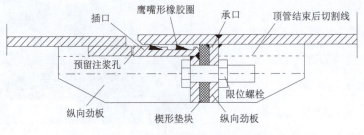

图 3-45 F形管节接头

密封舱长 4.03m，内径 1.72m，采用钢板卷制而成。待顶进管道顶入密封舱后，顶进管道与密封舱间存在环状空隙。通过在环状空隙内注浆、加压来模拟现场地层水土压力。

简化接收舱长度为 1m，通过螺栓固定于密封舱体一端，其端盖紧靠试验室反力墙，并利用木垫块在端盖和墙面间进行保护。试验过程中接收舱内部与密封舱环状空隙连通。接收舱装置各个拼装接合面均安装橡胶垫以确保密封效果。即便如此，在拼装过程中仍然发现此接收舱装置两端结合面T形区域存在密封缝隙（图3-46）。试验前采用环氧树脂粘合剂对这些位置进行了处理，试图控制可能发生的泄漏。

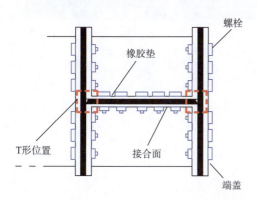 

图 3-46　接收舱 T 形区域

顶管始发密封装置通过螺栓固定于密封舱的另一端。由钢圈、法兰和 2 层止水橡胶圈组成。通过法兰固定的 2 层止水橡胶圈在装置工作过程中紧贴内管管壁，起到密封止水的作用。拼装完成后，管道从顶管始发密封装置顶入，进入密封舱，直至顶进管道端盖上的螺母与接收舱装置端盖贴合。试验时，在管道系统拼装过程中，有若干孔位无法对齐导致螺栓无法穿过，因此，进行了螺栓孔扩孔的处理。拼装完成后，对这些扩大的螺栓孔进行了环氧树脂粘合剂密封。

（2）反力系统

在试验过程中，当密封舱与接收舱舱体与管道之间环状空隙内注浆及加压之后，顶进管道的圆形端盖受到一个由泥浆传递的液体压力（图3-47），这个压力会将顶进管道向密封舱体外推出，导致试验无法正常进行。因此，需要反力系统平衡该压力。

本试验采用 MTS 加载系统与反力支架组成的反力系统，反力支架的 2 条平行地梁由 6 根锚杆固定在试验场地地锚上（图3-48）。由一具门形支架为 MTS 着重器提供支撑，支架的 2 根立柱后侧由筋板进行加强。MTS 着重器通过长螺栓连接到门形支架。在着重器头部同样以长螺栓和加载梁连接。

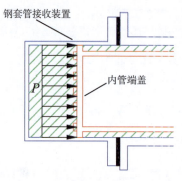

图 3-47　反力系统

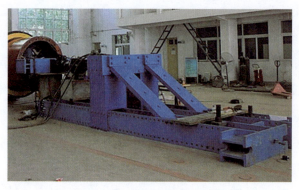

图 3-48　管道端盖受力示意图

反力系统需要提供的反力大小按照压力 - 压强关系式计算，即

$$P = pS \qquad (3\text{-}45)$$

圆形端盖面积 S 为

$$S = \pi r^2 \qquad (3\text{-}46)$$

可得反力 T 计算公式为

$$T = P = p\pi r^2 \qquad (3\text{-}47)$$

式中：P——端盖所受压力（kN）；

　　　p——泥浆压强（MPa）；

　　　S——端盖面积（m²）；

　　　r——端盖半径（m）。

试验中采用分阶段逐级提高泥浆压力，每级压力增加值为 0.1MPa。现将 p=0.1MPa，r=0.81m 代入式（3-47），有：

$$T = P = 0.1 \times 10^6 \times 3.14 \times 0.81^2 = 206(\text{kN})$$

据此计算可知，试验中泥浆压力每上升 0.1MPa，需要反力系统提供不小于 206kN 的反力增加量以实现平衡。

（3）注浆系统

在密封试验中，通过注浆系统在密封舱体环状间隙中注入泥浆来模拟现场顶管施工中顶进管道与土体之间的环状空隙。注浆系统由泥浆循环搅拌装置构成，如图 3-49 所示。

（4）加压系统

加压系统的主体是空压机和自制压力容器，两者串联接入接收舱。自制压力容器下部充满泥浆，上部与空压机连通。空压机向该容器充入的压缩空气经过减压阀调压后，在容器的空气-泥浆接触面即完成压力传递，使得泥浆产生相应的压强。最终，这个压强通过管路传递到接收舱与密封舱体环状空隙之中。本试验泥浆加压系统原理见图 3-50。

图 3-49　注浆系统

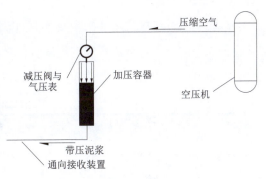

图 3-50　泥浆加压原理示意图

（5）试验监测记录系统

实验室试验主要目的在于验证管节接头密封装置以及接收装置在高水压复杂地层条件下的可靠性。因此，本试验主要监测的内容为：接收舱和管节接头密封装置密封异常情况及其对应的环状空隙泥浆压力（由环状空隙泥浆压力表或者加压容器的减压阀压力表读出），采用肉眼观察记录结合照相取证的成果采集方法。内管管节与管节接头编号如图 3-51 所示。

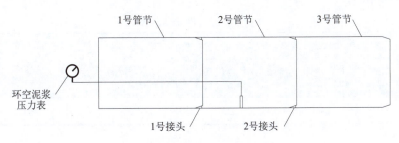

图 3-51　管节编号与管节接头编号图

除了对以上内容进行观察记录外，试验进行过程中还需要对泥浆泵、空压机和各个阀门进行控制并记录空压机输出气压（即空压机对泥浆施加的压强值）。

3.4.1.2 试验过程

（1）注水试验

在密封试验开始之前，预先对整套试验系统进行注水试验，在试验管与外套管以及接收舱的环状空隙中注满水，但未用空压机加压，初步检验试验系统各部分的密封情况。经过注水试验发现，系统各密封部位基本密封良好。只在洞口止水装置橡胶圈出现少许漏水，此处泄漏不影响试验，可以继续进行。

（2）密封试验

试验中通过在接头水平两侧安装不同厚度的木垫片实现管节偏转，共进行 3 组密封试验，首先进行 1 组直线管节密封试验，之后改变管节偏角，再进行 2 组管节偏转密封试验，如表 3-26 所示。

密封试验工况　　　　　　　　　　　　　　　　　表 3-26

编号	试验内容	水平木垫片厚度差（mm）	管节偏角（°）
1	直线管节密封试验	0.0	0.000
2	偏转密封试验	7.5	0.265
3	偏转密封试验	60.0	2.120

（3）搅浆注浆与泥浆加压

试验采用的泥浆性能与实际施工现场润滑泥浆基本相同，泥浆配方为水：膨润土：CMC=1000：62.5：0.5，性能参数见表 3-27。泥浆系统设置循环搅拌状态下，从加料斗加入膨润土和 CMC 与水进行搅拌形成泥浆。然后，调整泥浆系统到注浆状态，向试验系统环状空隙注入泥浆。

密封试验泥浆性能参数表　　　　　　　　　　　　表 3-27

密度（g/cm³）	旋转黏度（MPa·s）						塑性黏度（MPa·s）	7.5min 失水量（mL）	30min 失水量（mL）
	600 r/min	300 r/min	200 r/min	100 r/min	6 r/min	3 r/min			
1.03	109	98	95	90	82	76	11	5.6	11.2

试验中泥浆加压采用空压机和加压容器实现，加压容器与试验系统环状空隙通过管路连接。首先，在加压容器中充满泥浆，然后，利用空压机的压缩空气对容器中的泥浆加压，试验设计每一级泥浆压力为 0.1MPa，保持压力 30min。加载曲线如

图 3-52 所示。

(4) 反力加载

泥浆加压过程中会对试验管产生巨大推力,甚至将管道推出外套管,所以,需要加载系统提供反力。根据每一级 0.1MPa 的泥浆压力,可计算出作用在试验管上的推力为 206kN,因此,MTS 加载油缸以每一级 250kN 的反力,每级 25min 线性加载,每级压力保持 30min 的模式进行泥浆加压试验。设计泥浆压力加载到 0.3MPa,加载反力为 750kN,在完成前 3 级压力密封试验后,最后试加压 0.4MPa,反力为 850kN。MTS 油缸加载曲线如图 3-53 所示。

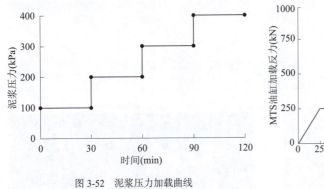

图 3-52 泥浆压力加载曲线

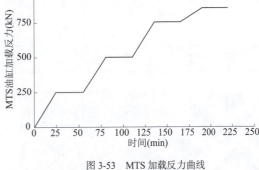

图 3-53 MTS 加载反力曲线

3.4.1.3 试验结果

(1) 管节密封试验结果

各组密封性检测结果如表 3-28 所示。在直线管节密封检测中,泥浆压力加至 0.4MPa,管节接头未出现泄漏,仅在接头焊缝处出现少量泄漏,如图 3-54 a) 所示。由于该工程钢管只作为支护结构,可以允许微量泄漏,建议后续管节加工过程中加强焊缝的质量监测控制。

在管节偏转 0.265° 密封试验中,同样泥浆压力加至 0.4MPa,管节接头未出现持续、明显泄漏,通过安装在管节接头处摄像头实时记录,如图 3-54 b) 所示。仅在泥浆加压初期,接头顶部出现短暂少量泄漏,其原因是试验中多次调整管节偏角,导致接头鹰嘴橡胶圈来回错动,出现安装不到位的现象,影响了接头密封装置的密封性能。后期随着泥浆压力增加,橡胶圈变形调整到合适位置,管节密封良好。

在管节偏转 2.12° 密封试验中,泥浆压力加至 0.1MPa 后,接头出现大量泄漏,如图 3-55 所示。管节底部出现积水,泥浆压力无法保持,说明该偏角条件下,管节密封失效。

管节密封检测结果　　　　　　　　　　表 3-28

编号	检测内容	泥浆压力（MPa）	保压时间（min）	接头密封情况
1	直线管节密封试验	0.1	30	无泄漏
		0.2		
		0.3		
		0.4		
2	0.265°偏转密封试验	0.1	30	泥浆加压初期短暂泄漏，后期无明显泄漏
		0.2		
		0.3		
		0.4		
3	2.12°偏转密封试验	0.1	0	大量泄漏，密封失效

a）管节接头无渗漏（直线）　　　　　b）管节接头焊缝渗漏（偏转 0.265°）

图 3-54　管节接头密封情况

图 3-55　管节偏转 2.12°接头泄漏情况

（2）洞口止水装置密封试验结果

由于采用的双层橡胶圈结构的洞口始发止水装置密封性很好，在整个试验过程中外侧橡胶圈多个位置虽都有短暂的泄漏，但泄漏量极小，其原因是橡胶圈加工存在误差，导致橡胶圈无法完全贴合试验管外壁。在泥浆压力小于 0.3MPa 条件下，未出现明显泄漏。而当泥浆压力达到 0.4MPa 后，由于法兰螺栓孔加工误差的影响，出现少量泄漏（图 3-56），但止水装置整体仍未发生显著泄漏失效，说明压板 + 双层橡胶圈的洞口止水装置可以承受现场 0.3MPa 的水压力密封要求，可以保证现场顶管始发施工安全。

图 3-56　洞口止水装置螺栓孔少量泄漏（泥浆加压至 0.4MPa）

（3）接收装置密封试验结果

试验接收舱密封异常记录见表 3-29。

接收舱密封检测结果　　　　　表 3-29

泥浆压力（MPa）	保压时间（min）	接头密封情况
0.1	30	接合面 T 形区域有少量泄漏
0.2	30	同上
0.3	30	T 形区域有少量泥浆泄漏，此外水平结合面螺栓孔处有少量泄漏
0.4	0	泥浆喷涌

接收舱的接合面 T 形区域在泥浆压力仅为 0.1MPa 的情况下即发生泄漏。当泥浆压力达到 0.3MPa 时，4 个 T 形区位置出现少量泥浆泄漏。泥浆压力达到 0.4MPa 时，泥浆开始喷涌（图 3-57）。遂认为在现场施工过程中，这些位置存在密封隐患。该位置出现

密封问题的主要原因是接合面由于加工误差无法完全贴紧，而稍有缝隙即为泥浆泄漏提供了通道，最终在高压下冲破环氧树脂保护层，造成泥浆喷涌。在试验之前，曾经利用环氧树脂胶试图对接合不佳的 T 形区域进行过封堵。

图 3-57　泥浆压力达到 0.4MPa 时 T 形区位置出现喷浆

针对上述泄漏位置的密封问题提出以下解决办法：一是提高接收舱加工和拼装精度，尽量减小接合面之间的缝隙；二是寻找在高水压环境下，较橡胶垫与环氧树脂密封效果更好的密封材料，对这些位置提前进行封堵；三是对洞口间隙进行有效封堵，尽量防止泥浆过多地流入接收舱。

加工精度主要指的是接收舱各拼装部件几何尺寸、螺栓孔对齐状况和焊接状况等。这些方面精度的提高能够减小拼装过程中对部件的强行改造（如烧孔、扩孔等），减小拼装后的缝隙。拼装精度主要是指拼装过程中各位置的对准以及密封橡胶垫的切割尺寸。要特别指出的是，橡胶垫尺寸对 T 形位置密封影响极大。当垂直对接的 2 道橡胶垫在拼装过程中产生缝隙后，补救措施很难保证这些缝隙被完全封堵。当缝隙不可避免地产生后，就需要一种耐高压、防水、可快速成型而且便于清除的密封材料对这些缝隙进行堵漏，以确保接收舱的密封可靠性。在现场接收舱密封试验中，试验人员利用在 T 形区域设置小片橡胶垫较好地解决了该位置的密封问题。

3.4.2　钢顶管管节接头数值模拟优化研究

单根管节长度为 4m，管体由 20mm（或 24mm）厚钢板卷制焊接形成，管体两端为 F 形承插口，由 20mm 厚法兰和 40 块 20mm 纵向加劲板焊接构成。相邻管节接头结构如图 3-58 所示，通过螺栓连接。为保证高水压条件下接头的密封性，安装有 2 道鹰嘴形橡胶密封圈，如图 3-59 和图 3-60 所示。为防止接头顶进过程中应力集中，承插口法兰之间设置有缓冲木垫片，施工过程中相邻管节最大偏角为 0.265°。

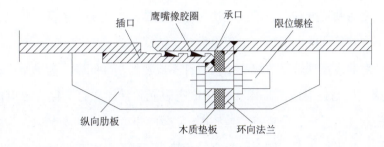

图 3-58　钢顶管 F 形管节接头

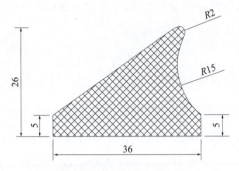

图 3-59　初始鹰嘴橡胶密封圈（尺寸单位：mm）

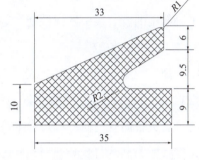

图 3-60　优化后鹰嘴橡胶圈（尺寸单位：mm）

虽然我国已将钢顶管技术纳入《给水排水工程顶管技术规程》（CECS 246：2008）中，但目前多用于直线顶管施工中，管节接头采用焊接形式。为实现钢管曲线顶进，相关学者参考混凝土管接头，提出了曲线顶管钢管节的接头结构。管身采用钢板卷制焊接，并在两端焊接法兰和纵向劲板，形成承插式接头，然后通过螺栓连接限制管节偏角，保证了钢管曲线顶进。这种承插式管节节头的钢顶管在上海青草沙严桥支线工程中得到成功应用。然而，相比成熟的混凝土顶管，其结构已经系列化，并可依据《顶进施工法用钢筋混凝土排水管》（JC/T 640—2010）选取。而曲线钢顶管管节结构尚无统一标准，限制了管节加工工艺和顶管施工技术的成熟性，因而，无法得到推广应用。

目前，虽有了曲线钢顶管工程的成功应用实例，但接头结构均参考混凝土管承插接口，使用的楔形橡胶圈结构和尺寸也类似，接头的结构设计往往依靠经验。虽然相关研究者对管节接头偏转状态下密封性进行了试验测试，但密封性能否满足施工要求以及接头结构是否合理仍然缺乏详细的研究。对于钢顶管管节接头密封圈参数设计主要依据经验公式，而橡胶圈密封性研究只能依靠实际的密封试验来验证，不仅费时而且试验设备造价较高，试验投入较大，且不能对不同尺寸的管节进行测试。对于截面形状规则的密封圈，尚可采用经验公式对其密封性进行预测，但不能直观体现曲线钢顶管管节在安装以及顶进时的受力和接触状态，从而无法为橡胶圈结构优化提供依据，难以为今后不同施工环境和不同管径的曲线钢顶管工程提供理论依据。

因此，针对曲线钢顶管管节接头结构设计不成熟的实际问题，为满足拱北隧道管幕工程施工中接头密封性，以下采用 ABAQUS 有限元软件建立管节接头数值模型，模拟优化前后接头的安装过程，分析接头橡胶圈的应力、接触压力和安装力，为曲线钢顶管管节接头结构优化提供依据。同时，建立管节接头直线安装和偏转状态的数值模型，分析曲线钢顶管施工过程中接头橡胶圈的受力特性，结合利用室内顶管密封试验系统，检验施工所选用的管节接头密封性能，综合评价其密封性效果。

3.4.2.1 接头数值模型

由于橡胶为不可压缩材料，表现出复杂的材料非线性和几何非线性，本构模型选用超弹性材料。目前，广泛使用 Mooney-Rivlin 应变能函数进行描述。采用 ABAQUS 软件建立管节接头平面应变模型和尺寸如图 3-61 和图 3-62 所示，其中，承插口材料为 Q235 钢材，橡胶圈材料为邵氏硬度 42 的氯丁橡胶。考虑到钢材弹性模量远高于橡胶，其内力和变形可忽略不计，为简化模型可将承插口等效为解析刚体。

ABAQUS 中刚体边界条件通过参考点控制施加，承口边界条件施加到参考点 RP1 上，同理，插口边界条件施加到参考点 RP2 上。

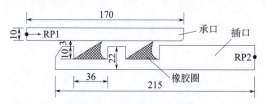

图 3-61 初始设计接头数值模型示意图（尺寸单位：mm）

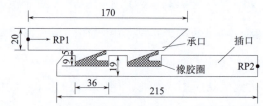

图 3-62 优化后接头数值模型示意图（尺寸单位：mm）

由橡胶圈硬度可确定其材料力学参数（表 3-30），网格采用减缩积分的一阶平面应变单元（CPE4R）来模拟。边界条件设置为：插口约束 RP2 所有自由度，承口只约束 RP1 竖向位移。为模拟橡胶圈与承插口的接触特性，需要在承插口各面与橡胶圈各面之间建立接触关系，并且对橡胶圈各面建立自接触。承插口与橡胶圈法向接触属性设置为硬接触，考虑到接头安装过程涂抹润滑油，橡胶圈与接头切向摩擦系数取 0.1；为了防止接触面互相穿透，主面和从面之间间隙取 0.01。管节安装过程通过对承口参考点 RP1 施加水平向右位移模拟实现。

鹰嘴橡胶圈参数　　　　　　　　　　　　表 3-30

材料	邵尔硬度	拉伸强度（MPa）	伸长率(%)	Mooney-Rivlin 模型参数		
				C_{01}（MPa）	C_{10}（MPa）	D_1（MPa^{-1}）
氯丁橡胶	42	10	450	0.03	0.3	0.15

3.4.2.2 结果分析

在对初始设计接头进行模拟的过程中，由于承插口间隙仅为 3mm，橡胶圈压缩变形过大，模拟过程不收敛，也说明了接头初始设计不合理。在初始接头模型基础上，承插口间隙增加到 4mm 时，模拟仍然无法收敛；当间隙达到 5mm 后才得到合理的模拟结果。因此，在分析接头安装力、橡胶圈接触压力和橡胶圈应力时，以初始接头在 5mm 间隙下的结果与优化后接头结果进行对比分析。

管节接头优化前后安装所需的单位长度安装力随安装长度变化曲线如图 3-63 和图 3-64 所示。初始设计接头单道橡胶圈在安装过程中安装力先增大后减小，但优化后安装力表现为先增大后略微减小，而后继续增大的现象。二者安装力均表现为在橡胶圈安装完成后保持稳定，且第 2 道橡胶圈所需的安装力大于第 1 道橡胶圈。

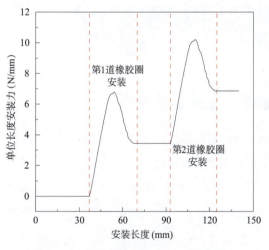

图 3-63 初始设计接头单位长度安装力曲线

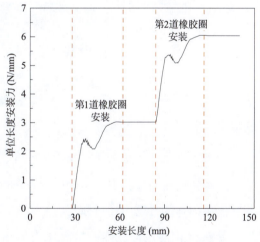

图 3-64 优化后接头单位长度安装力曲线

由图 3-63 可知，初始设计的接头即使承插口间隙增加到 5mm 时，第 1 道橡胶圈安装单位长度上最大安装力为 6.67N/mm，第 2 道橡胶圈最大安装力达到了 10.22N/mm；而在 3mm 间隙的条件下，安装力还会更大。由图 3-64 可知，优化后接头安装时最大安装力分别降低到 3.02N/mm 和 6.04N/mm，安装力减小为初始设计接头安装力的 45.3% 和 59.1%，说明优化的接头结构合理，便于管节安装，避免了安装力过大导致橡胶圈破坏。

优化前后接头橡胶圈的应力云图如图 3-65 和图 3-66 所示，鹰嘴橡胶圈唇口部位和顶部与接头接触区域均存在应力集中。初始设计的接头橡胶圈在插口间隙增加到 5mm 时，最大拉应力为 2.325MPa；而在 3mm 间隙下安装橡胶圈应力还会增大。现场试安装过程中出现了失效破坏的现象，说明其应力超过其应许应力。由图 3-66 可知，优化后橡胶圈最大拉应力仅为 0.971MPa，约为初始设计接头橡胶圈应力的 41.8%，且应力集中区域明显减小。这表明优化后的鹰嘴橡胶圈结构合理，安装过程中不会出现橡胶圈破坏的情况。

图 3-65　初始设计接头橡胶圈应力云图

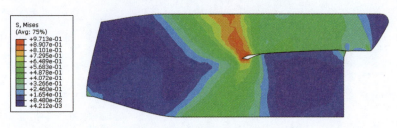

图 3-66　优化后接头橡胶圈应力云图

目前，通常认为最大接触压力大于介质压力，橡胶圈密封性就是可靠的；或者是接触压力产生的密封摩阻力大于介质压力，橡胶圈密封同样不会失效。因此，以橡胶圈最大接触压力作为其密封性指标。

接头优化前后橡胶圈的接触压力云图如图 3-67 和图 3-68 所示，由于橡胶圈局部区域接触压力集中，优化前后最大接触压力分别为 5.35MPa 和 0.839MPa。但橡胶圈接触压力主要分布在顶部和底部，这两个面上的接触压力决定了橡胶圈的密封性。优化前后橡胶圈顶面和底面接触压力曲线如图 3-69 和图 3-70 所示，可知顶部接触长度大于底部接触长度。初始设计接头橡胶圈在 5mm 承插口间隙条件下，底部最大接触压力略大于顶部，达到 2.05MPa；而优化后接头鹰嘴橡胶圈最大接触压力出现在顶部，为 0.839MPa。这是由于原鹰嘴橡胶圈体积较大，在相同承插口间隙条件下，压缩变形较优化后鹰嘴橡胶圈大，接触压力相应也较大，但二者最大接触压力均大于现场 0.3MPa 施工水压力密封要求，证明优化后接头橡胶圈密封性可以满足现场施工需求。室内密封试验系统对接头密封性检测结果和现场施工情况，均表明优化后曲线钢顶管接头未出现明显泄漏，也证明了其结构的合理性。

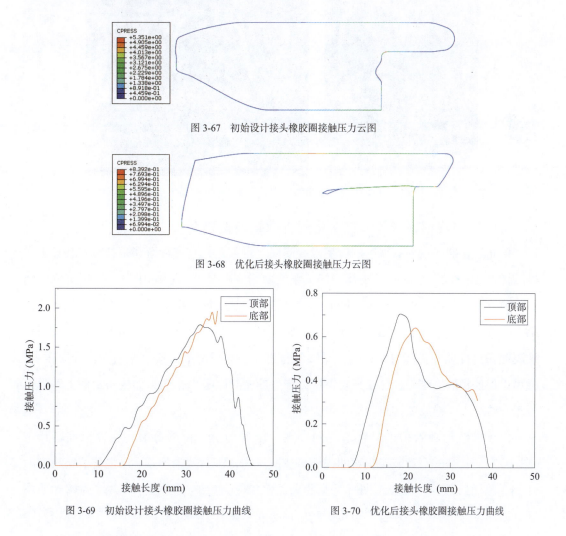

图 3-67 初始设计接头橡胶圈接触压力云图

图 3-68 优化后接头橡胶圈接触压力云图

图 3-69 初始设计接头橡胶圈接触压力曲线　　图 3-70 优化后接头橡胶圈接触压力曲线

3.4.2.3 现场管节接头优化效果分析

优化后的管节接头及现场施工使用情况如图 3-71 所示。由图 3-71 可知，除了施工中连接泥浆管路过程中残留在管内的少量泥浆外，管内无明显积水，说明优化后管节密封性能满足现场施工需求，因此，后续现场施工均采用优化后的接头结构。同时，结合后续管节偏转数值模拟结果，当管节偏角大于 1° 时，橡胶圈的接触压力将小于 0.3MPa，在现场最大水压力条件下，存在泄漏的风险。因而，在实际施工中，通过管节接头限位螺栓，将管节最大偏角限制在 1° 以下。

图 3-71　现场优化后的管节接头及现场使用情况

3.4.3　曲线钢顶管管节接头密封性数值模拟研究

拱北隧道曲线钢顶管采用的鹰嘴橡胶圈属于自紧式，其密封原理是管节安装过程中橡胶圈产生一定压缩变形，使其与接头刚性面紧密贴合产生接触压力，当接头位于地下水位以下，水压力作用在橡胶圈唇口使其张开，从而增大接触压力，起到加强密封效果。橡胶圈的力学性能、结构形状和受力特性是决定其密封性的主要因素。目前，衡量橡胶圈密封性能的指标有两种，一是接触压力，认为只要最大接触压力大于介质压力，就可以保证橡胶圈密封性；二是接触压力产生的密封摩阻力，认为如果密封面上摩阻力大于介质压力，橡胶圈密封同样不会失效。

由于曲线钢顶管顶进时管节之间存在一定的偏角，相邻管节将会处于偏转状态（图 3-72、图 3-73）。管节接头弯曲内侧橡胶圈压缩，密封效果加强；反之管节接头弯曲外侧，承插口张开，橡胶圈回弹甚至脱离，密封能力急剧减弱甚至失效，为密封薄弱区。因此，评价曲线钢顶管管节接头密封性必须考虑管节偏转的影响。由于实际密封圈接触宽度很难预测，接触压力分布也非均匀，因而，接触压力产生的摩阻力往往很难计算。即使接触压力大于密封摩阻力，使橡胶圈发生移动，但由于密封槽限制，也很难断定此时密封一定失效。

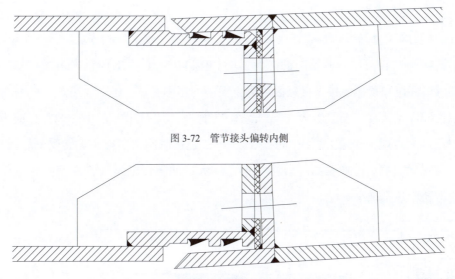

图 3-72 管节接头偏转内侧

图 3-73 管节接头偏转外侧

以下采用 ABAQUS 有限元软件建立包括橡胶圈的曲线钢顶管管节接头模型，分别模拟管节直线安装、偏转 0.265°、偏转 1° 及偏转 2.12° 的情况，由于接头偏转外侧密封效果减弱，为密封薄弱区，因而，管节外侧橡胶圈的接触压力可以用来衡量接头的密封效果。

3.4.3.1 管节接头偏转数值模型

接头直线安装模型边界条件设置为：承口约束其竖直方向位移，插口约束所有自由度。承插口与鹰嘴橡胶圈的接触面建立接触对，同时，橡胶圈各面建立自接触。接触面力学模型法向接触设置为硬接触，切向摩擦系数取 0.1。管节安装过程通过对承口参考点施加水平向右 140mm 位移实现。接头偏转模型如图 3-74 所示，在直线模型基础上通过改变承口参考点角位移模拟管节偏转。整个模拟过程分为 4 步：①接头直线安装（偏转 0°），承口参考点施加水平向右位移 140mm；②接头偏转 0.265°，在承口参考点施加 0.265° 角位移；③接头继续偏转到 1°，承口参考点角位移增加到 1°；④接头偏转 2.12°，承口参考点角位移施加 2.12°。

图 3-74 管节接头偏转模型

3.4.3.2 结果分析

(1) 橡胶圈应力分析

不同接头偏转条件下橡胶圈的应力云图如图 3-75~ 图 3-78 所示。由图可知,鹰嘴橡胶圈唇口部位和顶部与接头接触区域为主要应力集中区域。0°、0.265°、1° 和 2.12° 偏角下橡胶圈最大应力分别为 0.927MPa、0.972MPa、0.791MPa 和 0.628MPa,应力随着接头偏角增大表现为先增大后减小的规律,第 1 道橡胶圈由于接头偏转受到轻微压缩,应力略有增大;第 2 道橡胶圈随着接头偏角增大,间隙逐渐增大,橡胶圈压缩变形减小,应力随着急剧减小。

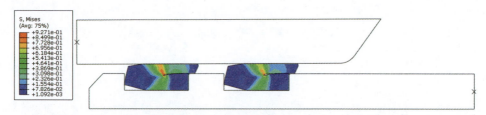

图 3-75 直线安装时接头橡胶圈应力云图

图 3-76 接头偏转 0.265° 橡胶圈应力云图

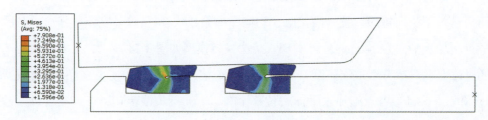

图 3-77 接头偏转 1° 橡胶圈应力云图

图 3-78 接头偏转 2.12° 橡胶圈应力云图

（2）橡胶圈接触压力分析

不同接头偏转条件下橡胶圈接触压力云图如图3-79~图3-82所示。由于存在局部接触压力集中，橡胶圈各面接触压力随着偏角的增加也表现为先增大后减小的规律。0°、0.265°、1°和2.12°偏角下橡胶圈上最大接触压力分别为0.630MPa、0.839MPa、0.464MPa和0.283MPa，由于橡胶圈接触压力主要分布在顶部和底部，根据数值模拟提取的接触压力数值，得到2道橡胶圈接触压力分布曲线如图3-83~图3-86所示。

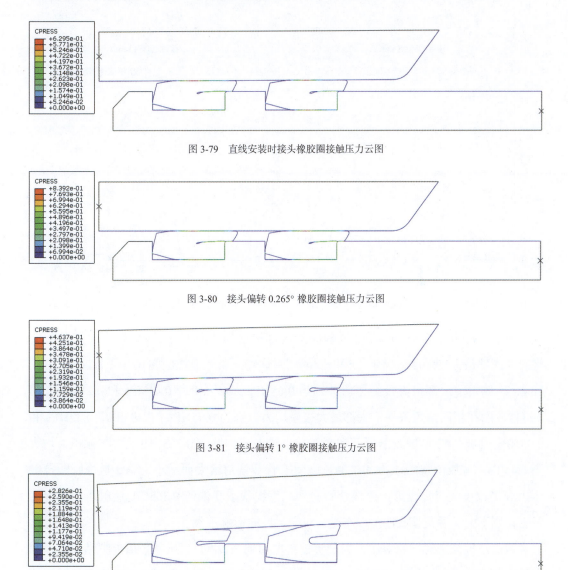

图3-79　直线安装时接头橡胶圈接触压力云图

图3-80　接头偏转0.265°橡胶圈接触压力云图

图3-81　接头偏转1°橡胶圈接触压力云图

图3-82　接头偏转2.12°橡胶圈接触压力云图

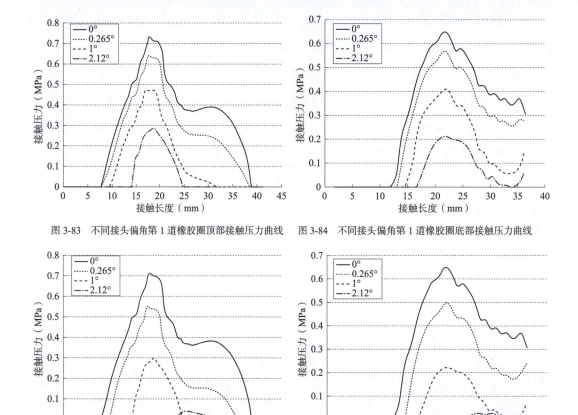

图 3-83 不同接头偏角第 1 道橡胶圈顶部接触压力曲线   图 3-84 不同接头偏角第 1 道橡胶圈底部接触压力曲线

图 3-85 不同接头偏角第 2 道橡胶圈顶部接触压力曲线   图 3-86 不同接头偏角第 2 道橡胶圈底部接触压力曲线

由图 3-83～图 3-86 可知，2 道橡胶圈底部接触压力均小于顶部接触压力，因此，橡胶圈底部最大接触压力决定了橡胶圈的密封性能。第 1 道橡胶圈在 0°、0.265°、1° 和 2.12° 偏角下底部最大接触压力分别为 0.65MPa、0.57MPa、0.41MPa 和 0.21MPa，第 2 道橡胶圈在相同偏角条件下底部最大接触压力分别为 0.65MPa、0.49MPa、0.22MPa 和 0.03MPa。同时，2 道橡胶圈顶部和底部在直线安装和偏转 0.265° 时最大接触压力均大于 0.4MPa。橡胶圈接触压力和接触长度随着管节偏角增大而减小，第 2 道橡胶圈接触压力和接触长度变化较第 1 道橡胶圈剧烈。直线状态和偏转 0.265° 时接触压力和接触长度差别不大，说明管节偏角较小时，对密封性能影响不大。

数值模拟与密封试验对比，当接头偏角增加到 2.12° 时，虽然数值模拟结果显示第 1 道橡胶圈接触压力为 0.21MPa，大于 0.1MPa 泥浆压力，但密封试验中发生了泄漏，这是由于多次调整接头偏角，导致橡胶圈发生局部破坏，引起泄漏。

3.4.4 小结

通过室内顶管密封试验以及采用 ABAQUS 对曲线钢顶管接头建模分析，得到以下结论：

（1）室内顶管密封试验结果表明，工程中采用 2 道鹰嘴橡胶密封圈的管节接头在安装和顶进偏转条件下可以满足现场耐水压 0.3MPa 的密封要求。洞口止水装置和管节接头在 0.3MPa 泥浆压力下未发生泄漏失效，可以满足现场施工要求。接收舱存在 T 形接合面的密封薄弱部位，在高水压条件下存在泄漏的风险，并提出了提高接收舱加工和拼装精度、减小接合面间隙以及对拼装接合面采用密封材料填充等改进措施。

（2）初始设计采用的鹰嘴橡胶圈由于体积较大，在相同承插口间隙条件下压缩变形更大，虽然接触压力增大，密封性更好，但由此导致的较大拉应力使得橡胶圈易发生破坏；而优化后的鹰嘴橡胶圈由于去除了容易产生应力集中部位，虽然接触压力有所下降，导致密封性减弱，但避免了过大的应力集中，橡胶圈安装过程不会发生破坏，且密封性也满足现场 0.3MPa 的压力要求，证明了优化后橡胶圈的结构合理性。

（3）接头橡胶圈接触压力和接触长度随管节偏角增大而减小，其密封性能随之降低。与密封试验结果相比，橡胶圈顶部和底部初始状态最大接触压力均大于试验密封压力值，与试验结果一致。而管节偏转达到 2.12° 时，虽然其最大密封接触压力略大于试验值，但由于橡胶圈局部破坏导致密封失效。

（4）在管节直线安装和偏转 0.265° 密封试验中，泥浆压力加至 0.4MPa，接头未出现明显泄漏，可以满足现场施工 0.3MPa 压力的密封要求，与数值模拟结果吻合。

第 4 章 CHAPTER 4
长距离曲线顶管设备选型技术

4.1 顶管机

4.1.1 顶管技术现状

到目前为止，顶管施工随着城市建设的发展已越来越普及，应用的领域也越来越广。顶管施工最初主要用于下水道施工，而近来已广泛运用到自来水管、煤气管、动力电缆、通信电缆和发电厂循环水冷却系统等许多管道的施工中，并在顶管的基础上发展成一门非开挖施工技术。

随着顶管施工的普及和专业化，它的理论也日臻完善。即使最简单的手掘式顶管施工，也需要从理论上来论证其挖掘面是否稳定。其稳定性包括两个方面：一是工具管前方挖掘面上的土体是否稳定；另一个是工具管前方覆土层是否稳定。如果发现有失稳的现象，必须采用有效的辅助措施使其保持稳定。

目前，在顶管施工中最为流行的有 3 种平衡理论：气压平衡、泥水平衡和土压平衡理论。气压平衡又分全气压平衡和局部气压平衡。全气压平衡应用得最早，它是在所顶进的管道中及挖掘面上都充满一定压力的空气，以空气的压力来平衡地下水的压力。而局部气压平衡往往只有顶管机的土仓内充以一定压力的空气，达到平衡地下水压力和挖掘面土体中地下水压力的作用。泥水平衡是以含有一定量黏土且具有一定相对密度的泥浆充满顶管机的泥水舱，并对它施加一定的压力，以平衡地下水压力和土压力。按照该理论，泥浆在挖掘面上能形成泥膜，以防止地下水的渗透，然后，再施加一定的压力就可平衡地下水压力，同时，也可以平衡土压力。20 世纪 50 年代末期，该理论开始用于顶管施工。土压平衡则是以顶管机土仓内泥土的压力来平衡顶管机所处地层的土压力和地下水压力。

从目前发展趋势来看，土压平衡理论的应用越来越广，因而，采用土压平衡理论设计出来的顶管机也应用得越来越普遍。其主要原因是：①其适应范围更宽，有的可以说是全土质顶管机，如加泥式就是其中之一；②土压平衡顶管机在施工过程中所排出的渣土要比泥水平衡顶管机所排出的泥浆容易处理。加之土砂泵的出现，使渣土的长距离输送和连续排土、连续推进已成为可能；③土压平衡顶管机的设备结构更简单。

现在，长距离大口径的顶管日渐增多。过去，顶管是作为一种特殊的施工手段，不到迫不得已，一般不轻易采用。因此，顶管常被当作穿越铁道、公路、河川等的特殊施工手段，施工的距离一般也比较短，大多在20～30m，不超过50m。然而，现在顶管技术则作为一种常规施工技术工艺被广泛地采用，而且，单次连续顶进的距离也越来越长，单次连续顶进百米已属平常，单次连续顶进数千米亦不少见。常用的顶管管径也日渐增大，实际施工中，最大的顶管口径已达5m。我国和日本都把3m口径的混凝土管列入顶管口径系列之中。

为了克服长距离大口径顶进过程中所出现的顶力过大的困难，注浆减阻成了重点研究课题。现在顶管的减阻浆有单一的，也有由多种材料配制而成的。它们的减阻效果之明显已被广大施工单位所认识。在黏性土中，混凝土管顶进的综合摩阻力可降到3kPa，钢管则可降到1kPa。

顶管技术既有向大口径管顶进发展的趋势，也不乏向小口径管顶进发展的例子，最小顶管的口径只有300mm。这类管道在电缆、供水、煤气等工程中应用较多。小口径管除了口径小以外还有覆土浅、距离短的特点。过去多采用开挖，现在也逐渐采用非开挖的顶管技术。

过去顶管路径大多只能是直线，而现在已发展为曲线顶管。曲线形状也越来越复杂，不仅有单一曲线，而且有复合曲线，如S形曲线；不仅有水平曲线，而且有垂直曲线；还有水平和垂直兼而有之的空间组合曲线等。曲线的曲率半径也越来越小，顶管施工的难度也随之大大增加。

除此之外，为了适应长距离顶管的需要，现已开发出一种玻璃纤维加强管，它的抗压强度可达90～100MPa，是目前常用顶管管节抗压强度的1.5倍左右。另外混凝土管的各种防腐措施也纷纷出台，甚至有用PVC塑料管和玻璃纤维管取代小口径混凝土管或钢管的案例。

顶管的附属设备、材料也得到不断改良，如主顶油缸已有两级和三级等推力油缸，土压平衡顶管用的土砂泵已有各种形式，测量和显示系统有的已朝自动化的方向发展，可做到自动测量、自动记录、自动纠偏，而且所需数据可以自动打印出来。这些，都使顶管技术迈向了新的高峰。

经过多年发展，顶管技术在我国已大量应用在实际工程中，且保持高速增长势头。无论在技术、顶管设备还是施工工艺上均取得了很大的进步，在某些方面甚至达到了世界领先水平。2001年，上海隧道股份有限公司在江苏省常州市完成了长2050m、$\phi 2m$的钢筋水泥混凝土管顶管工程。2001年8—12月，浙江省嘉兴市污水处理排海工程一次顶进2050m超长距离钢筋混凝土顶管，由于选择了合理的顶管机形式，成功解决了减阻泥浆运用和轴线控制等技术难题，约5个月即完成全部顶进施工，创造了新的顶管施工速度纪录。2002年9月，我国西气东输项目的关键工程，全长3600m、管径为1.8m的钢管从23~25m深的地下成功横穿黄河。其中最长的一段位于黄河主河床上，长达1259m，穿越较厚的砾砂层与黄河主河槽。2001年，浙江省上虞市污水处理工程中，玻璃纤维夹砂管首次成功地应用于顶管。2008年，中铁十局在无锡市长江引水工程中采用国产设备将$\phi 2200mm$钢管双管同步顶进2500m。以上工程均标志着我国的顶管施工水平达到了新的高度，与世界先进水平日益靠近。然而与日本、德国等国家相比，我国在机械设备和施工技术水平方面仍然有着显著的差距。

顶管施工技术的发展已有一百多年的历史，从施工理论到施工工艺都相当成熟和完善。国外在机械设备、异形顶管、曲线顶管等方面的研究有很高的水平，且有很多成功的工程实践。尤其是德国，在顶管设备的设计与制造、管材的研究、曲线顶管等方面均走在世界的前列。在工程实践中，顶管施工发挥了它独特的优越性，创造了很好的经济效益和社会效益，也积累了丰富的施工经验。

随着环保要求越来越高，要求顶管施工对现有构筑物、地下管线、道路等周边环境影响尽可能降低。混凝土管顶管施工应用广泛，工艺日臻成熟并得以推广，但是钢管顶管（简称钢顶管）施工应用相对较少、难度相对较高，特别是在大口径钢顶管中，往往是重点工程，投入较大，工期较紧，工程质量要求较高，单顶距离相对较长，所以顶管顶进的纠偏、钢管焊接的速度及焊接工艺的选择、顶管顶力的控制、顶管的测量方法和方向控制等难点还需进一步加以研究和改进。钢顶管的连接为刚性连接，纠偏角度很小，不容易调整；钢管的焊接质量要求高，焊接时间长，容易影响工程的整体质量和进度；长距离大口径钢顶管的施工难度大，顶进过程中容易跑偏，所以对测量提出了更高的要求。

4.1.2 顶管技术的发展趋势及存在问题

由于顶管技术是用于地下的隐蔽性工程，地下情况的复杂程度难以预料，因此具有其特殊的复杂性和多变性，施工必然存在一定的风险。作为一种非开挖技术，顶管技术尚存在一些不足和弱点。地下顶进的安全隐患程度大于开挖作业，一旦失败，带来的经济损失是巨大的。顶管技术的发展方向不外乎顶进工艺和顶进设备。其中，顶进工艺集中在长距离和曲线顶进等方向。同时，新型管材、注浆材料以及适合不同地层的顶管机也在进一步研发中。

顶管技术的发展趋势主要有如下 7 方面。

（1）大口径超长距离顶管技术

过去，顶管作为一种特殊的施工手段，不到万不得已，一般不轻易采用。因此，顶管常被当作穿越铁路、公路、河流等的特殊施工手段，施工的距离一般比较短，大多在 20~30m，不超过 50m。现在顶管施工作为一种常规施工技术工艺被广泛采用，单次连续顶进的距离越来越长，单次顶进数百米乃至数千米亦属常见。常用的顶管直径也日渐增大，目前已经有顶管工程应用 DN4000 的钢筋混凝土管道。从 1987 年我国完成第一根超长距离顶管以来，超长距离顶管技术在工程实践中得到了广泛的应用。但是超长距离顶管技术在以下方面还需进一步发展：①顶管机的形式呈多样化，对复杂水文地质的适应性有待进一步研究；②超长距离顶管泥浆减阻技术的稳定性有待进一步探索；③超长距离顶管施工的配套技术有待进一步提高。

（2）曲线顶管技术

曲线顶管技术在日本和欧美国家早已开始使用。我国在 20 世纪末也陆续开始使用曲线顶管施工技术，并取得了较快的发展。近年来，国外曲线顶管技术的发展主要集中在以下几个方面：①在 F 型钢筋混凝土管曲线顶管中，采用纠偏特殊管和短油缸进行辅助纠偏，以多组纠偏装置形成的整体弯曲弧度导向为主；②在 F 型钢筋混凝土管曲线顶管中，对管节接口的钢套环长度加长，木衬垫加厚，改善管道端面的应力集中和提高接口的密封性能；③触变泥浆压注工艺的不断完善；④测量和控制技术的发展，包括自动引导测量系统的开发和应用。

目前,我国曲线顶管技术在以下方面有待进一步提高:①开发适应复杂地质条件下曲线顶进的各种类型的顶管机;②开发小口径顶管的曲线顶管技术,尤其应开发相关的曲线顶管测量控制技术;③开发更加复杂的三维复合小曲率半径顶管施工技术。

(3) 微型顶管技术

顶管技术除了向大口径顶管方向发展,也向小口径顶管发展,这类管道在电缆、供水、煤气等工程中应用较多,并将广泛应用于城市公用管道。微型顶管施工是一种非进入式、远程控制的施工方法,该技术在日本得到了广泛的应用和发展。由于微型顶管施工采用远程控制,施工人员无法从管道内进入机头位置,因此对顶管设备的可靠性要求很高,对相关零部件的质量要求也很高。

(4) 注浆减阻新材料的研制

注浆减阻是顶管施工的关键工艺。目前在几乎所有的顶管工程中都应用触变泥浆减阻工艺。在一般连续顶进的情况下,国内的膨润土泥浆材料都能够满足注浆减阻的效果。但是如果遇到含地下水或者是具有承压水的粉砂地层和复杂地层,加上顶管停顿时间较长,当重新启动的时候,顶力会快速上升。因为,在停止顶进的过程中,泥浆润滑套会逐渐渗透到土层里去。而停止顶进的时候,补浆往往无法沿线全程都补到,也就是说泥浆的流动性不够理想。此时,关键是应该开发一种触变性能好的材料,同时具有不被地下水侵入的抗渗漏特性。虽然有关这方面的研究一直在进行,但是进展并不理想。如果这项研究成果取得突破并加以推广,必然会对顶管技术的发展起到非常重要的作用。

(5) 新型管材的开发

对于重力流管道,目前国内普遍采用 F 型钢筋混凝土管,但是现在其制作工艺不能保证管道接口的高精度要求,由此引起的渗漏现象还是不少。对于管道接口的精度问题,有必要吸收 PCCP 管的制作工艺的合理内容。在内防腐方面,国内虽有在制管过程中预置 PVC 内衬材料的做法,但管道的内防腐问题始终没有得到根本的解决。对以上有关问题的研究和开发工作应该加快进行。可以设想,管材质量的提高不仅会对顶管的施工质量产生重要的影响,并且更重要的是将极大提高管道工程的质量和使用寿命。对于压力流管道,目前有采用钢管顶进的,也有采用 PCCP 管施工的实例。很明显,两种不同的管材在工程造价和施工速度方面差距都是非常大的,设计思路也截然不同。当然还有其他的新型管材也亟待研究,如玻璃纤维增强夹砂管等。任何一种新产品都应该经过工程的不断检验才能够得到确认。

(6) 测量系统的改良

如今地下顶管的轴线越来越复杂，精度要求越来越高，传统的测量方法和仪器已经不能适应现代地下工程的发展。现代顶管施工对测量和显示系统的自动化程度和精度提出了更高的要求。自动测量技术在国外应用比较广泛，而国内则相对较少。自动引导测量技术建立在自动跟踪全站仪和计算机软件开发的基础上，近年来引起了工程界和测绘界的高度重视。这种测量技术更加适应长距离顶管和曲线顶管。

(7) 新型顶管机的研发

尽管我国的顶管机国产化率很高，但是国产顶管机与国外相比仍然存在下列差距：①性能上的差距。国内加工精度及材料综合性能低，导致机械性能低于发达国家的水平；②缺少适用于全土质的机型，尤其是在岩石中顶进的顶管机，一般情况下还是依靠进口。

4.1.3 土压平衡顶管机

土压平衡理论就是以顶管机土仓内泥土的压力来平衡顶管机所处地层的土压力和地下水压力。土压平衡顶管的主要特征是在顶进过程中，利用土仓内的压力和螺旋输送机排土来平衡地下水压力和土压力，排出的土既可以是含水率很小的干土，也可以是含水率较大的泥浆。与泥水平衡顶管机施工相比，其最大的特点是排出的土或泥浆一般都不需要进行泥水分离等二次处理，施工占地小，对周围环境污染也较小。与手掘式及其他形式的顶管相比较，其具有适应土质范围广以及不需要任何其他辅助施工手段的优点。所以，土压平衡顶管机越来越受欢迎。

土压平衡顶管机的平衡性能是最可靠的，适用于地面沉降严格、覆盖层较薄的浅埋管道。土压平衡顶管机采用干式出泥，对环境污染最小。普通土压平衡顶管机可用于软塑和流塑状黏土、软塑和流塑状的黏性土夹薄层粉砂土层，但在粉质黏土中慎用。如果加带反加泥装置，可用于粉性土，但最可靠、经济、环保的施工土层仍然是淤泥和流塑状的黏性土，因为反加泥装置不但要增加施工成本，而且还会降低施工效率。在流砂层采用反加泥装置，螺旋输送机出口容易发生喷发，施工危险性大，是不可取的。反加泥装置是土压平衡的辅助装置，扩大了设备的使用范围。如果顶进土层主要是淤泥和流塑状的黏性土，夹有少量粉性土，则宜采用带有反加泥装置的土压平衡顶管机。反之，如果主要土层是粉性土，则不应采用土压平衡顶管机，而应采用泥水平衡顶管机。

土压平衡顶管机施工的优点：①土压平衡顶管机一般用来进行中、大口径的顶管施工；能在覆土比较浅的状态下正常工作，最浅覆土深度仅为 0.8 倍顶管机外径，这是其他形式的顶管施工方法无法做到的；②适用的土质范围广，可用于标准贯入试验锤击数 N 值为 0 的淤泥，也可以用于 N 值为 50 的砂砾层，是一种全土质顶管机；③能保持挖掘面的稳定，地面变形极小；④弃土的运输、处理都比较方便、简单，不需要泥水平衡顶管机那样的泥水处理装置等；⑤操作方便、安全，不需要泥水平衡式的泥水循环系统，也不需要气压式的空气压缩系统。

土压平衡顶管机施工的缺点：①在垂直于管壁方向，由于出土的不连续性，加上注浆减阻所产生的注浆压力，土压平衡顶管施工中对管道周围土体造成的挤压力非常大；②土压平衡式引起的深层土体水平位移较大；在砂砾层和黏粒含量少的砂层中施工时，必须采用添加剂对土体进行改良。

4.1.4　泥水平衡顶管机

泥水平衡理论就是以含有一定量黏土且具有一定相对密度的泥水充满顶管机的泥水仓，并对它施加一定的压力，以平衡地下水压力和土压力。同时，泥水在挖掘面上形成泥膜以防止地下水渗透。

泥水平衡顶管机适用范围很广，几乎大部分土层都可采用，但并非都十分适用。例如，在城市地区黏性土中施工，会产生大量废泥浆，污染环境，黏性土形成的泥浆处理又十分困难，常增加施工成本；在容易坍塌的砂性土中施工，虽然弃土的泥水分离方便，但常因开挖面坍塌影响泥水仓的正常运行，为稳定开挖面需要采取提高运载液的黏粒含量或改用化学泥浆，以提高正面土体的稳定，这样会提高施工成本，也不是十分适用。为了不提高施工成本，又能防止正面坍塌，有的泥水平衡顶管机在刀盘辐条之间加了面板，虽有所改善，但仍不能完全解决问题。于是，又出现了泥水平衡的扩展机型——挡土泥水平衡顶管机。这种机型的面板与刀架完全分离，不但能自动调节进泥量，还能对开挖面施加压力，提高防坍塌性能。增加面板后的缺点是遇到障碍物时排障更加困难。

泥水平衡顶管机最适用的土层是砂性土，施工时开挖面稳定，从泥水带出来的土中有 90% 以上的土能通过沉淀很快分离。

泥水平衡的扩展机型除挡土泥水平衡式外，还有带轧石功能、带破岩功能等，但增加一种功能一般是以减弱某一功能为代价而取得的。所以，这些扩展机型只有在特殊需要时才采用。

普通泥水平衡顶管机可用于淤泥和黏性土、粉性土、粉土、砂土、砂砾层等,适用土层较广,但最适用的土层是粉性土和渗透系数较小($k < 10^{-3}$cm/s)的砂性土。根据地层的渗透系数对顶管机类型的选择如图 4-1 所示。如果泥水平衡顶管机用于黏粒含量较高的土层,泥水分离困难,废泥浆很多,对环境污染较大。用于渗透系数较大的砂性土,进水管中的运载液如果是泥水则要提高相对密度,随着渗透系数的继续增加,运载液宜改用特殊的化学泥浆,但会大大提高施工成本。

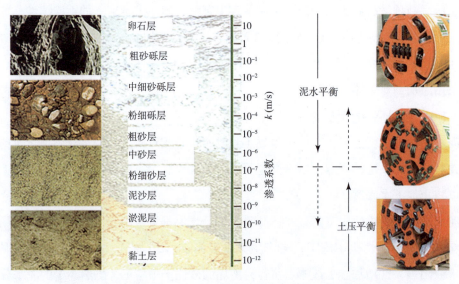

图 4-1　泥水平衡顶管机和土压平衡顶管机的应用范围(根据地层的渗透性系数)

泥水平衡顶管机施工的优点:①适用的土质范围比较广,如在地下水压力很高以及变化范围较大的条件下,也能适用;②可有效地保持挖掘面的稳定,对顶管周围的土体扰动比较小,因此,采用泥水式顶管,特别是采用泥水平衡顶管机施工引起的地面沉降也比较小;③与其他类型顶管机比较,泥水平衡顶管机施工时的总顶力比较小,尤其是在黏土层则表现得更为突出,所以,它适宜于长距离顶管施工;④工作坑内的作业环境比较好,作业也比较安全,采用泥水管道输送弃土,不存在吊土、搬运土方等容易发生危险的作业,工人劳动强度低;⑤泥水输送弃土的作业是连续不断地进行的,所以作业时的进度比较快。

泥水平衡顶管机施工的缺点:①采用水力切削,容易使顶管机前方土体产生土体损失;②弃土的运输和存放比较困难,运输成本较高;③所需作业场地大;④设备成本高,口径越大，泥水处理量也就越多，因此，适用于小口径；⑤噪声很大，对环境会造成噪声污染；⑥施工的设备比较复杂，一旦有哪个部分出现了故障就要全面停止作业；⑦如果遇到覆土层过薄，或者渗透系数特别大的砂砾、卵石层，施工作业会因此受阻。

根据以上总结分析，泥水平衡顶管机与土压平衡顶管机在适用性和使用性能的比较情况见表4-1。

两种顶管方式的适用性及使用性能比较　　　　　　表4-1

比较项目		泥水平衡顶管	土压平衡顶管
平衡原理		工作面与顶管机之间设有隔板，工作面被加以大于孔隙水压力的泥浆压力，表面形成泥水黏膜及渗透膜，在刀盘配合下使工作面得以稳定	工作面与顶管机之间设有隔板，经刀盘切削的泥土中被加入高浓度人造泥浆或泡沫等材料，经过搅拌棒的强力搅拌后，形成具有流动性、止水性、塑性的"三性"介质，充满切割仓及螺旋输送机内，顶管千斤顶推力使切割仓内形成土压力，用以平衡工作面的地下水压力和土压力
适用管径		内径800mm以上，若内径2000mm以上则泥浆处理量较大	内径1500mm以上，管径太小则螺旋输送机无法出土
地质情况	渗透系数	$>10^{-2}$cm/s	$10^{-3}\sim10^{-1}$cm/s
	孔隙水压	无特别限制，可通过泥浆压力来控制	<150kPa，否则需采取相应的防喷涌措施
	细颗粒比例	>10%	可适应极细颗粒
	含水率	无特别限制	若<30%则需通过添加泥浆、水、泡沫等来增加流动性
	硬度、N值、内摩擦角、黏聚力	无特别限制，但需考虑对付硬岩的措施如砾石破碎装置等	无特别限制
优点		控制泥水压力，可保持工作面稳定，沉降较小；排土采用泥水管输送，水压较高地段也不会出现喷涌现象；由于使用泥水，需要扭矩较小，刀具不易磨损；使用流体运输，弃土输送效率高，适合长距离输送	控制泥浆土压，可有效抵抗水压和土压，可保持工作面稳定，沉降较小；地质适应范围较广，适合混合地层；人造泥浆设备规模较小；弃土较易处理且费用较低
缺点		若工作面渗透系数较高，则易造成泥浆渗漏，难以保证泥水压力；遇黏土地段时，排泥口有可能堵塞而导致切割仓压力变动，造成工作面不稳定；需增加泥水处理设备，地面设施占用场地增大；弃土处理较难且费用较高	若孔隙水压较高，富水性较大，则有可能产生喷涌，工作面压力难以保证；遇砂砾地层或黏土地层时，刀盘会因扭矩大而加速磨损

4.1.5　泥水的控制

顶管机要穿越地层主要为黏土、粉土及砂砾土，地层比较复杂，选择合适的泥水浓度至关重要。在黏土及粉土中，一方面渗透系数极小，土体又比较稳定，仅依靠水压力就能稳定开挖面；另一方面土体本身又能造浆，因此对泥水的相对密度不必严格要求，甚至清水也能护壁。在淤泥及淤泥质土中，由于本身不够稳定，土体扰动后容易液化，稳定性差，虽有泥水护壁，仍会造成开挖面失稳，因此不能完全依赖泥水，还应辅以机械平衡措施；在渗透系数较小，即 $k \leqslant 10^{-3}$ cm/s 的砂性土中，在较短的时间内就能形成泥皮，泥水压力能有效控制开挖面的稳定；在渗透系数适中，即 10^{-3} cm/s$<k<10^{-1}$ cm/s 的砂土中，容易产生开挖面失稳，在这样的土层中施工时，必须改变泥水的性能，使其具有一定的黏性和一定的相对密度，这就需要在泥水中加入由黏土、膨润土和 CMC 等组成的稳定剂；在砂砾层中，即 $k>10^{-1}$ cm/s 的砾石层中，泥水管理更为重要，因砂砾层土体黏粒含量较少，泥水在循环利用的过程中黏土含量不断减少，因此需要不断加入黏土等稳定剂，使泥水保持较高的浓度和较大的相对密度。

4.1.6 刀盘

（1）地层因素

刀盘选择是一个十分复杂的过程，不但受复杂多变的地层性质的影响，还取决于切削刀盘的技术参数和管道直径大小等因素，但其中起决定作用的是施工区域地层的强度。根据以往研究可将地层分为如下几种类型。

①无黏性松散地层：如卵砾石层、砂层和淤泥层（包括介于这些地层之间的过渡地层）等，在顶进过程中，这些地层并没有被真正意义地破坏，只是颗粒之间的相互联系被破坏了，被排出颗粒的成分并没有发生改变。

②黏性软地层：如软的黏土质页岩和黏土质淤泥层等类似地层。这类地层必须首先通过切削将其破碎。和硬岩层相比，在这类地层中施工经常会遇到一些麻烦，但主要问题还不是出在对工作面的切削和破碎过程本身，却是发生在刀具的更换上，因为切削下来的黏土颗粒经常会黏结在一起，将切削刀盘牢牢地糊住。

③硬岩层：这类地层需要专门的硬岩切削刀盘来进行破碎，破碎下来的土层颗粒被称为岩粉。硬岩的破碎方法及与之相关的顶进工具的选择，主要取决于岩石的类型。

④复杂地层（同时含有①、②、③两种或两种以上的地层）。

（2）刀盘形式

刀盘主要是用于切削土体，在顶管机的最前部，有多个进料槽的切削盘体。切削刀盘的形式主要有面板式、辐条式等。

面板式刀盘的特点是：①开挖面压力不容易控制，易造成控制压力低于开挖面压力；

②开挖面土压从面板开口传入土仓内，由仓内土压力计得出数据后进行土压管理；③开口形状和尺寸制约着土砂的流动性，开口部土砂易产生附着和黏结；④刀盘扭矩阻力大，设备造价高；⑤可配置滚刀破碎大砾石，地质适应性较好，但单刀盘面板磨损严重。

辐条式刀盘的特点是：①密封舱内土压与开挖面压力相等，平衡压力易于控制；②开挖面土压直接传入土仓内，由土仓内土压力计得出数据后进行土压管理；③开口度大，土砂流动性好；④刀盘扭矩阻力大，设备造价低；⑤无法配置滚刀，适合软黏土地层条件。

施工实践表明，在软黏土地层条件情况下，采用辐条式刀盘既能满足施工需要，又能保证有较好的掘进性能。

（3）刀盘开口率

刀盘开口率是刀盘面板开口部分所占面积与刀盘面板总面积的比值。在黏性土层条件下掘进，刀盘的开口选择很重要，在满足刀盘结构强度、刀具布置条件下，应尽可能增大刀盘开口率。辐条式刀盘开口率可达60%，切削下来的土渣可以顺利进入土仓。开口应尽量靠近刀盘中心部位，使土渣易于流动，防止结泥饼，提高开挖效率。

（4）刀盘支撑形式

根据地层情况的不同，顶管机可以配备不同形状和结构形式的切削刀盘（或钻头），某些结构的切削刀盘除了可以进行工作面的掘进之外，还具有平衡土压力的作用。切削刀盘按支撑形式可分为以下三种：车轮式切削刀盘、挡板式切削刀盘、岩石切削刀盘。

车轮式切削刀盘前部的切削端面大部分是处于敞开状态，对工作面不能构成机械平衡作用。其优点就在于切削面封闭少，在需要的时候可以很方便地进入工作面。车轮式切削刀盘又可以分为辐条式和轮圈式两种。辐条式切削刀盘一般由3个或更多的切削辐条组成，在盾体的保护下实现旋转切削。其应用范围主要是不含孤石、漂石或其他障碍物的均质地层。轮圈式切削刀盘则是在辐条式切削刀盘的基础上，采用一个轮圈将切削辐条连接在一起，从而提高刀盘的刚度，同时，也使得地层的作用力能够均匀地分布在单个辐条上。轮圈式切削刀盘总是在切削工具管的前面进行旋转切削，并通过轮圈上的切削工具形成所需的超挖量（即盾体与土层之间的环状空间）。轮圈式切削刀盘可以应用于含孤石、漂石的均质地层或含软硬互层的非均质地层。

挡板式切削刀盘与车轮式切削刀盘不同，其前部端面几乎是封闭状态。挡板式切削刀盘的切削端面一般有两种形式：挡板形的切削刀盘、带有可开闭式或固定安装（其上带有和要排出最大直径石块相适应的进土口)支撑挡板的车轮式切削刀盘。除了破碎作用以外,挡板式切削刀盘还可以实现对工作面的机械平衡作用。挡板式切削刀盘对土层具有筛分作用,对于粒径过大的石块,首先在破碎室外的工作面上对其进行破碎,后进入破碎室排出。对于几乎是完全封闭的挡板式切削刀盘来说,如果其挡板不是可开闭式,要想进入工作面(如为了排出障碍物)通常是不可能的,只有当挡板上设置了出入孔(工作时出入孔处于关闭状态)时,才可以进出工作面。

岩石切削刀盘的外围呈圆形,前面凸出呈微锥形,并几乎是封闭状态,其上开设有狭长的进土口。在切削刀盘上,还加工有容纳和固定切削滚轮的空间和支座。为了使切削下来的岩粉能更好地进入顶管机,沿着进土口的边缘镶有清扫切削齿。和几乎完全封闭的挡板式切削刀盘一样,岩石切削刀盘也只能通过进出孔(工作时关闭)进出工作面。

为了破碎工作面上的岩石或泥土,必须根据地层条件在切削刀盘上镶嵌合适的破碎工具。破碎工具的正确选择是决定顶管机顶进速度和刀盘寿命的关键因素。一般情况下,在固定破碎工具的支座被损坏之前,要对其进行定期检查和更换。通常,由于边上的破碎工具的位移比中部的大,所以周边的破碎工具往往磨损比较严重,因此必须频繁地更换周边破碎工具。在非正常磨损情况下,必须考虑改变破碎工具的布置方式。

通常刀盘上配备的破碎工具主要形式有凿形齿、刮削齿、滚刀和中心切削刀具。

①凿形齿:与工作面的作用角度一般呈直角,没有锋利的切削刃,其断面形状通常为方形。一般适用于无黏性的松散地层,如砂层、卵砾石层、淤泥层以及介于这些地层之间的过渡型地层。黏性地层不宜采用,因为在切削过程中黏土将被挤压成团。

②刮削齿:具有很多不同的形式,其上镶有可更换的硬质合金切削具(图4-2)。刮削齿在刀盘上的分布原则是其切削轨迹应能覆盖整个工作面,对于车轮式切削刀盘,刮削齿应镶嵌在辐条的边缘;对于挡板式切削刀盘,刮削齿则应沿着进土口的边缘布置,使切削下来的

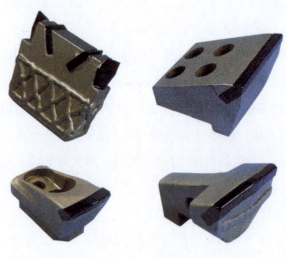

图4-2 刮削齿图

土可直接进入破碎室。刮削齿以刮削破碎为主，主要适用于黏性软地层，如黏土层、软的页岩层和黏土质淤泥层等，但是也可以应用于无黏性的松散地层。

圆形切削齿（图4-3）一般应用于硬地层，并可根据地层的可破碎性制成与地层性质相适应的结构和形状。其材质为硬质金属，形状通常为圆柱体，其顶端镶嵌的硬质合金切削具通常是可以更换的。最适合于在从易破碎到难破碎的硬岩层使用。

③滚刀：在硬岩层中施工时，滚刀本身和在刀盘上的布置与正确选择顶管机同等重要，因为顶管施工的经济性在很大程度上取决于贯入速度、单位石方的滚刀费用和换刀引起的停机时间等。滚刀可分为盘式滚刀、齿状滚刀和牙轮滚刀3种，单个滚刀都可以绕自己的轴线转动（图4-4）。滚刀可以用来破碎硬岩层或者位于软地层中的孤石和漂石等。当刀盘直径<2500mm时，考虑到几何学的原因，在刀盘周边（即所谓的保径区域）要采用锥形的切削滚刀，目的是形成所需的超挖量（或环状空间）。

图4-3　圆形切削齿

a）盘式滚刀　　　　b）齿状滚刀　　　　c）牙轮滚刀

图4-4　滚刀的类型

盘式滚刀适用于单轴抗压强度小于或等于220MPa的岩层，牙轮滚刀则适用于研磨性较小的极硬地层。盘形滚刀的碎岩机理如图4-5所示。滚刀的切削边在工作面上的同心圆切槽中滚动，同时在岩石上施加一个垂直作用力，当此作用力大于岩石的强度时，位于滚刀下面的岩石被直接压碎，滚刀吃入岩石，直到作用于岩石上的力与岩石的强度达到平衡；与此同时，产生的辐射小裂纹扩展到周围的岩石；最后，在滚刀盘较大的推力作用下，切槽两侧的岩石破碎、剥离而形成岩渣。

④中心切削刀具：中心切削刀具位于切削刀盘的中心（图4-6），在施工中可以超前钻进，形成一个所谓的先导钻孔，以释放工作面中心的地层压力，特别是在黏性土层（如黏土层和淤泥层）中施工，采用中心切削刀具可以防止黏土在刀盘上黏结。

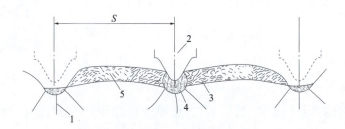

图4-5 岩石在滚刀作用下的碎裂机理
1-辐射出的裂纹；2-滚刀盘；3-裂碎部位；4-压碎带；5-岩渣

图4-6 中心切削刀具

如前所述，在设计刀盘时，为了确保后续排渣工作顺利进行，必须对地层中可能存在的孤石、漂石和障碍物给予充分考虑。在通常情况下，这些大块的石头或障碍物首先要经过进土口的分选，所有无法进入顶管机的粒径较大的石块，必须通过切削工具的进一步破碎或者由刀盘将其挤入周围孔壁。切削刀具能否独自完成碎岩工作，一方面取决于岩石所处的地层情况，同时，还取决于切削刀具的类型、排布及其运行轨迹等。

在采用泥水平衡顶管机施工时，可以借助碎石装置将石块按照输送系统所要求的大小进行破碎，因此，这种顶管机的应用范围可以扩大到含有较大石块的非均质地层。

根据已有的顶管机施工经验可知，切削刀具不适合于破碎木头，因此，当施工过程中遇到木头时，通常是比较难处理的。

表4-2给出了不同类型切削刀具的应用范围及其相互组合的可能性，同时，还介绍了碎石装置对地层（按照 DIN 18300 进行的地层分类）的适应性。应该注意的是，由于不同切削刀具之间的相互影响，必然导致切削刀具磨损的加剧。

不同类型的切削刀具的组合使用及碎石装置应用 表4-2

地层类型（根据 DIN 18300）	合适的切削刀具
易破碎土层：无黏性到弱黏性的砂层和卵砾石层等	刮削齿
较难破碎土层： 1. 砂层、卵砾石层、淤泥层和黏土层的混合地层； 2. 弱到中塑性黏性土层	刮削齿、凿形齿和中心切削具
难破碎土层： 1. 含有直径 >63mm 的颗粒组分并且含有体积为 $0.01\sim0.1m^3$ 孤石或漂石的易破碎或较难破碎土层； 2. 含有直径 >63mm 的颗粒组分并且含有体积为 $0.1\sim1.0m^3$ 孤石或漂石的易破碎或较难破碎土层	刮削齿、凿形齿、盘形滚刀和小型碎石装置*
易破碎的岩石层或相当的土层： 1. 严重破碎、裂隙的软或风化性岩层； 2. 相当于岩层的坚硬或硬化的黏性或无黏性土层	滚刀（盘形或牙轮）圆形切削齿清扫齿
难破碎岩层：结合强度很高的微裂隙和微风化岩层	滚刀（盘形或牙轮）圆形切削具

注：* 一般来说，碎石装置只有在采用泥水平衡顶管机时才使用。

泥水平衡顶管机（图 4-7）破碎室中平衡压力的调节主要是通过泥浆泵控制进出平衡介质的量来实现的。因为这样的平衡压力调节系统对突然发生的平衡泥浆漏失的调节能力很差（如遇到复杂地层或非均质地层时），经常会发生工作面坍塌和地表沉降等问题，所以大部分的切削刀盘都设计成像挡板或岩石切削刀盘一样，几乎是封闭状的。这样，当需要的时候，在泥浆平衡的基础上，可以对工作面附加一个机械平衡作用。

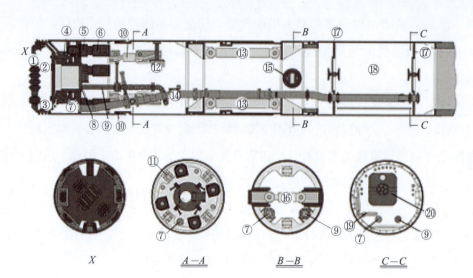

图 4-7　AVN 1500T 型泥水平衡顶管机（直径为 1980mm）

1- 切削刀盘；2- 破碎室；3- 碎石空间；4- 主轴承；5- 传动装置；6- 驱动电机；7- 排泥管道；8- 压力墙门；9- 供应管道；10- 盾尾密封；11- 导向油缸；12- 目标靶；13- 伸缩油缸；14- 旁路装置；15- 支腿；16- 支腿油缸；17- 压力墙；18- 人员舱；19- 舱内座位；20- 舱门

4.2　针对拱北隧道管幕的顶管机选型

拱北隧道通过口岸暗挖段的施工受控因素众多，沿线地面建筑多为桩基基础；地层软弱松散、施工扰动易变形；沿线地理位置特殊、环保景观要求高；施工控制困难，如施工控制不到位，会引起临近建（构）筑物变形过大影响其正常使用，容易产生重大的不良社会影响。顶管设备选择适当与否，将直接影响施工控制的难易程度与工程进度。

工程地质条件不同，顶管设备适用范围也不同。针对不同的地质特点以及施工方自身的需求，选择与之相适应的顶管设备类型，才能保证工程施工顺利进行和设备利用的最大化。施工时一旦选错机型和工法，不仅影响施工进度，而且易发生开挖面坍塌、地层沉降和塌陷、涌水等事故。

根据拱北隧道管幕工程曲线顶管施工的工况，可供选择的顶管机型只有两种，即土压平衡顶管机和泥水平衡顶管机。选择原则主要是考虑非固结土层的特点。土压平衡顶管机与泥水平衡顶管机关于切削面的稳定、地层适应性、抵抗水压能力、施工对土体的扰动等方面的对比详见表 4-3。

土压平衡顶管机与泥水平衡顶管机适用性对比　　　表 4-3

比较项目	土压平衡顶管机		泥水平衡顶管机	
	简要说明	评价	简要说明	评价
开挖面稳定	通过保持土仓压力来稳定开挖面	良	泥浆在压力的作用下向地层中渗透形成泥膜来稳定切削面	优
地层适应性	在砂性土等透水性地层中要采取特殊措施	良	泥膜能够有效地维持开挖面稳定	优
抵抗水压	靠土仓压力及泥土的不透水性能抵抗水压	良	靠泥水在开挖面形成的泥膜和泥水压力抵抗水压	优
土体扰动	保持土仓压力、控制推进速度、维持切削量与出土量相等	良	控制泥浆质量、压力及推进速度、保持进、排泥量的动态平衡	优
渣土处理	直接外运	简单	进行泥水分离处理	复杂
施工场地	占用施工场地较小	良	要有较大的泥水处理场地	差
工程成本	减少泥水处理设备及泥浆泵	低	增加泥水分离设备，费用较高	高

4.2.1　根据地层的渗透性进行选择

一般情况下，当地层的渗透系数大于 10^{-7} m/s 时，选用泥水平衡顶管机；当地层的渗透系数小于 10^{-7} m/s 时，选用土压平衡顶管机。根据该原则，若地层以各种级配的富水砂层、砂砾层为主时，选用泥水平衡顶管机更为适用。其他地层或地层组合采用土压平衡顶管机较适宜。

拱北隧道管幕施工主要穿越地层有砂层、淤泥质黏土层、粉质黏土层等。各类地层的渗透系数统计结果如表 4-4 所示。

拱北隧道管幕施工主要穿越地层的渗透系数　　　表 4-4

地层代号	分层名称	渗透系数（m/s）
③-3	粉砂/中砂/粗砂/圆砾/砾砂	$8.74 \times 10^{-6} \sim 1.17 \times 10^{-3}$
④-3	淤泥质黏土/粉质黏土	$3.10 \times 10^{-10} \sim 1.20 \times 10^{-6}$
⑤-1	粉质黏土/粉土	1.89×10^{-7}
⑤-2	粉砂/中砂/粗砂/砾砂/圆砾	$6.72 \times 10^{-6} \sim 8.17 \times 10^{-4}$
⑤-3	粉质黏土/淤泥质粉质黏土	$2.17 \times 10^{-10} \sim 9.06 \times 10^{-8}$
⑥-2	粗砂/砾砂	$4.19 \times 10^{-4} \sim 6.32 \times 10^{-4}$

4.2.2 根据岩土颗粒进行选择

一般情况下,当岩土中的粉粒和黏粒的总量达到40%以上时,通常会选用土压平衡顶管机;反之,则选择泥水平衡顶管机较适宜。粉粒的绝对大小常以0.075mm为界。以拱北隧道某钻孔取样为例,其岩土颗粒粒径分布如图4-8所示。无论是在砂层还是黏土层,小于0.075mm岩土颗粒所占比例都很小。其中砂质黏性土所含粉粒最多,为20.9%;砾砂层中所含粉粒最少,为5.7%。

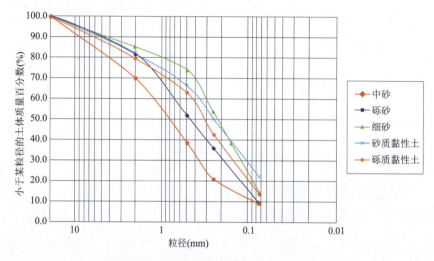

图 4-8 某钻孔取样岩土颗粒粒径分布曲线

4.2.3 拱北隧道曲线顶管及管幕施工设备选型结论

(1)从地层渗透性系数来看,黏土层中的渗透系数较小,砂层中的渗透性系数较大,考虑到顶管机需具备在不同地层中顶进的能力,宜选用泥水平衡顶管机。

(2)从管幕施工穿越地层岩土颗粒粒径分布来看,涉及地层所含颗粒的粒径绝大部分都在0.075mm以上,宜选用泥水平衡顶管机。

(3)考虑到拱北隧道工程位于拱北口岸区域,地表建筑物及管线、设备对地表变形要求极高,相较土压平衡顶管机,泥水平衡顶管机对周围环境的扰动较小,因此,宜选用泥水平衡顶管机。

4.3 拱北隧道复合地层顶管机刀盘选型分析

4.3.1 刀盘形式的选择

根据地层情况不同,顶管机可以配备不同形状和结构形式的切削刀盘(或钻头)。

某些结构的切削刀盘除了可以进行工作面的掘进之外，还具有平衡土压力的作用。切削刀盘可分为以下 3 种：车轮式切削刀盘、挡板式切削刀盘和岩石切削刀盘。

拱北隧道工程位于地下水位以下，水压力较大。这种情况下，车轮式切削刀盘因其前部的切削端面大部分处于敞开状态，对工作面不能构成机械平衡作用，故这种刀盘形式不适用；而岩石切削刀盘主要是针对需要穿越岩石层的顶管工程，本工程穿越地层主要为淤泥、黏性土和砂砾土层，故岩石切削刀盘也不适用。因此，本工程主要考虑挡板式切削刀盘。

挡板式切削刀盘除了破碎作用以外，还可以实现对工作面的机械平衡作用，并且对土层具有筛分作用，对于粒径过大的石块，首先在破碎室外的工作面上对其进行破碎，后进入破碎室排出。

4.3.2 破碎工具的选择

凿形齿一般适用于无黏性的松散地层，如砂层、卵砾石层、淤泥层以及介于这些地层之间的过渡型地层。黏性地层不宜采用凿形齿，因为，在切削过程中黏土将被挤压成团。

刮削齿具有很多不同的形式，其破碎原理是以刮削破碎为主。适用地层主要是黏性软弱地层，如黏土层、软的页岩层和黏土质淤泥层等，也可应用于无黏性的松散地层。

滚刀可以用来破碎硬岩层或者软弱地层中的孤石和漂石等。当刀盘直径小于 2500mm 时，考虑到几何学的原因，在刀盘周边（即所谓的保径区域）需采用锥形切削滚刀，目的是形成所需的超挖量（或环状空间）。综合地层条件和超挖考虑，可以选择以上 3 种破碎工具相结合的方式制作刀盘。

综合考虑本工程地质条件以及破碎地下连续墙混凝土、墙外素混凝土的需要，可采用如图 4-9 所示的复合刀盘形式。

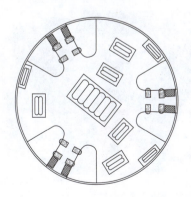 

图 4-9 复合型刀盘

4.3.3 孤石、树根等大块障碍物的处理

顶管机顶进过程中常会碰到刀盘遇障碍物受阻或滚刀损坏的情况。针对这种情况，需在泥水平衡顶管机中设置置换刀盘的舱室。在确保安全的前提下，作业人员进入该舱室更换刀盘或滚刀，完成后继续按常规方法顶进。图4-10即为该舱室设计简图。

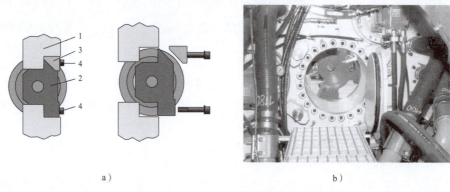

图4-10 出入舱门
1- 切削刀盘机体；2- 带固定装置的滚刀；3- 挡销；4- 固定螺栓

另外，珠江三角洲地区典型的海陆交互相沉积层中，往往夹杂有孤石、漂砾、树根等障碍物，这种情况下就要考虑专门的碎石装置。根据顶管机的直径大小，可采用的碎石装置有：齿状挤压碎石器、回转剪切碎石器、锥形碎石器。

齿状挤压碎石器（也称为钳式碎石器）由液压驱动，安装于破碎室中顶管机的底部，位于输送管道吸入口前方；位于两者之间的机械耙手起到向循环排渣系统输送破碎下来的岩粉的作用（图4-11）。钳式碎石器所能破碎的石块直径也是有限制的，必须首先通过切削刀盘上的进泥口对直径过大的石块加以限制。

图4-11 带齿状挤压碎石器的泥水平衡顶管机

回转剪切碎石器(图 4-12)同样也安装于输送管道吸入口前方,由两个上面安装有破碎刀具的反方向转动的滚轮组成(类似于剪切原理)。这种类型的碎石器对易结块的软—中硬黏性土层较为适用,可将切削下来的较大土块(包括木块、石块等杂物)进行剪切破碎,便于水力泵送,使输送管道始终保持畅通。

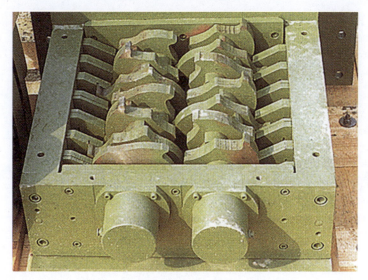

图 4-12　回转剪切碎石器(MOCO 系统)

锥形碎石器也称为离心式碎石器(图 4-13),在顶力作用下,破碎下来的泥土进入转轴和顶管机壳体之间的锥形破碎室,泥土首先被挤密,然后在转轴和壳体之间被挤压破碎,破碎后的泥土经过环形通道(碎石器的间隙)进入泥浆室或者直接进入排泥管道。一些制造商使用的是基于行星轮系作用原理的锥形偏心碎石器,由于内部偏心轴转动,可以在内、外轮之间产生很大的作用力将岩块破碎。

图 4-13　锥形碎石器

对于拱北隧道这样的复合软土地层和高水压施工条件，为适应破碎工作井混凝土墙、素混凝土墙及处理孤石、漂砾等障碍物的能力，必须采用安装有滚刀和刮刀的复合刀盘。本工程最终选用德国海瑞克公司 AVN1200TC 泥水平衡顶管机，包括润滑泥浆系统、中继间、管刹、泥水分离站等全套辅助设备。

第 5 章
CHAPTER 5
顶管管幕施工环境扰动研究

拱北隧道工程典型地质分层如表 5-1 所示，管幕不同位置钢顶管所处的地层条件如表 5-2 所示。现分别用 2.3.1 章节的经验公式和 2.4.2 章节的理论计算方法分析地层的变形。

拱北隧道工程典型地质分层表　　　　　　表 5-1

层号	岩土名称	层号	岩土名称	层号	岩土名称
①	人工填土（Q_4^{me}）	④-3-a	淤泥质土（Q_4^m）	⑥-1-b	粉质黏土（Q_3^{al+pl}）
③-1-a	淤泥（Q_4^m）	④-3-b	黏土、粉质黏土（Q_4^m）	⑥-1-c	粉土（Q_3^{al+pl}）
③-1-b	淤泥质土（Q_4^m）	④-3-c	粉土（Q_4^m）	⑥-2-a	粉、细砂（Q_3^{al+pl}）
③-1-c	含淤泥质砂	⑤-1-a	黏土（Q_3^{mc}）	⑥-2-b	中砂（Q_3^{al+pl}）
③-2-a	黏土（Q_4^m）	⑤-1-b	粉质黏土（Q_3^{mc}）	⑥-2-c	粗、砾砂（Q_3^{al+pl}）
③-2-b	粉质黏土（Q_4^{mc}）	⑤-1-c	粉土（Q_3^{mc}）	⑥-3	卵、砾石（Q_3^{al+pl}）
③-2-c	粉土（Q_4^{mc}）	⑤-2-a	粉、细砂（Q_3^{mc}）	⑦-1	砂质黏性土（Q_3^{el}）
③-3-a	粉、细砂（Q_4^{mc}）	⑤-2-b	中砂（Q_3^{mc}）	⑦-2	砾质黏性土（Q_3^{el}）
③-3-b	中砂（Q_4^{mc}）	⑤-2-c	粗、砾砂（Q_3^{mc}）	⑦-3	黏性土（Q_3^{el}）
③-3-c	粗、砾砂（Q_4^{mc}）	⑤-2-d	卵、砾石（Q_3^{mc}）	⑧-1	全风化黑云母斑状花岗岩
④-1	粗、砾砂（Q_4^{mc}）	⑤-3-a	淤泥质土（Q_3^{mc}）	⑧-2	强风化黑云母斑状花岗岩（砂砾状）
④-2-a	黏土（Q_4^{mc}）	⑤-3-b	黏土（含较多腐殖质）（Q_3^{mc}）	⑧-3	强风化黑云母斑状花岗岩（碎块状）
④-2-b	粉质黏土（Q_4^{mc}）	⑤-3-c	粉土（含较多腐殖质）（Q_3^{mc}）	⑧-4	中风化黑云母斑状花岗岩
④-2-c	粉土（Q_4^{mc}）	⑥-1-a	黏土（Q_3^{al+pl}）	⑧-6	石英岩（花岗岩岩脉）

ZK222（ZK2+400 右 1m）处的地层条件   表 5-2

层深（m） 自	层深（m） 至	层底高程（m）	岩土层描述	天然密度 ρ（g/cm³）	压缩模量 E_s（MPa）	层位代号
0	6.4	−0.78	人工填土：浅红色、浅黄色，主要为花岗岩风化残坡积土，其中表层 300mm 为水泥路面	1.77	1.35	①
6.4	9.1	−3.48	中砂：深灰色，含大量腐殖质	1.99	1.3	③-3-b
9.1	14.2	−8.58	砾砂：棕红色、杂灰白色，含大量黏性土，含约 15% 的圆砾	1.99	3.8	③-3-c
14.2	18.9	−13.28	淤泥质粉质黏土：灰黑色，饱和，含少量腐木碎屑及细砂	1.78	2.99	④-3
18.9	22.0	−16.38	粉质黏土：灰黄色、灰白色，湿，含较多砂，其中 18.9~19.1m 为中砂	1.94	4.97	⑤-1
22.0	24.4	−18.78	粉砂：土黄色、灰白色，含大量黏性土	1.91	4.2	⑤-2-a
24.4	28.3	−22.68	淤泥质粉质黏土：深灰色，饱和，含大量腐殖质，其中 28.1~28.3m 含大量粗砂	1.80	3.44	⑤-3
28.3	31.1	−25.48	粉砂：灰白色、褐黄色，含较多黏性土	1.98	5.1	⑥-2-a

5.1 Peck 经验公式

5.1.1 管幕顶部顶管

取顶管机外径 $R=1.67$m，由于拱北隧道所处的地层较软，取 $n=1$，管幕顶部顶管轴线距地面距离 $h=5.755$m，土体损失率 η 取值依次从 0.5%~2.5%。由式（2-4）计算的最大沉降量结果如表 5-3 所示。

土体损失率 η 取不同值时所对应的最大沉降量   表 5-3

土体损失率 η（%）	0.5	1.0	1.5	2.0	2.5
最大沉降量（mm）	4.6	9.3	13.9	18.6	23.2

将表 5-3 的最大沉降量计算结果代入到式（2-3）中，绘制沉降曲线如图 5-1 所示。

5.1.2 管幕底部顶管

取顶管机外径 $R=1.67$m，由于拱北隧道所处的地层较软，取 $n=1$，管幕底部顶管轴线距地面距离 $h=28.395$m，土体损失率 η 取值依次从 0.5%~2.5%。由式（2-4）计算的最大沉降量结果如表 5-4 所示。

土体损失率 η 取不同值时所对应的最大沉降量   表 5-4

土体损失率 η（%）	0.5	1.0	1.5	2.0	2.5
最大沉降量（mm）	0.094	1.9	2.8	3.8	4.7

将表 5-4 的最大沉降量计算结果代入到式（2-3）中，绘制沉降曲线如图 5-2 所示。

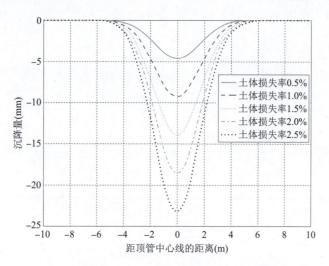

图 5-1 顶管机外径 1.67m、顶管埋深 5.755m 时的沉降曲线图

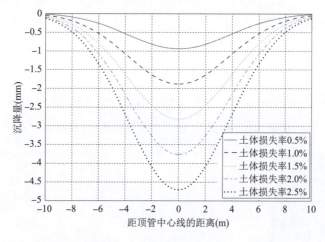

图 5-2 顶管机外径 1.67m、顶管埋深 28.395m 时的沉降曲线图

5.1.3 管幕中间顶管

取顶管机外径 $R=1.67$m，由于拱北隧道所处的地层较软，取 $n=1$，管幕中间顶管轴线距地面距离 $h=15.8$m，土体损失率 η 取值依次从 0.5%~2.5%，由式（2-4）计算的最大

沉降量结果如表 5-5 所示。

土体损失率 η 取不同值时所对应的最大沉降量　　　　表 5-5

土体损失率 η（%）	0.5	1.0	1.5	2.0	2.5
最大沉降量（mm）	1.7	3.4	5.1	6.8	8.5

将表 5-5 的最大沉降量计算结果代入到式（2-3）中，绘制沉降曲线如图 5-3 所示。

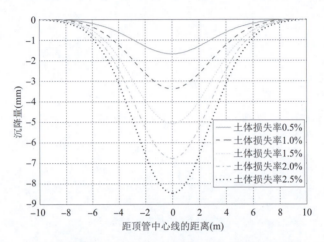

图 5-3　顶管机外径 1.67m、顶管埋深 15.8m 时的沉降曲线图

5.1.4　计算结果分析

土体损失引起地表的土体沉降在垂直于顶管轴线方向上近似于正态分布，土体损失率越大时沉降量越大。沿顶管轴线方向上土体损失只能引起土体沉降，不能引起土体隆起。表 5-6 列出了不同的土体损失率情况下地表的最大沉降量。

不同深度 h 和不同的土体损失率情况下土体的最大沉降量（mm）　　表 5-6（peck 公式）

土体损失率 η（%）		0.5	1.0	1.5	2.0	2.5
$h=5.755$m	管径 1.67m	4.6	9.3	13.9	18.6	23.2
$h=15.8$m	管径 1.67m	1.7	3.4	5.1	6.8	8.5
$h=28.395$m	管径 1.67m	0.094	1.9	2.8	3.8	4.7

顶管机在不同的土体损失率和不同的深度情况下，地表的最大沉降量如图 5-4 所示。

从图 5-4 可以看出，土体的最大沉降量随着顶管埋深增加而减小；随着土体损失率的增大而增大。当覆土深度为 5.755m、土体的损失率为 2.5% 时，地表的最大沉降量出现最大值，为 23.2mm。

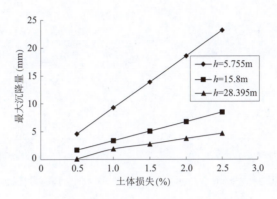

图 5-4　土体的最大沉降量随土体损失率的变化曲线图

5.2　顶管正面附加应力和摩擦力引起的土体位移

5.2.1　正面附加应力引起的土体位移分布规律

为了解在顶进荷载作用下拱北隧道管幕施工时的地表及不同埋深处土体的位移变化规律，分别选取管幕顶部、底部位置及中间两侧处的顶管进行分析。

（1）管幕顶部顶管

取土体压缩模量 E_{s0}=1.35MPa，泊松比 μ=0.35（拟定），正面附加应力取 20kPa，顶管的覆土深度 h=5.755m，顶管直径 D=1.62m。分别在地表处（z=0）选取 y=0、1.0D、2.0D，x=1.0D、2.0D、3.0D 及 y=0 平面上取 z=0、1.0D、2.0D 处为研究对象，作出如图 5-5~图 5-7 所示的分布特征曲线。

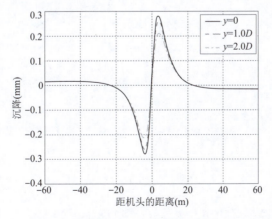

图 5-5　沿顶管轴线方向上地表的竖向位移（z=0）

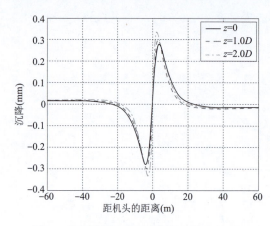
图 5-6 沿顶管轴线方向上地表的竖向位移（$y=0$）

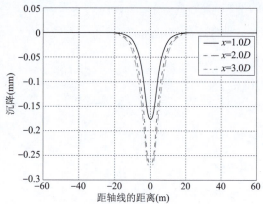
图 5-7 沿顶管轴线垂直方向上地表的竖向位移（$z=0$）

（2）管幕底部顶管

取土体压缩模量 E_{s0}=3.8MPa，泊松比 μ=0.35（拟定），正面附加应力取 20kPa，顶管的覆土深度 h=28.395m，顶管直径 D=1.62m。分别在地表处（$z=0$）选取 $y=0$、$1.0D$、$2.0D$，$x=1.0D$、$2.0D$、$3.0D$ 及 $y=0$ 平面上取 $z=0$、$1.0D$、$2.0D$ 处为研究对象，作出如图 5-8~图 5-10 所示的分布特征曲线。

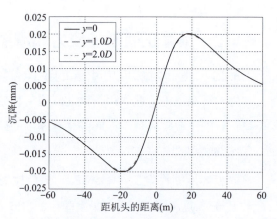
图 5-8 沿顶管轴线方向上地表的竖向位移（$z=0$）

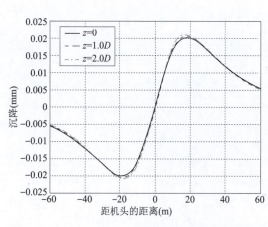
图 5-9 沿顶管轴线方向上地表的竖向位移（$y=0$）

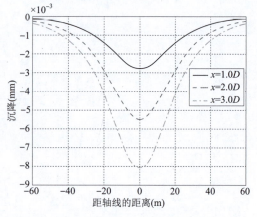
图 5-10 沿顶管轴线垂直方向上地表的竖向位移（$z=0$）

（3）管幕中间顶管

取土体压缩模量E_{s0}=2.99MPa，泊松比μ=0.35（拟定），正面附加应力取20kPa，顶管的覆土深度h=17.655m，顶管直径D=1.62m。分别在地表处（z=0）选取y=0、1.0D、2.0D，x=1.0D、2.0D、3.0D及y=0平面上取z=0、1.0D、2.0D处为研究对象，作出如图5-11~图5-13所示的分布特征曲线。

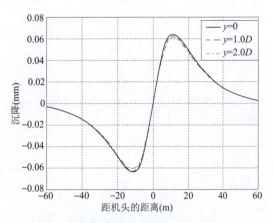

图5-11 沿顶管轴线方向上地表的竖向位移（z=0）

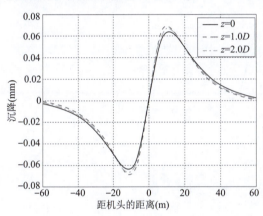

图5-12 沿顶管轴线方向上地表的竖向位移（y=0）

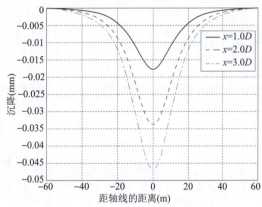

图5-13 沿顶管轴线垂直方向上地表的竖向位移（z=0）

5.2.2 顶管机与土体之间的摩擦力引起的土体位移分布规律

在拱北隧道的施工过程中，为了解在顶管机与土体之间的摩擦力作用下，地表及不同埋深处土体的位移变化规律，分别选取管幕顶部、底部及中间两侧处的顶管进行分析。

5.2.2.1 管幕顶部顶管

取土体压缩模量E_{s0}=1.35MPa，泊松比μ=0.35（拟定），顶管机与土体之间的单位面积摩擦力依次取为3kPa、4kPa、5kPa；顶管的覆土深度h=5.755m，顶管机的直径D=1.67m，顶管机的长度取1.5m。分别在地表处（z=0）选取y=0、1.0D、2.0D，x=1.0D、2.0D、3.0D及y=0平面上取z=0、1.0D、2.0D处为研究对象，作出如图5-14~图5-22所示的分布特征曲线。

（1）顶管机与土体之间的单位面积摩擦力为3kPa时地表竖向位移的计算结果，见图5-14~图5-16。

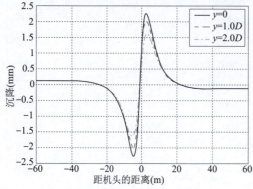

图 5-14　单位面积摩擦力为 3kPa 沿顶管轴线方向上地表的竖向位移（$z=0$）

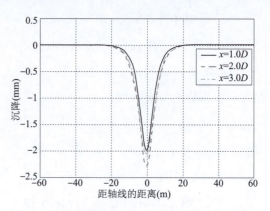

图 5-15　单位面积摩擦力为 3kPa 沿顶管轴线垂直方向上地表的竖向位移（$z=0$）

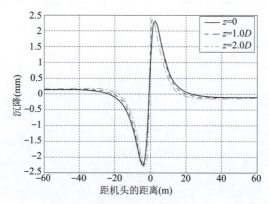

图 5-16　单位面积摩擦力为 3kPa 沿顶管轴线方向上地表的竖向位移（$y=0$）

（2）顶管机与土体之间的单位面积摩擦力为 4kPa 时地表竖向位移的计算结果见图 5-17~图 5-19。

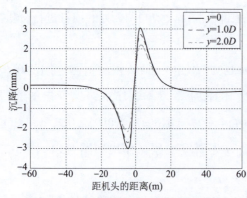

图 5-17　单位面积摩擦力为 4kPa 沿顶管轴线方向上地表的竖向位移（$z=0$）

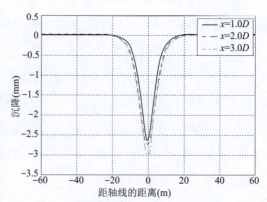

图 5-18　单位面积摩擦力为 4kPa 沿顶管轴线垂直方向上地表的竖向位移（$z=0$）

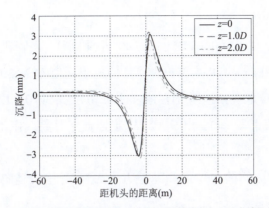

图 5-19　单位面积摩擦力为 4kPa 沿顶管轴线方向上地表的竖向位移（$y=0$）

（3）顶管机与土体之间的单位面积摩擦力为 5kPa 时地表竖向位移的计算结果见图 5-20~图 5-22。

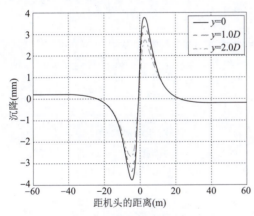

图 5-20　单位面积摩擦力为 5kPa 沿顶管轴线
方向上地表的竖向位移（$z=0$）

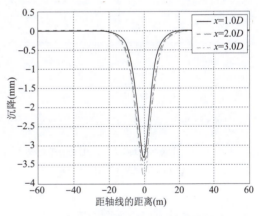

图 5-21　单位面积摩擦力为 5kPa 沿顶管轴线垂直
方向上地表的竖向位移（$z=0$）

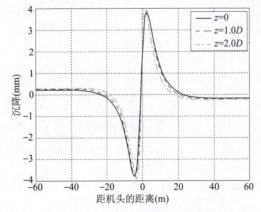

图 5-22　单位面积摩擦力为 5kPa 沿顶管轴线方向上地表的竖向位移（$y=0$）

5.2.2.2 管幕底部顶管

取土体压缩模量 $E_{s0}=3.8$MPa，泊松比 $\mu=0.35$（拟定），顶管机与土体之间的单位面积摩擦力依次取为3kPa、4kPa、5kPa；顶管的覆土深度 $h=28.395$m，顶管机的直径 $D=1.67$m，顶管机的长度取1.5m。分别在地表处（$z=0$）选取 $y=0$、1.0D、2.0D，$x=1.0D$、2.0D、3.0D 及 $y=0$ 平面上取 $z=0$、1.0D、2.0D 处为研究对象，作出如图5-23~图5-31所示的分布特征曲线。

（1）顶管机与土体之间的单位面积摩擦力为3kPa时地表竖向位移的计算结果见图5-23~图5-25。

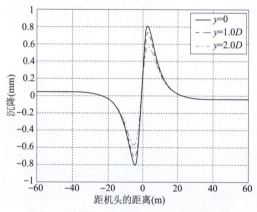

图5-23 单位面积摩擦力为3kPa沿顶管轴线方向上地表的竖向位移（$z=0$）

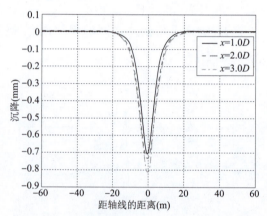

图5-24 单位面积摩擦力为3kPa沿顶管轴线垂直方向上地表的竖向位移（$z=0$）

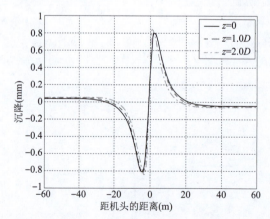

图5-25 单位面积摩擦力为3kPa沿顶管轴线方向上地表的竖向位移（$y=0$）

（2）顶管机与土体之间的单位面积摩擦力为4kPa时地表竖向沉降的计算结果见图5-26~图5-28。

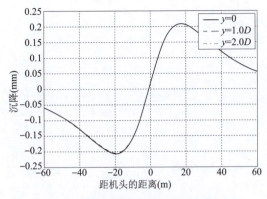

图 5-26 单位面积摩擦力为 4kPa 沿顶管轴线
方向上地表的竖向位移（$z=0$）

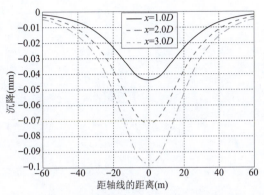

图 5-27 单位面积摩擦力为 4kPa 沿顶管轴线垂直
方向上地表的竖向位移（$z=0$）

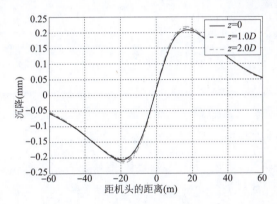

图 5-28 单位面积摩擦力为 4kPa 沿顶管轴线方向上地表的竖向位移（$y=0$）

（3）顶管机与土体之间的单位面积摩擦力为 5kPa 时地表竖向位移的计算结果见图 5-29~ 图 5-31。

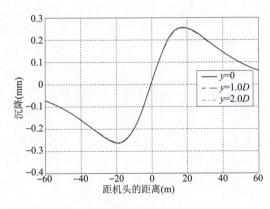

图 5-29 单位面积摩擦力为 5kPa 沿顶管轴线
方向上地表的竖向位移（$z=0$）

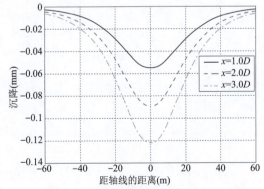

图 5-30 单位面积摩擦力为 5kPa 沿顶管轴线垂直
方向上地表的竖向位移（$z=0$）

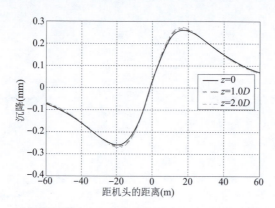

图 5-31　单位面积摩擦力为 5kPa 沿顶管轴线方向上地表的竖向位移（$y=0$）

5.2.2.3　管幕中间顶管

取土体压缩模量 $E_{s0}=2.99\text{MPa}$，泊松比 $\mu=0.35$（拟定），顶管机与土体之间的单位面积摩擦力依次取为 3kPa、4kPa、5kPa；顶管的覆土深度 $h=17.655\text{m}$，顶管机的直径 $D=1.67\text{m}$，顶管机的长度取 1.5m。分别在地表处（$z=0$）选取 $y=0$、$1.0D$、$2.0D$，$x=1.0D$、$2.0D$、$3.0D$ 及 $y=0$ 平面上取 $z=0$、$1.0D$、$2.0D$ 处为研究对象，作出如图 5-32~图 5-40 所示的分布特征曲线。

（1）顶管机与土体之间的单位面积摩擦力为 3kPa 时地表竖向位移的计算结果，见图 5-32~图 5-34。

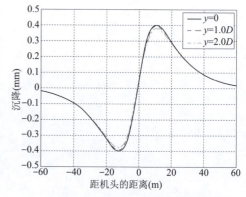

图 5-32　单位面积摩擦力为 3kPa 沿顶管轴线方向上地表的竖向位移（$z=0$）

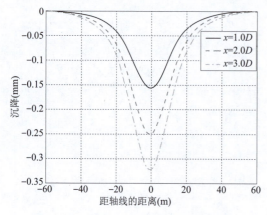

图 5-33　单位面积摩擦力为 3kPa 沿顶管轴线垂直方向上地表的竖向位移（$z=0$）

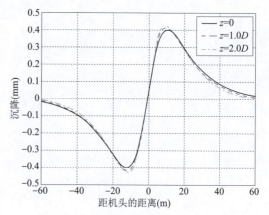

图 5-34　单位面积摩擦力为 3kPa 沿顶管轴线方向上地表的竖向位移（$y=0$）

（2）顶管机与土体之间的单位面积摩擦力为 4kPa 时地表竖向位移的计算结果见图 5-35~图 5-37。

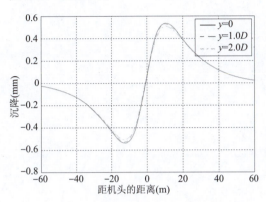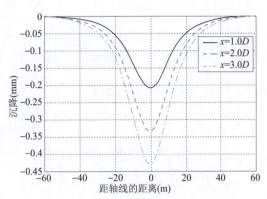

图 5-35　单位面积摩擦力为 4kPa 沿顶管轴线方向上地表的竖向位移（$z=0$）

图 5-36　单位面积摩擦力为 4kPa 沿顶管轴线垂直方向上地表的竖向位移（$z=0$）

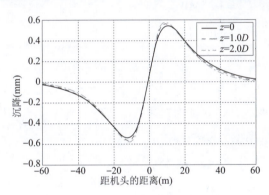

图 5-37　单位面积摩擦力为 4kPa 沿顶管轴线方向上地表的竖向位移（$y=0$）

（3）顶管机与土体之间的单位面积摩擦力为 5kPa 时地表竖向位移的计算结果见图 5-38~图 5-40。

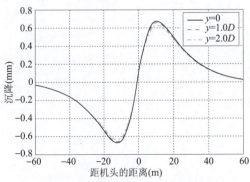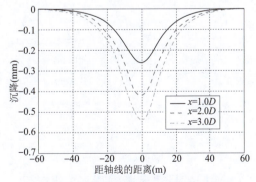

图 5-38　单位面积摩擦力为 5kPa 沿顶管轴线方向上地表的竖向位移（$z=0$）

图 5-39　单位面积摩擦力为 5kPa 沿顶管轴线垂直方向上地表的竖向位移（$z=0$）

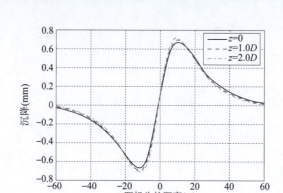

图 5-40　单位面积摩擦力为 5kPa 沿顶管轴线方向上地表的竖向位移（$y=0$）

5.2.2.4　土体的总位移

（1）管幕顶部顶管

取土体压缩模量 $E_{s0}=1.35\text{MPa}$，泊松比 $\mu=0.35$（拟定），正面附加应力取 20kPa；顶管的覆土深度 $h=5.755\text{m}$，顶管直径 $D=1.62\text{m}$，顶管机外径取 1.67m，顶管机的长度取 1.5m；顶管机和后续顶管与土体之间的单位面积的摩擦力取 5kPa，后续顶管长度取 10m，土体损失率依次从 0.5%~2.5%。在地表处（$z=0$）沿顶管轴线方向（$y=0$）为研究对象，作出如图 5-41~图 5-45 所示的分布特征曲线。

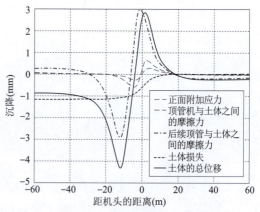

图 5-41　土体损失率取为 0.5% 时沿顶管轴线方向的沉降曲线图

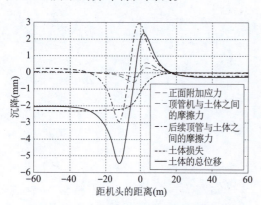

图 5-42　土体损失率取为 1.0% 时沿顶管轴线方向的沉降曲线图

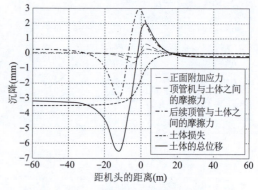

图 5-43　土体损失率取为 1.5% 时沿顶管轴线方向的沉降曲线图

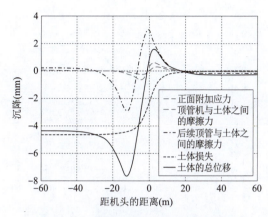

图 5-44 土体损失率取为 2.0% 时沿顶管轴线
方向的沉降曲线图

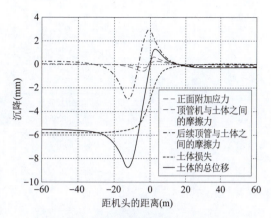

图 5-45 土体损失率取为 2.5% 时沿顶管轴线
方向的沉降曲线图

（2）管幕底部顶管

取土体压缩模量 $E_{s0}=3.8$ MPa，泊松比 $\mu=0.35$（拟定），正面附加应力取 20kPa；顶管的覆土深度 $h=28.395$m，顶管直径 $D=1.62$m，顶管机外径取 1.67m，顶管机的长度取 1.5m；顶管机和后续顶管与土体之间的单位面积的摩擦力取 5kPa，后续顶管长度取 10m，土体损失率依次从 0.5%~2.5%。在地表处（$z=0$）沿顶管轴线方向（$y=0$）为研究对象，作出如图 5-46~图 5-50 所示的分布特征曲线。

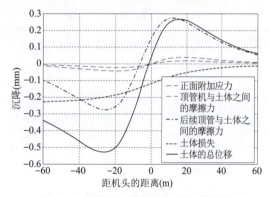

图 5-46 土体损失率取为 0.5% 时沿顶管轴线
方向的沉降曲线图

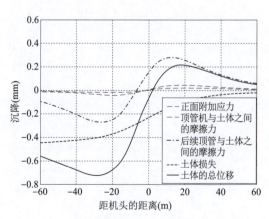

图 5-47 土体损失率取为 1.0% 时沿顶管轴线方向的
沉降曲线图

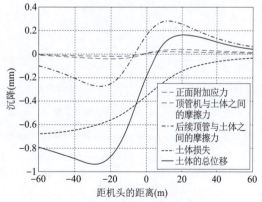

图 5-48 土体损失率取为 1.5% 时沿顶管轴线方向的
沉降曲线图

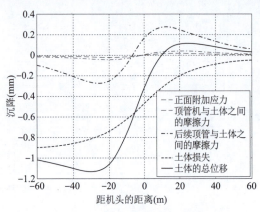

图 5-49　土体损失率取为 2.0% 时沿顶管轴线方向的沉降曲线图

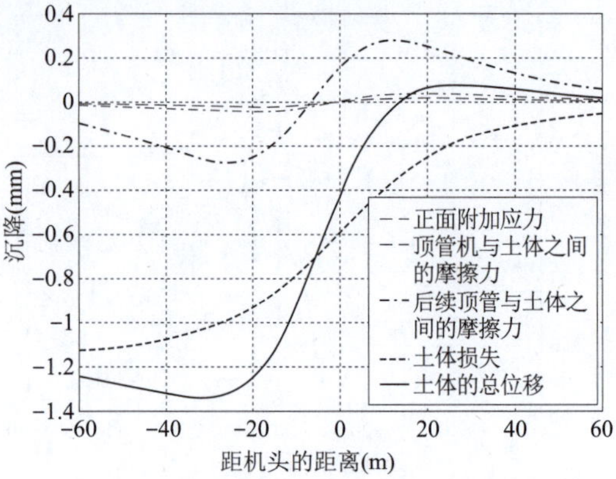

图 5-50　土体损失率取为 2.5% 时沿顶管轴线方向的沉降曲线图

（3）管幕中间顶管

取土体压缩模量 $E_{s0}=2.99\text{MPa}$，泊松比 $\mu=0.35$（拟定），正面附加应力取 20kPa；顶管的覆土深度 $h=17.655\text{m}$，顶管直径 $D=1.62\text{m}$，顶管机外径取 1.67m，顶管机的长度取 1.5m；顶管机和后续顶管与土体之间的单位面积的摩擦力取 5kPa，后续顶管长度取 10m，土体损失率依次从 0.5%~2.5%。在地表处（$z=0$）沿顶管轴线方向（$y=0$）为研究对象，作出如图 5-51~图 5-55 所示的分布特征曲线。

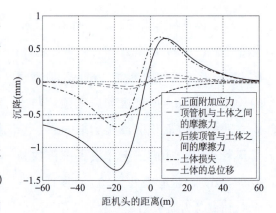

图 5-51　土体损失率取为 0.5% 时沿顶管轴线方向的沉降曲线图

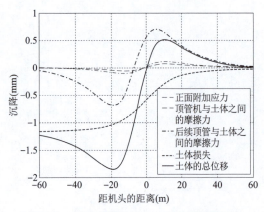

图 5-52　土体损失率取为 1.0% 时沿顶管轴线方向的沉降曲线图

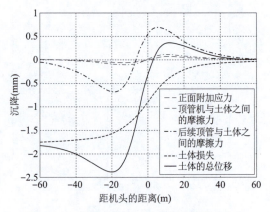

图 5-53　土体损失率取为 1.5% 时沿顶管轴线方向的沉降曲线图

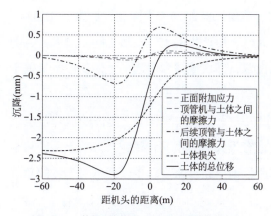
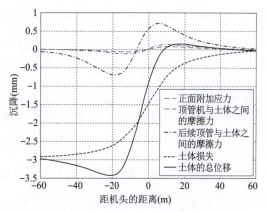

图 5-54　土体损失率取为 2.0% 时沿顶管轴线方向的沉降曲线图

图 5-55　土体损失率取为 2.5% 时沿顶管轴线方向的沉降曲线图

5.2.3　结论

如上所述，顶管施工过程中引起土体位移的主要原因为：顶进过程中的正面附加应力、顶管机和后续顶管与土体之间的摩擦力、土体损失。各种原因引起土体沉降的规律如下：

（1）正面附加应力引起的土体位移沿垂直于顶管轴线方向对称分布，且位于轴线上的土体沉降量最大，沿顶管轴线方向上逐渐减小。沿顶进方向上，正面附加应力引起前方土体产生隆起现象，这是因为顶进面前方的土体受到顶管机刀盘的挤压作用所致；机头后方的土体则产生沉降。正面附加应力引起的土体位移沿管轴方向是先增加到峰值，然后再减小，但是正面附加应力引起的土体位移的最大值并不是出现在机头的正上方，而是出现在顶进面前方 1.0D~2.0D（D 为顶管机的外径）距离处。正面附加应力引起的土体位移沿顶管轴线方向是反对称的如图 5-56 所示。

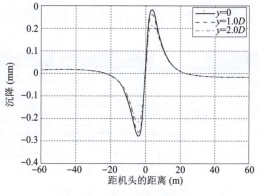

图 5-56　位移分布规律

(2)顶管和顶管机与土体之间的摩擦力：在顶进面前方产生隆起，后方产生沉降。当顶管机与土体之间的单位面积的摩擦力增大时，所产生的土体变形也随之增大，且随着管径的增大而增大。但是最大值不在机头位置，即由摩擦力引起的土体变形不是关于机头呈反对称的。

(3)影响土体总位移的主要因素为土体损失。土体损失率越大，土体的沉降量也就越大。土体的总位移与顶管直径、覆土深度也有很大的关系。管径越大，覆土深度越小时，土体的沉降量也就越大。根据拱北隧道所处地层条件来看，单管顶进时土体的总沉降量的最大值不超过 10mm，沉降量较小。

5.3 管幕群管顶进土体变形及顶管受力数值模拟

拱北隧道暗挖段采用曲线管幕＋水平控制冻结止水帷幕，形成超前支护止水结构下穿拱北口岸，然后结合暗挖法开挖施工。工程开挖断面大、线路曲率小、埋深浅、场区政治敏感度高、地理环境复杂、地质条件差，是港珠澳大桥工程中的控制性节点。

拱北隧道场区地质条件复杂，为典型的高水压海陆交互相沉积复合软土地层，如图 5-57 所示。场区地层自上而下主要为：①人工填土（厚度 1~8.3m）、③-1 淤泥质砂（厚度 0.6~12m）、③-2 粉质黏土（厚度 0.7~11.7m）、③-3 砾砂（厚度 0.6~7.7m）、④-3 淤泥质土（厚度 0.3~7.6m）、⑤-2 砾砂、⑤-3 粉质黏土（厚度 1.5~9m）、⑥-2 砾砂（厚度 0.4~9.9m）、⑦-2 砾质黏性土（厚度 0.6~8m）、下伏全—强风化黑云母斑状花岗岩（厚度超过 20m）。

其中，顶管管幕穿越①~⑦-2 等多种地层，大都为高压缩性、高含水率、大孔隙比、低强度的软土地层。加之临海区域地下水丰富（高程为 1.48~1.72m），管幕底部顶管周边水压力接近 0.3MPa，因此更加剧了群管顶进时土体变形的程度。

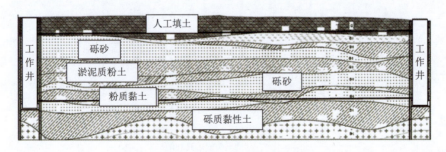

图 5-57 管幕工程地质剖面图

此外，工程周边建筑物和地下管网密集，安全级别高，管幕外侧距澳门联检大楼地下桩基最近 1.6m，距拱北海关出入境风雨廊地下桩基最近处仅 0.46m。拱北口岸交通繁忙，出入境人流超 40 万人次/天，出入境车辆超 1 万车次/天，要求施工不能影响拱北口岸的正常通关，因此，对施工引起的地表沉降控制要求极为苛刻。设计建议控制在 30mm。

管幕群管顶进引起的土体累计变形是控制施工成败的关键，而现有管幕结构多为门形或拱形，与拱北隧道闭合管幕结构相差较大，其研究结论能否直接应用有待验证。因此，项目以拱北隧道曲线管幕工程为背景，建立不同顶进方案条件下的管幕有限元模型，通过对比分析顶进顺序对地表变形、管道应力和变形的影响规律，最终优化管幕顶进顺序，减小施工对周边环境影响。

5.3.1　管幕模型

5.3.1.1　模型建立

采用 ABAQUSA 有限元软件建立如图 5-58 所示的包括地层、管幕和顶管泥浆在内的数值模型（为得出管幕顶进引起土体变形普遍规律，模型未包含 0 号试验管）。由于顶管施工引起土体变形的主要因素为土体损失，在方案优选阶段为简化计算采用二维平面应变模型，单元类型均采用 C4PER。为减小边界效应，整个模型长度取 120m，高度取 40m，管幕顶部埋深 4m。同时，依据现场条件将穿越地层简化为 4 层。模型边界条件设置为：约束左右两侧边界水平位移，底部边界同时约束水平和竖直自由度，顶面为自由面。

管幕顶管顶进过程采用 remove 方式移除相应的地层单元。为了模拟润滑泥浆对管土接触的影响，在开挖形成的隧洞和顶管之间设置润滑泥浆单元。泥浆与隧洞接触界面采用共节点约束方式，而顶管与泥浆单元之间设置接触对（图 5-59），接触面法向设置为硬接触，切向考虑到泥浆的润滑作用，取摩擦系数为 0.2。最后，在开挖形成的隧洞中采用 add 命令添加泥浆和顶管预定位置，实现管幕顶管施工模拟。

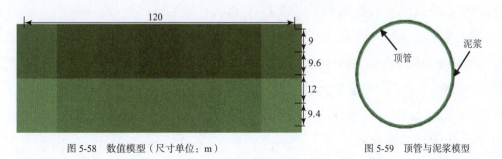

图 5-58　数值模型（尺寸单位：m）　　　　图 5-59　顶管与泥浆模型

5.3.1.2 参数选择

数值模型中，地层土体、润滑泥浆和钢管的力学参数如表 5-7 所示。土体简化为人工填土、粗砂、淤泥质粉质黏土和砾质黏性土 4 层，均采用 Drucker-Prager 弹塑性本构模型，顶管润滑泥浆和钢管采用弹性本构模型。

地层、泥浆和钢管力学参数表　　　　　　表 5-7

土层/结构	厚度（m）	黏聚力（kPa）	内摩擦角（°）	弹性模量（MPa）	密度（g/cm³）	泊松比
人工填土	9	13	15	8	1.8	0.3
粗砂	9.6	2	30	25	2.0	0.35
淤泥质粉质黏土	12	25	20	12	1.8	0.35
砾质黏性土	9.4	15	22	10	1.9	0.32
泥浆	—	—	—	0.35	1.05	0.4
钢管	—	—	—	210000	7.85	0.3

5.3.1.3 顶进方案分析

根据实际施工条件，为缩短管幕施工周期，考虑到现场两个工作井，宜采用双向顶进方案，即两工作井可同时作为始发井和接收井。经施工优化后，将每个工作井以中板为界划分 4 个施工区域，分别标为Ⅰ、Ⅱ、Ⅲ和Ⅳ，如图 5-60 所示。其中，Ⅰ和Ⅱ区内各顶管从东工作井始发，西工作井实现接收，而Ⅲ和Ⅳ区各顶管顶进方向则与前者相反，从西工作井始发，东工作井实现接收。

同时，考虑到在顶管试验管、工作井以及后续顶管施工之间的相互干扰，将管幕施工划分为 3 个阶段：①试验管顶进阶段：施工顶进 0 号试验顶管和 5 号原位顶管，验证施工技术的可行性，并为后续顶管提供优化工艺参数；②中板附近顶管顶进阶段：考虑到工作井中板需提前施作圈梁，因此，圈梁施工前先行顶进该部位的 9、10、28 和 29 号顶管；③全面顶进阶段：按照一定的顺序依次顶进剩余顶管。

由于前两个阶段顶管顶进顺序是确定的，管幕顶进顺序优化主要集中于全面顶进阶段。根据已有研究结果，各顶进区域可供选择的顶进顺序有从上到下依次顶进、从下到上依次顶进、从上到下间隔顶进和从下到上间隔顶进。考虑到区域内顶管数量较多，且高程不一致，如果采用间隔顶进的方案，会导致施工频繁上下移动，增加作业量，因而，宜采用依次顶进方案。

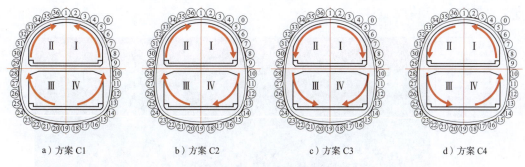

图 5-60 管幕 4 种顶进顺序

同时，为避免多个顶管机组同时顶进作业产生相互干扰，以东工作井作业为例，Ⅰ和Ⅱ为顶进始发区，Ⅲ和Ⅳ为顶进接收区，如果Ⅱ和Ⅲ区施工平台水平位置接近，则上部的Ⅱ区施工会影响下部Ⅲ区吊装作业，产生施工干扰，Ⅰ和Ⅳ也存在相同的问题。因而，工作井上下区域内的顶管施工应在水平位置错开。

综合以上现场条件和施工条件限制，可供选择的顶进方案有 4 种，如表 5-8 所示。方案 C1：各区域均采用从下到上依次顶进顺序 [图 5-60 a)]；方案 C2：Ⅱ和Ⅲ区从下到上依次顶进，Ⅰ和Ⅳ区从上到下依次顶进 [图 5-60 b)]；方案 C3：所有区域均从上到下依次顶进 [图 5-60 c)]；方案 C4：Ⅱ和Ⅲ区从上到下次依次顶进，Ⅰ和Ⅳ区从下到上依次顶进 [图 5-60 d)]。

管幕 4 种顶进方案　　　　　表 5-8

顶进方案	预先顶进	Ⅰ	Ⅱ	Ⅲ	Ⅳ	最后顶进
方案 C1	0、5 9、29 10、28	8~2	30~36	20~27	18~11	1、19
方案 C2		2~8	30~36	20~27	11~18	
方案 C3		2~8	36~30	27~20	11~18	
方案 C4		8~2	36~30	27~20	18~11	

5.3.2 管幕顶进顺序数值模拟分析

管幕顶进模拟前先要对地层进行地应力平衡，采用 ABAQUS 自带的 geostatic 分析步，然后，结合初始应力导入方法，实现初始地应力平衡。地应力平衡后地层竖向应力和土体变形云图分别如图 5-61、图 5-62 所示，平衡后的地层初始应力成层分布，初始变形在 10^{-5} 数量级以下，满足计算精度要求。然后按照上述 4 种顶进顺序方案进行管幕施工模拟，对比不同顶进方案施工完成后地表变形、顶管最大应力和顶管的最大变形，以优选最佳顶进方案。

图 5-61 地应力平衡后土体竖向应力云图

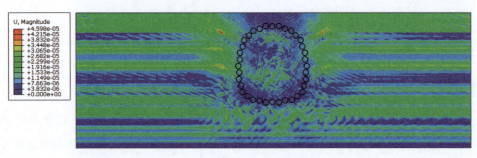

图 5-62 地应力平衡后土体竖向位移云图

5.3.2.1 管幕顶进顺序对土体变形影响

不同顶进方案施工完成后地表竖向变形曲线如图 5-63 和图 5-64 所示。由图 5-63 和图 5-64 可知，不同顶进顺序对地表变形曲线均为双峰，管幕中心的变形反而相对较小，最大变形峰值出现在距管幕中心 7m 左右的两侧，变形较大的区域主要集中在管幕中心

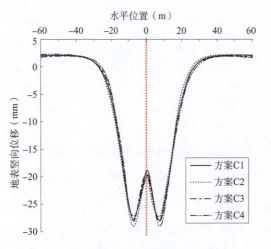

图 5-63 不同管幕顶进方案地表竖向变形曲线

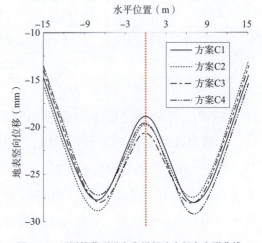

图 5-64 不同管幕顶进方案局部地表竖向变形曲线

两侧 20m 的范围内。所有地表竖向变形曲线在距管幕两侧较近的范围内均表现为较大沉降，而在两侧较远范围出现轻微隆起变形。值得注意的是各方案引起的地表变形曲线数值相差不大，这说明虽然管幕顶进顺序会对地表产生一定影响，但影响程度并不显著。

为详细对比不同顶进方案的优势，取图 5-63 中 ±15m 地表主要沉降区域内的局部变形曲线（图 5-64）分析。由图 5-64 可知：方案 C1 和 C3 为对称顶进施工，其地表竖向变形曲线也表现为对称性，且最大沉降量均小于另外两个方案。方案 C2 和 C4 为非对称顶进，沉降曲线的两个峰值数值上不同，表现为非对称性，但两条沉降曲线却关于管幕中心线基本对称，这与另两个方案的相一致。同时，对比不同方案最大沉降差值，方案 C1 相对于 C3，两侧峰值最大沉降量基本相当，但中心沉降减小 9.25%；相对于方案 C2，方案 C1 管幕中心地表沉降减小 4.91%，左侧最大沉降减小 4.25%，右侧沉降略有增加；相对于 C4，方案 C3 中心沉降减小 3.74%，左侧沉降峰值基本相当，而右侧沉降峰值减小 4.74%。

不同管幕顶进方案地层总位移、水平位移和竖向位移云图如图 5-65~图 5-76 所示。各位移云图分布规律基本相同，数值上存在较小的差别，地层变形主要发生在管幕顶部两侧土体和底部，且顶部和底部竖向变形均较大，而水平位移较大区域仅出现在底部。方案 C1 地层最大总位移为 46.36mm，最大水平位移为 39.51mm，最大竖向位移为 38.8mm；方案 C2 地层最大总位移为 48.19mm，最大水平位移为 40.52mm，最大竖向位移为 39.84mm；方案 C3 地层最大总位移为 48.37mm，最大水平位移为 40.66mm，最大竖向位移为 40.22mm；方案 C4 地层最大总位移为 48.30mm，最大水平位移为 39.72mm，最大竖向位移为 39.97mm。综合以上地表沉降分析，可以得出，对于类似拱北隧道的管幕顶管，顶管施工顺序对土体变形影响较小，管幕两侧对称顶进比非对称顶进引起的土体变形小，方案 C1 相对于其他方案在减小土体变形方面略占优势。

图 5-65　顶进方案 C1 地层总位移云图

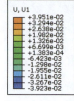

图 5-66　顶进方案 C1 地层水平位移云图

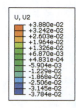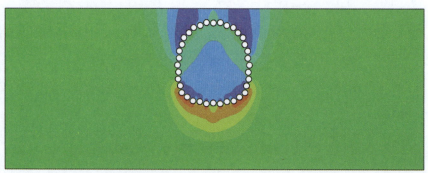

图 5-67　顶进方案 C1 地层竖向位移云图

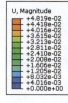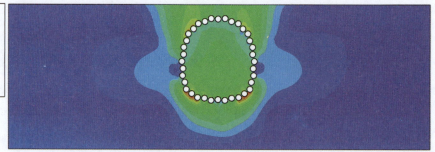

图 5-68　顶进方案 C2 地层总位移云图

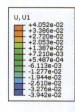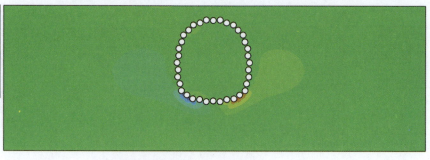

图 5-69　顶进方案 C2 地层水平位移云图

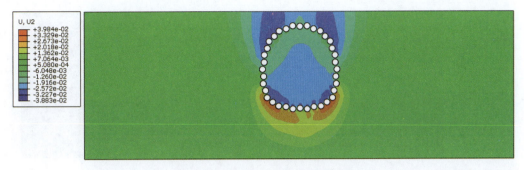

图 5-70　顶进方案 C2 地层竖向位移云图

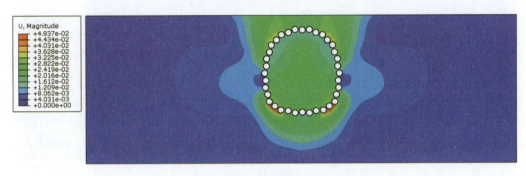

图 5-71　顶进方案 C3 地层总位移云图

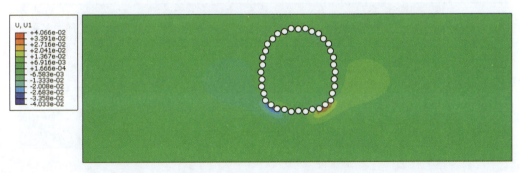

图 5-72　顶进方案 C3 地层水平位移云图

图 5-73　顶进方案 C3 地层竖向位移云图

图 5-74　顶进方案 C4 地层总位移云图

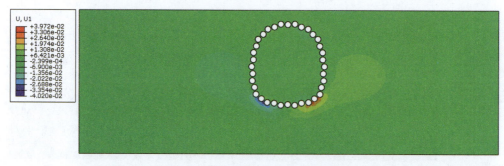

图 5-75　顶进方案 C4 地层水平位移云图

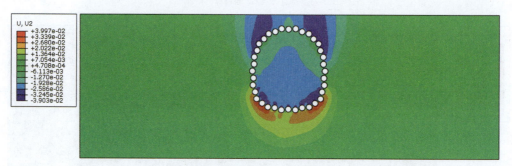

图 5-76　顶进方案 C4 地层竖向位移云图

5.3.2.2　管幕顶进顺序对土体应力影响

管幕施工引起的地层应力变化也是评价其施工影响的参数之一，不同管幕顶进方案地层水平应力和竖向应力云图如图 5-77~图 5-84 所示。各地层应力云图分布规律基本相同，仅数值上存在较小的差别，应力变化主要集中在管幕外侧较小的范围内，且该范围内应力表现为增加的规律，在距离管幕 1/2 宽度以外的范围内，水平应力和竖向应力基本保持水平分布，说明管幕施工引起地层附加应力较小。同样，管幕内部的土体应力也会产生影响，且竖向应力影响程度大于水平应力。各方向应力基本表现为，管幕内部地层应力小于同一水平位置管幕外侧地层应力，这与管幕起到的支护效果相一致。

根据模拟结果，初始地应力平衡后，地层水平应力为 –2.09~–373kPa，竖向应力在 –3.67~–718.0kPa 范围内。顶进方案 C1 施工后地层水平应力为 7.71~–422.1kPa，竖向应力在 –3.63~–887.2kPa 范围内；顶进方案 C2 施工后地层水平应力为 7.56~–421.6kPa，竖向应力在 –3.63~–883.0kPa 范围内；顶进方案 C3 施工后地层水平应力为 7.25~–426.3kPa，竖向应力在 –3.63~–896.5kPa 范围内；顶进方案 C4 施工后地层水平应力为 7.56~–429.0kPa，竖向应力在 –3.63~–879.8kPa 范围内。综合以上分析，对于该结构的管幕，不同顶进顺序引起的土体应力差别不大。

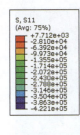

图 5-77　顶进方案 C1 地层水平应力云图

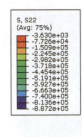

图 5-78　顶进方案 C1 地层竖向应力云图

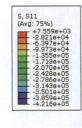

图 5-79　顶进方案 C2 地层水平应力云图

图 5-80　顶进方案 C2 地层竖向应力云图

图 5-81　顶进方案 C3 地层水平应力云图

图 5-82　顶进方案 C3 地层竖向应力云图

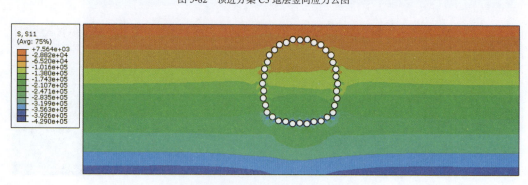

图 5-83　顶进方案 C4 地层水平应力云图

图 5-84　顶进 C4 方案地层竖向应力云图

5.3.2.3　管幕顶进顺序对顶管变形影响

除了考虑管幕施工引起的土体变形和地层应力，选择顶进方案时，还需兼顾对顶管应力和变形的影响，防止其发生屈服或因较大变形而导致整个管幕结构失效。不同管幕顶进方案下顶管变形如图 5-85~图 5-88 所示。为了便于显示，将变形比例扩大了 10 倍。由图 5-85~图 5-88 可知，管幕施工完成后，不同顶进顺序顶管最大变形基本相同，仅数值上存在很小的差别，管幕底部顶管变形较大，而上部相对较小。方案 C1 顶管最大变形为 41.08mm，方案 C2 顶管最大变形为 42.65mm，方案 C3 顶管最大变形为 42.58mm，方案 C4 顶管最大变形为 42.68mm。可见，管幕顶管最大变形对施工顺序影响并不敏感。

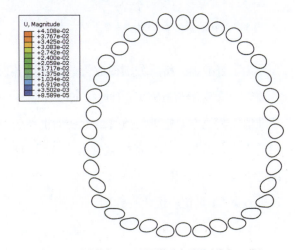

图 5-85　顶进方案 C1 地层顶管总变形图（放大 10 倍）

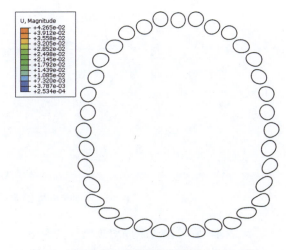

图 5-86　顶进方案 C2 地层顶管总变形图（放大 10 倍）

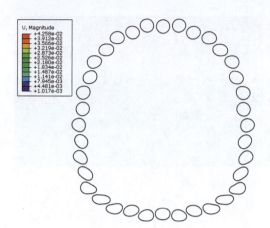 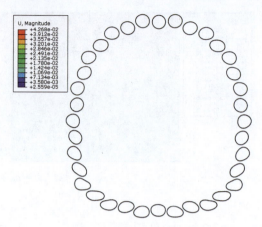

图 5-87　顶进方案 C3 地层顶管总变形图（放大 10 倍）　　图 5-88　顶进方案 C4 地层顶管总变形图（放大 10 倍）

为了更准确分析，分别提取管幕完工后各顶管最大变形，绘制不同顶进方案条件下各顶管最大变形与方案 C1 对比，曲线如图 5-89 所示。由图 5-89 可知，相对于方案 C1 基准值，其他方案施工后顶管最大变形也在其上下波动，且变形增大和减小的顶管数量相差不大，但是其他方案中顶管最大变形增长基本都在 15%~23%，而变形减小除局部顶管外均在 10% 以下。可见，整体上分析顶管变形增大效果更显著，因此，同样得出顶进方案 C1 是比较优化合理的。

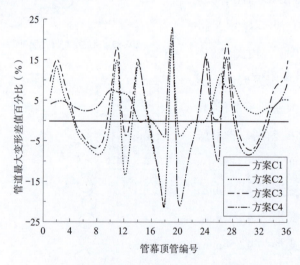

图 5-89　不同管幕顶进方案顶管最大变形差值曲线

5.3.2.4　管幕顶进顺序对顶管应力影响

不同管幕顶进方案下顶管 Mises 应力如图 5-90~图 5-93 所示。由图 5-90~图 5-93

可知，管幕施工完成后，不同顶进顺序顶管最大 Mises 应力数值基本相同，管幕底部顶管应力较大，而上部相对较小。方案 C1 顶管最大 Mises 应力为 11.28MPa，方案 C2 顶管最大 Mises 应力为 11.38MPa，方案 C3 顶管最大 Mises 应力为 11.32MPa，方案 C4 顶管最大 Mises 应力为 11.39MPa。可见，与顶管最大变形一致，管幕顶管最大 Mises 应力受施工顺序影响也不敏感。

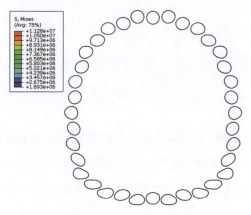

图 5-90　顶进方案 C1 地层顶管 Mises 应力图

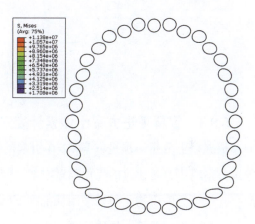

图 5-91　顶进方案 C2 地层顶管 Mises 应力图

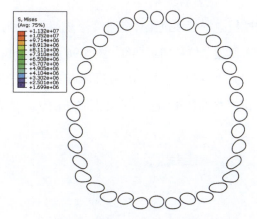

图 5-92　顶进方案 C3 地层顶管 Mises 应力图

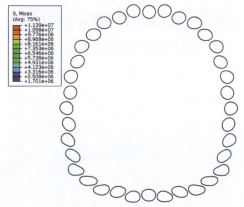

图 5-93　顶进方案 C4 地层顶管 Mises 应力图

以方案 C1 施工完成后各顶管最大应力结果为基准值，然后，将其他顶进方案顶管最大应力与之对比，结果如图 5-94 所示。由图 5-94 可知，相对于方案 C1，其他方案顶管最大应力在基准值上下波动，但整体上应力增大的顶管数远大于应力降低的顶管，且其他方案相对方案 C1 最大应力增长基本都在 8%~10%，而应力降低均在 6% 以内，可见方案 C1 在减小管幕顶管最大应力方面同样具有优势。

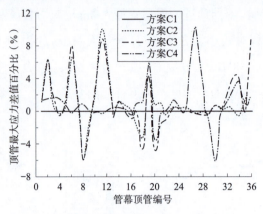

图 5-94 不同管幕顶进方案顶管最大应力差值曲线

5.3.3 管幕顶进方案土体累计变形分析

根据以上分析，顶进方案 C1 在引起的土体变形、顶管应力和顶管变形相对于其他施工方案略小，是建议的优化顶进方案。同时，考虑现场管幕顶部地层为人工填土，可能存在孤石等障碍物，如果采用从上到下的顶进顺序，一旦顶进受阻或失败，可能影响下部将要顶进的顶管，导致管幕结构与设计发生较大差异，甚至失败。因此，无论是理论分析，还是考虑现场实际施工条件，方案 C1 均为较优方案。

为了研究优化的管幕顶进方案 C1 施工过程中群管顶进土体累计变形规律，分别提取不同顶进阶段地表竖向位移曲线（图 5-95）和竖向位移增量曲线（图 5-96）进行分析。由图 5-95 可知，在管幕初始顶进阶段（5 号 -29 号 -9 号 -28 号 -10 号顶管施工），由于顶进顶管数量少，地表竖向变形较小，由单峰沉降槽曲线逐渐变为双峰沉降槽曲线。地表

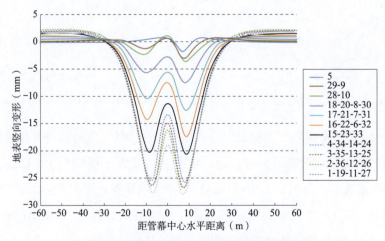

图 5-95 管幕不同顶进阶段地表竖向累计变形曲线

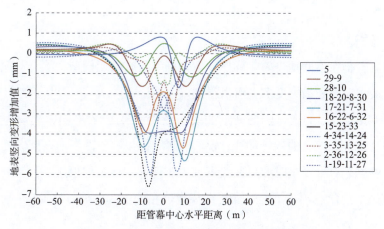

图 5-96　管幕不同顶进阶段地表竖向位移增量曲线

变形迅速发展的阶段主要集中在顶管数量较多的全面顶进施工阶段，沉降曲线由不对称的双峰型逐渐增大，在 15 号 -23 号 -33 号顶管施工完成后变为对称双峰沉降曲线，沉降槽的不对称是由于 5 号顶管先施工。在最后顶进阶段，沉降槽曲线仍为双峰型，沉降值增加不明显，这是由于在大部分顶管施工完成后，对地层起到了加固支护作用，减小了后续顶管施工引起的土体变形。

由图 5-96 所示的不同顶进阶段地表竖向位移增量曲线同样可知，在管幕初始顶进阶段，每一顶管施工完成后地表竖向位移最大增量均小于 3mm；而在全面顶进阶段，特别是 18 号 -20 号 -8 号 -30 号、17 号 -21 号 -7 号 -31 号、16 号 -22 号 -6 号 -32 号、15 号 -23 号 -33 号和 4 号 -34 号 -14 号 -24 号这些顶管施工完成后（图 5-97），地表最大竖向变形增量较大，普遍都在 4~7mm 之间，是群管顶进土体变形增大的主要发展阶段；但是在全面顶进后期，特别是在 3 号 -35 号 -13 号 -25 号 /2 号 -36 号 -12 号 -26 号顶管施工时，地表竖向位移最大增量均小于 3mm，这也是由于已完成顶管的支护作用；在最后顶进阶段，地表竖向位移最大增量变化为

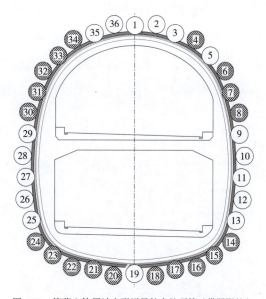

图 5-97　管幕土体累计变形增量较大的顶管（带阴影的）

相同规律,都小于 3mm。

5.3.4 结论

通过建立管幕在不同顶进施工顺序方案条件下的有限元模型,综合对比地层变形和应力、顶管最大应力和最大变形,可以得到以下结论:

(1)管幕顶进引起的土体竖向变形曲线与经验 Peck 公式不同,表现为中心相对较小,而两侧一定范围较大的双峰曲线;管幕两侧对称顶进条件下地表竖向变形曲线也呈对称分布,两侧非对称顶进时变形曲线表现为非对称,且对称顶进时引起的地表变形相对较小。虽然不同顶进顺序下地表变形曲线数值相差不大,但方案 C1 在减小地表变形方面仍有一定优势。

(2)不同顶进顺序下管幕施工地层应力变化规律基本相同,数值相差不大,应力变化主要集中在管幕外侧较小的范围内,且该范围内应力表现为增加的规律,在距离管幕 1/2 宽度以外的范围内,水平应力和竖向应力基本保持水平分布。管幕内部的土体应力也会产生影响,竖向应力影响程度大于水平应力。管幕内部地层应力小于同一水平位置管幕外侧地层应力,这与管幕起到的支护效果相一致。

(3)与方案 C1 管幕各顶管最大应力和最大变形基准值相比,其他顶进方案虽然部分顶管应力和变形均有减小,但是剩余顶管的应力和变形增加值更显著,同样说明方案 C1 是较为合理的顶进方案。

(4)管幕初始顶进阶段由于顶进顶管数量少,地表竖向变形和增量较小,由单峰沉降槽曲线逐渐变为双峰沉降槽曲线。地表变形迅速发展的阶段主要集中在顶管数量较多的全面顶进施工阶段,沉降曲线由不对称的双峰型变为对称双峰沉降曲线。在全面顶进阶段后期和最后顶进阶段,由于已施工顶管的支护作用,沉降值增加不明显。

第 6 章
CHAPTER 6
原位试验管土体扰动监测分析

6.1 原位试验管综合试验监测方案

6.1.1 综合试验的目的

为合理确定曲线管幕施工方案、施工参数，减少位移扰动，有效控制工程技术风险，在施工现场开展了原位试验管综合试验，在试验管沿线开展土体变形监测（包括地表沉降、深层土体沉降、深层土体水平位移、孔隙水压力等）。监测的目的：一是通过分析周围土体扰动的监测数据来指导曲线顶管施工（动态修改与完善施工方案）；二是使周围土体受到的扰动最小，有效地控制地表变形，减少对周围环境的影响。

6.1.2 监测原则

施工监测是一项系统工程，是信息化施工、技术管理的重要组成部分，归纳起来有以下 5 条原则：

（1）可靠性原则

可靠性原则是监测系统设计中最重要的原则。为了确保其可靠性，必须做到：①系统要配置充足人员并采用可靠的仪器设备；②监测点、基准点设置应合理，在监测期间保护好测点；③采集的数据要及时检查、分析，剔除异常数据，确保数据无误。

（2）多层次监测原则

多层次监测原则有 3 点：①在监测对象上，必测项目与选测项目相结合。②在监测方法上，以外表动态监测与结构内部应力监测相结合，并辅以巡检的方法，以便相互验证。③重点部位与一般部位相结合，监测点布设既有重点，又有均匀分布；分别在地表及邻近建筑物与地下管线上方布点，以形成具有一定测点覆盖率的监测网。

（3）重点监测关键区的原则

监测测点布置应合理，注意时空关系，控制关键部位。不同地质和水文条件下，周围建筑物及地下管线段稳定的标准是不同的。稳定性差的地段应重点进行监测，以保证建筑物及地下管线的安全。

（4）方便实用原则

为减少监测与施工之间的干扰，监测系统的安装和监测应尽量做到方便实用。

（5）经济合理原则

系统设计时考虑实用的仪器、实用的方法、合理的精度要求，以降低监测费用。

6.1.3 主要监测项目

依托现场原位试验管顶进试验，对土体扰动效应进行监测，监测的主要内容为地面沉降、土体分层沉降、深层土体侧向位移、土压力与孔隙水压。通过对试验管顶进过程中地面沉降的监测、沿线土体分层沉降和深层土体侧向位移的监测，孔隙水压力的监测，绘制施工过程中各测点数据变化图，总结曲线顶管施工过程中地面沉降、土体分层沉降、分层水平位移、孔隙水压力的变化规律，对土体沉降、土体变形及孔隙水压力变化的时效特性、施工参数影响进行分析，从而合理优化施工参数，为优化曲线管幕施工方案提供依据。

6.1.4 监测仪器与监测频率

根据不同的监测内容，采用的监测仪器及各项监控项目的监测频率见表 6-1。

监测仪器选用及监测频率表　　　　表 6-1

监测项目	监测仪器与传感器元件	传感器数量	监测频率	备注
地面沉降	水准仪、全自动全站仪	3	1~2 次/d	顶管过断面时进行实时监测
土体分层沉降	CFC-40 型分层沉降仪、分层沉降环	30	1~2 次/d	顶管距离监测断面较远（大于10m）时，1次/d；距离监测断面较近（小于10m）时，2次/d
深层土体侧向位移	CX-3C 测斜仪 φ70mm 测斜管	5	1~2 次/d	
土压力	频率仪、振弦式土压力计	5	1~2 次/d	
孔隙水压	频率仪、振弦式孔隙水压力计	5	1~2 次/d	

6.1.5 监测断面及测点布置

监测点的布置应符合《岩土工程勘察规范》(GB 50021—2001)、《岩土工程试验监测手册》、《工程测量规范》(GB 50026—2007)的规定及以下技术要求：

(1) 符合顶管设计方案对监测工作的要求；

(2) 能与道路、管线监测工作相协调配合；

(3) 对于测点布置范围，原则上选为顶管顶进施工的影响区域，并主要着眼于监测顶管管道和周围土体的稳定性；

(4) 兼顾考虑监测对象的特定情况，如顶管穿越建筑物、河流、公路、铁路及桥梁等。

6.1.5.1 监测范围的确定

(1) 依据剪切扰动确定监测范围

顶管施工将导致周围土体原始应力状态发生改变，使周围土体出现卸荷和加载等复杂力学行为，土体的极限平衡状态受到破坏，从而对土体产生扰动。为合理布置监测点，在确定监测点的布设之前必须确定监测范围及重点监测区域。顶管施工引起的土体扰动区分为横向扰动区和纵向扰动区。

①横向扰动区的确定。

根据现场试验管的设计，现场试验管为水平平行顶管顶进试验，平行顶管横向扰动区范围 L_1 的计算公式为

$$L_1 = 2h + 2R + B \tag{6-1}$$

扰动重叠区范围 L' 的计算公式为

$$L' = 2h + 2R - B \tag{6-2}$$

式中：h——顶管轴线埋深 (m)；

R——顶管外半径 (m)；

B——两顶管轴线的水平距离 (m)。

②纵向扰动区的确定。

随着顶管机的推进，顶管机前方土体受到扰动，距顶管机前方一定距离的地面会产生隆起或沉降，具有超前性。顶管机开挖面前方的扰动区范围是从顶管机顶部开始，水平倾角约为 $45°-\varphi/2$，与被动土压力角一致。纵向扰动区边缘离顶管机的水平距离 L_2 为

$$L_2 = (h+R)\tan\left(45°+\frac{\varphi}{2}\right) \tag{6-3}$$

依据设计，取 h=5m，R=0.81m，B=1.97m，φ=10°，代入式（6-3）、式（6-2），可求出各扰动区的范围，分别为

$$L_1 = 2h+2R+B = 2\times5+2\times0.81+1.97 = 13.59(\text{m})$$

$$L' = 2h+2R-B = 2\times5+2\times0.81-1.97 = 9.65(\text{m})$$

$$L_2 = (h+R)\tan\left(45°+\frac{\varphi}{2}\right) = (5+0.81)\tan\left(45°+\frac{10°}{2}\right) = 6.9241(\text{m})$$

（2）依据 Peck 公式确定横向监测范围

目前 Peck 公式已广泛地应用于国内外顶管施工引起土体变形的预测研究中。Peck 通过对大量地面沉降数据及工程资料的分析，提出了横向地面沉降的估算公式，详见第 2 章式（2-3）、式（2-4）、式（2-5）。

目前对于式（2-4）中的隧道单位长度土体损失量 V_{loss} 的计算方法主要有两种：

①经验方法，根据以往的施工经验选择一个合适的挖掘面百分率来估算土体损失的大小，对于黏土，通常是挖掘面的 0.5%~2.5%，令 η 为土体损失百分率，则 V_{loss} 按式（2-18）计算，即

$$V_{\text{loss}} = \pi R^2 \eta$$

②采用 Lee 等提出的等效土体损失参数 g 进行计算，土体损失量计算公式按式（2-19）计算，即

$$V_{\text{loss}} = \pi R^2 - \pi\left(R-\frac{g}{2}\right)^2$$

式中：各变量意义同式（2-19）。

依据设计，取 h=5m，R=0.81m，n=1.0，η=2.5%，分别代入式（2-5）、式（2-18）、式（2-3）可求得：

$$i = R\left(\frac{h}{2R}\right)^n = 0.81\left(\frac{5}{2\times0.81}\right)^1 = 2.5(\text{m})$$

$$V_{\text{loss}} = \pi R^2 \eta = 3.14\times0.81^2\times2.5\% = 0.0515$$

$$S_{\max} = \frac{V_{\text{loss}}}{i\sqrt{2\pi}} = \frac{0.0515}{2.5\sqrt{2\pi}} = 0.0082 \text{ (m)}$$

在 Matlab 软件中编制相应的程序，并忽略所有小于 0.1mm 的数据，得出地面沉降槽的曲线分布如图 6-1 所示。可以得知，根据 Peck 公式计算的结果为 14.9m。计算的结果略大于依据剪切扰动区确定的监测范围。

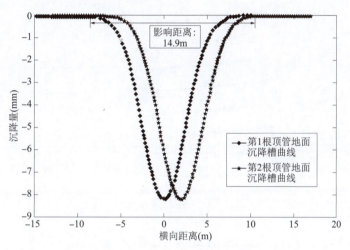

图 6-1　Peck 公式计算的沉降槽曲线图

综合上述分析，在横向扰动区的监测层面上，其监测范围大小可以取为 max{13.59，14.9}=14.9m。考虑到理论及数值模拟的计算结果的准确性，可适当增大监测区域的范围。因此，在监测的横断面取为离轴线距离 10m 处，即监测范围取为 20m。

6.1.5.2　监测断面及测点布置

拱北隧道 0 号试验管的顶进方向为从东向西顶进，由缓和曲线向圆曲线顶进。在试验管顶进之前，根据监测布设原则，施工单位在东西工作井之间布设了 24 个监测断面，每个断面间距为 10m，其中，有 22 个监测断面位于拱北口岸内，地表变形监测点分布如图 6-2 所示。每个地表沉降监测断面上共有 15~19 个地表沉降监测点，各监测点的横向距离在 2~8m 之间。由于试验管阶段仅顶进 2 根试验管，考虑到顶管的影响范围和监测工作量，在 24 个监测断面中拟选取 6 个断面（图 6-2 中编号为 CJ04、CJ07、CJ10、CJ16、CJ19、CJ22）进行传感器布设，为便于叙述，按 1~6 号断面进行重新编号（表 6-2）。在每个监测断面上，布设 1 个土压力计（其中编号为 CJ04、CJ07 的 2 个断面还布设了孔隙水压力计），2 个分层沉降管和 2 个测斜管。监测仪器的布设如图 6-3 所示。布设 CJ22 号断

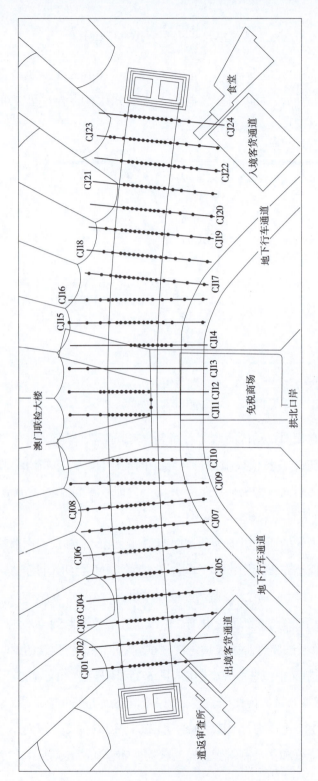

图 6-2 监测断面分布图

面钻孔时,遇到地下排水管线,故放弃了该断面的布设。表6-2给出了各监测断面距离东工作井的距离及地层情况。

各监测断面的地层情况表　　　　　　　　　　　表6-2

断 面 编 号	距离东工作井的距离（m）	断面所在处的地层情况
CJ04（1号断面）	42.2	人工填土层
CJ07（2号断面）	72.2	砂层
CJ10（3号断面）	102.2	砂层
CJ16（4号断面）	162.2	淤泥质层
CJ19（5号断面）	192.2	淤泥质层为主

根据图6-3,对各个监测断面下监测元件的编号说明如下：每个断面设置2个测斜管,分别记为X_1与X_2,每个测斜管有沿顶进方向（D）和垂直顶进方向（C）2个方向；分层沉降管设置2个,分别记为F_1与F_2,每个沉降管里的沉降环从地表至下分别编号为01~06。

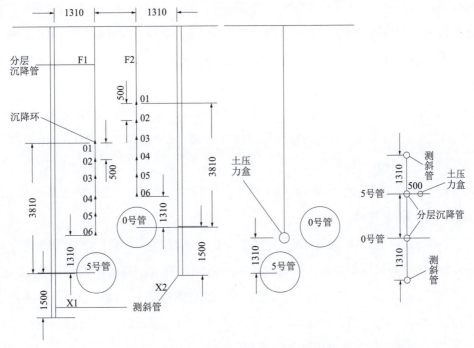

图6-3　各监测断面上监测元件分布图（尺寸单位：mm）

6.1.5.3 监测频率与说明

（1）监测频率

测试设备安装好后，在顶管到达前，对各监测项目测 2 次以上获取初始数据，并确认各设备的运行性能处于良好状态。在顶管顶进到离监测断面 20m 时，开始对各点进行测试。如果周边土体和顶管结构受力及变形变化不大，可以减少或停止测试；如果变化较大，应继续监测，直到收敛为止。在紧邻顶管施工时，按以上要求同时进行已施工完成顶管的监测，各监测项目的监测频率见表 6-3 所示。

各监测项目测试频率　　　　　　　　　　　　　表 6-3

测 试 项 目	监测频率及要求
土体分层沉降	当工作面距监测断面前后小于 10m 时，每日监测 2~3 次
孔隙水压力和土压力	当工作面距监测断面前后小于 10m 时，每日监测 2~3 次
土体水平位移	当工作面距监测断面前后小于 10m 时，每日监测 2~3 次

（2）断面测量孔的编号说明

编号采用 4 位，字母与数字结合的方式。

测斜管：□□□□→第 1 个编号为断面编号；第 2 个编号为测量孔用途编号：X 代表测斜管；第 3 个编号为测斜管编号（1 位数字）；第 4 个编号为测斜管中所测水平位移方向：分别以字母 D 和 C 代表顶进方向和垂直顶进方向。如 1X1D 代表第 1 个断面顶进方向的 1 号测斜管。

分层沉降管：□□□□→第 1 个编号为断面编号；第 2 个编号为测量孔用途编号：F 代表分层沉降管；第 3、4 个编号为分层沉降管编号（2 位数字）。如：1F01 编号代表第 1 个断面的 01 号分层沉降管。

6.1.6 传感器埋设

6.1.6.1 测斜管埋设

施工现场布设的测斜管为 JTM-G7600A 型 PVC 高精度测斜管。该型号测斜管多用于与各种商业测斜仪探头结合，可监测堤坝、边坡、基坑、基础、围堰、桩等的稳定性。测斜管与测斜管接头采用凹凸槽连接，并用自攻螺栓固定。测斜管内有供测斜仪探头定向的 90° 间隔的导槽，以保证重量轻、坚固、耐环境腐蚀以及测斜管导槽无旋钮。图 6-4 为施工现场工作人员进行测斜管的安装。

图 6-4 施工现场布设测斜管

JTM-G7600A 型 PVC 高精度测斜管的技术指标如表 6-4 所示。现场使用的测斜管规格为 ϕ70 型 PVC 高精度测斜管。埋设测斜管钻孔选用钻头的直径为 ϕ108mm。为了使测斜管顺利地安装到位，钻孔时的深度比安装深度略深 0.5m。

JTM-G7600A 型 PVC 高精度测斜管技术指标　　　　表 6-4

规格	ϕ53mm	ϕ65mm	ϕ70mm
外径	ϕ53mm	ϕ65mm	ϕ70mm
内径	ϕ43mm	ϕ54mm	ϕ60mm
导槽宽	5mm	4.5mm	5mm
	4mm	2.5mm	4mm
导槽深	2mm	2.5mm	2mm
管长	2m 或 4m		
壁厚偏差	≤ 14%		
导槽扭角	≤ 0.2%		

6.1.6.2 分层沉降管与沉降环埋设

土体分层沉降的监测是通过埋设分层沉降环，监测沉降环的位置来反应土体的分层沉降。为固定沉降环，确保沉降环只能在铅垂方向上移动，需配合沉降管使用。施工现场布设的沉降管为 JTM-G8600A 型 PVC 高精度沉降管。沉降管为 ϕ53mm 的 PVC 管。沉降管的埋设方法类似测斜管（不需要调正方向），在此不再赘述。图 6-5 为施工现场使用的沉降管和沉降环的实物图。

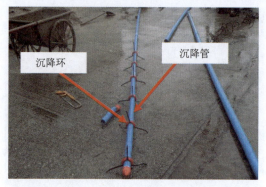

图 6-5 分层沉降管与沉降环实物图

安装分层沉降环时，钻 ϕ90mm 的孔，将沉降管按设计深度埋入孔中，用内径大于沉降管的塑料管将沉降环分别压入孔内待测各点深度位置，回填中砂加水密实（图 6-6）。

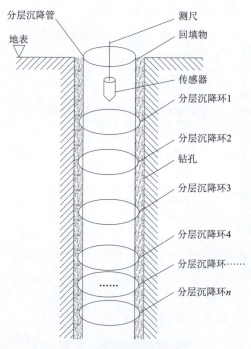

图 6-6 分层沉降环埋设示意图

6.1.6.3 土压力计与孔隙水压力计埋设

土压力的监测是通过埋设土压力计，监测顶进过程中作用在土压力计上的压力来反应土体的应力情况。现场试验管综合试验埋设的土压力计为 JTM-V2000（B）型土压力计，该型号土压力计的引出电缆经过二次密封，防水能力很强。广泛适用于长期测量土石坝、防波堤、护岸、管道基础、隧道等建筑基础所受土体的压应力，是了解土体对土中构筑物压应力变化量的有效监测设备。

JTM-V2000（B）型土压力计光面为受压面，用于监测土体对支护体界面土压力时，应注意土压力计的受压面需面对拟测量土体，并设法让受力面与土体充分接触。现场试验管综合试验进行土压力计的安装时，为固定住土压力计，配合使用角钢进行固定。图 6-7 为施工现场工作人员进行土压力计和孔隙水压力计的固定。

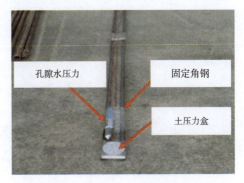

图 6-7　土压力计与孔隙水压力计埋设

土压力计埋设于土压力变化的部位，即压力曲线变化处，用于监测界面土压力。土压力计水平埋设间距原则上为盒体间距的 3 倍以上，土压力计为 0.6m 以上，垂直间距与水平间距相同，土压力计的受压面需面对拟测量的土体；埋设时，承受土压力计的土面须严格整平，回填的土料应与周围土料相同（去除石料），小心用人工分层夯实。土压力计及其电缆上压实的填土超过 1m 时，方可用重型碾压机施工。

6.2　监测结果与分析

6.2.1　地表沉降监测结果与分析

6.2.1.1　曲线单顶管地表沉降结果与分析

（1）地表变形监测结果

地表沉降是顶管顶进过程中的重要监测数据之一，反映了顶管施工对地表的影响。地表沉降监测配合顶管施工进行，实时监测顶进过程中产生的变形。

考虑到地表沉降监测点的数据较多（24 个监测断面，每个监测断面上大约 15 个测点，加之监测时间长，监测频率高）及监测数据的有效性，本书选取 CJ1 断面，监测时间段为 0 号管顶进开始到 5 号管顶进结束，监测结果如图 6-8 所示。选取编号为 CJ4 的地表沉降监测断面，该断面位于人工填土层，监测结果如图 6-9 所示；选取编号为 CJ10 的地表沉降监测断面，该断面位于砂层，监测结果如图 6-10 所示；选取编号为 CJ16 的地表沉降监测断面，该断面位于淤泥质土层，监测结果如图 6-11 所示。

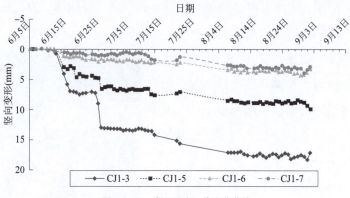

图 6-8　CJ1 断面地表沉降变化曲线

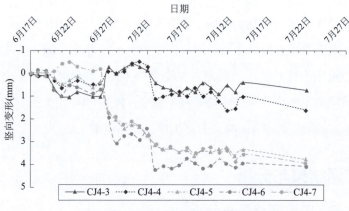

图 6-9　人工填土层 CJ4 断面地表沉降变化曲线

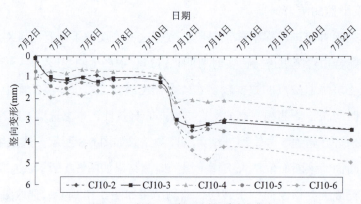

图 6-10　砂层 CJ10 断面地表沉降变化曲线

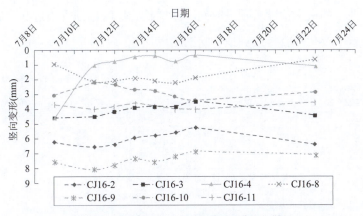

图 6-11　淤泥质土层 CJ16 断面地表沉降变化曲线

由图 6-8 可知：①断面上各监测点地表沉降变化规律比较一致。②随时间增加，地表沉降逐渐增大，同时，地表沉降反应有延时现象。③顶管经过监测断面前，地表沉降量较小且少部分位置有少量隆起；过断面后会激增，过断面 6d 后沉降量趋于稳定，直到顶管完成；在顶进完成后，由于土体次固结沉降，会产生一定的沉降量后趋于稳定。

由图 6-9 可知：①断面上各监测点地表变形变化规律不完全一致；②在顶管经过监测断面前，地表无明显沉降；在过断面时，有明显隆起，然后再发生较大沉降；过断面 16d 后地面沉降趋于稳定直至顶进结束。

由图 6-10 可知：①断面上各监测点地表变形变化规律比较一致；②经过监测断面后发生沉降，然后趋于稳定；在过断面 16d 后再次发生较大沉降；之后再有小幅隆起（原因：发生较大沉降后，采取注浆），到顶进完成之前有小幅沉降。

（2）地表沉降槽分析

顶管施工过程中最能反映顶管对土体扰动的曲线为沉降槽曲线，它表示顶管顶进过程中地表变形的形态。根据地表沉降数据，选取 2 个横断面分析顶管施工的沉降槽。图 6-12、图 6-13 分别为 CJ4 断面和 CJ10 断面的沉降槽曲线，由图 6-12、图 6-13 可知：

①当顶管机头还未过断面时，断面上各点的沉降值几乎不变；当顶管机头过断面时，断面上顶管附近的监测点发生轻微隆起现象，且隆起值与所处的地层条件有关；当顶管机头经过断面后，断面上各点发生沉降，顶管轴线正上方附近测点的地表沉降值较大，此时断面出现沉降槽。

②沉降槽曲线的最大值随着顶进时间不断增长，反映出顶管通过断面后，土体沉降会继续发展，这个变化一直持续到顶管施工结束。

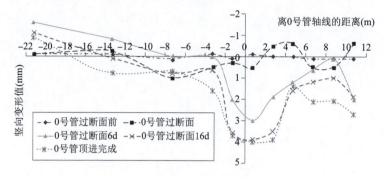

图 6-12　CJ4 断面沉降槽曲线

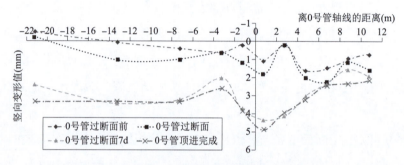

图 6-13　CJ10 断面沉降槽曲线

6.2.1.2　小间距斜角平行双顶管引起地表沉降累积效应分析

小间距顶管管幕施工过程中，土体会受到相邻顶管先后顶进时的双重扰动产生累计效应。受监测数据和实际施工进度的限制，本书以 CJ1 所在断面的地表沉降监测结果，分析 0 号管和 5 号管顶进过程中产生的土体变形累计效应。地表变形累计曲线如图 6-14 所示。

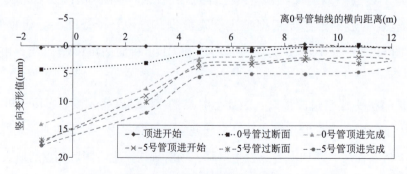

图 6-14　CJ1 断面地表累积变形曲线

由图 6-14 可得到以下结论：

①单管顶进时，土体以沉降为主，规律类似于上节所得到的规律；

②小间距平行顶管施工时，土体位移由于受到 2 根顶管的作用，土体变形会产生累计效应。从本次监测的结果来看，土体位移累计值在 4mm 左右，累计效应不是很明显。

6.2.1.3 小结

通过以上监测结果分析，可以得出如下结论。

（1）地表变形

总结 3 个不同断面的地表变形随时间的变化规律，排除因地层不同、距顶管轴线距离不同等因素引起的细小差异之外，可以得出相似规律有：

①在顶管过断面前，地表沉降无明显变化；

②在靠近断面将要过断面时，地表有隆起，隆起量大小与地层以及距顶管轴线距离有关；

③过断面后因地层损失，地表有较大沉降，但沉降发生时间与地层有关，如人工填土夹砂地层有延迟，人工填土夹淤泥地层在顶管过断面后会很快产生沉降；

④在顶管顶进完成后一定的周期内，由于土体发生次固结，地表会产生小量的沉降，即时间效应引起地表沉降。

（2）地表沉降槽

①在顶管过断面前或过断面时，各断面因其地层或者埋深不同导致地面沉降变化规律不一致，有隆起也有沉降。

②所有地面沉降数据反映出统一的规律：在顶管过断面后，各断面都开始在顶管轴线附近慢慢形成沉降槽曲线。

③随着时间推移，沉降槽曲线趋于稳定。沉降值逐渐增大，沉降槽曲线最低点越来越低。由此，顶管施工必定会引起地面沉降且最后会有规律地形成沉降槽曲线，说明沉降槽曲线的形成与顶管施工有关，与地层及埋深无关。

④沉降槽曲线的最低点均在顶管轴线左侧，即曲线顶管的外侧。

（3）小间距斜角平行双顶管引起地表累积沉降

小间距平行顶管施工时，土体位移由于受到 2 根顶管的作用，土体变形会产生累计效应。从本次监测的结果来看，土体位移累计值在 4mm 左右，累计效应不是很明显。

6.2.2 土体分层沉降监测结果与分析

分层沉降是顶管施工环境效应的重要数据之一，反映不同高程土层在施工过程中的位移变化情况。0号试验管沿线共布置10个分层沉降孔，在东、西工作井之间共布置5个横向监测断面，用来测定土体内部的沉降量、沉降速度以及有效压缩层的厚度，观测顶管进出洞时的工作状态。

对分层沉降的结果进行分析时，取某个孔的第1次测量结果作为分层沉降环的初始位置，绘出后续测量的深度与沉降环初始深度的差值与时间的关系曲线图，用来反映土体内部在竖直方向上的沉降随时间的变化情况。具体处理时，可以取沉降环的第1声响时的读数或第2声响时的读数，这里取沉降环第1声响的读数，依不同地质条件给出分层沉降的监测结果。

6.2.2.1 人工填土层分层沉降

以0号试验管正上方的分层沉降孔为例，人工填土层分层沉降的具体结果见图6-15。

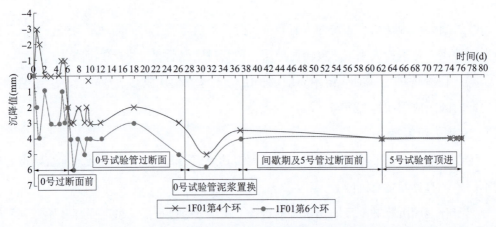

图6-15　人工填土层0号试验管正上方分层沉降随时间变化曲线图

由图6-15可知，人工填土层中0号试验管中心线正上方的沉降具体表现为：

（1）0号试验管顶进过程中，在顶管机头未经过该监测断面并且距离较远时，该分层沉降孔上各分层沉降环的空间位置几乎不变；当顶管机头经过该断面时，第4个分层沉降环产生隆起现象，最大隆起值为3mm，第6个分层沉降环发生沉降现象，累计沉降值达到4mm；当顶管机头经过该断面后，该断面上的分层沉降环均发生沉降，最大累积沉降值达到6mm；0号试验管泥浆置换过程中，该断面上分层沉降环发生隆起现象，但隆起值不大，仅为1mm，反映出注浆参数控制得比较好。

(2) 5号试验管顶进过程中,该分层沉降孔的分层沉降环的空间位置几乎不变。反映出5号试验管的顶进对0号试验管正上方的分层沉降的影响较小,土体的影响区域较小。

6.2.2.2 砂层的分层沉降

以0号试验管正上方的分层沉降孔为例,砂层分层沉降的具体结果见图6-16。

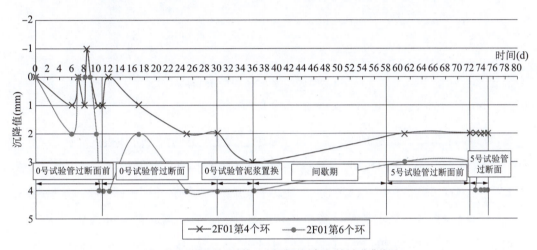

图6-16 砂层0号试验管正上方分层沉降随时间变化曲线图

由图6-16可知,砂层中0号试验管中心线正上方的沉降具体表现为:

(1) 0号试验管顶进和泥浆置换过程中,该分层沉降孔中的分层沉降环的变化较大,具体表现为:在顶管机头未经过该监测断面并且距离较远时,该分层沉降孔上各分层沉降环的空间位置几乎不变;当顶管机头经过该断面时,该断面上的第4个分层沉降环产生隆起现象,隆起值较小,为1mm,第6个分层沉降环产生的空间位置几乎不变;当顶管机头经过该断面后,分层沉降环均发生沉降,靠近0号试验管正上方的分层沉降环(即第6个分层沉降环)的空间位置变化较大,沉降值达到4mm;0号试验管泥浆置换过程中,该断面上分层沉降环的空间位置几乎不变,反映出注浆参数控制得比较好。

(2) 5号试验管顶进过程中,该分层沉降孔分层沉降环的空间位置几乎不变,反映出5号试验管的顶进对0号试验管正上方分层沉降的影响较小,土体的影响区域较小。

6.2.2.3 淤泥质层的分层沉降

以5号试验管正上方的分层沉降孔为例,淤泥质层分层沉降的具体结果见图6-17。

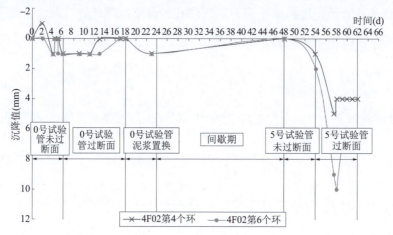

图 6-17 淤泥质层 4F02 分层沉降随时间变化曲线图

由图 6-17 可知，淤泥质层中 5 号试验管中心线正上方的沉降具体表现为：

（1）0 号试验管顶进过程中，该分层沉降孔中分层沉降环的空间位置几乎不变，反映出 0 号试验管的顶进对 5 号试验管正上方的分层沉降的影响较小，土体的影响区域较小。

（2）5 号试验管顶进过程中，该分层沉降孔中的分层沉降环的空间位置变化较大：在顶管机头未经过该监测断面并且距离较远时，该分层沉降孔上各分层沉降环的空间位置几乎不变；当顶管机头经过该断面时，该断面上的分层沉降环未产生隆起现象；当顶管机头经过该断面后，分层沉降环均发生沉降，且分层沉降变化值较人工填土层和砂层要大，最大值达到 10mm，反映出淤泥质层易于流动的特性。

6.2.2.4 小结

（1）0 号试验管正上方的分层沉降环

当 0 号试验管顶进时：在顶管机头未经过该监测断面并且距离较远时，该分层沉降孔上各分层沉降环的空间位置几乎不变；当顶管机头经过该断面时，部分分层沉降环产生隆起现象；当顶管机头经过该断面后，分层沉降环均发生沉降；0 号试验管泥浆置换过程中，分层沉降环的空间位置几乎不变，反映出泥浆置换时，注浆压力及注浆工艺控制得比较好。

当 5 号试验管顶进时，该分层沉降孔的分层沉降环的空间位置几乎不变，反映出 5 号试验管顶进时对土体的影响区域较小。

（2）5 号试验管正上方的分层沉降环

当 0 号试验管顶进时，该分层沉降孔的分层沉降环的空间位置几乎不变，反映出 0

号试验管顶进时对土体的影响区域较小。

当 5 号试验管顶进时：在顶管机头未经过该监测断面并且距离较远时，该分层沉降孔上各分层沉降环的空间位置几乎不变；当顶管机头经过该断面时，部分分层沉降环产生隆起现象；当顶管机头经过该断面后，分层沉降环均发生沉降；0 号试验管泥浆置换过程中，分层沉降环发生隆起现象。

（3）分层沉降结果

各地层条件下，分层沉降的变化值为淤泥质层 > 人工填土层 > 砂层。

6.2.3 深层土体侧向位移监测结果与分析

土体水平位移用测斜管和测斜仪测量，现场试验管综合试验共布设了 5 个监测断面，每个监测断面上安装了 2 根测斜管，分别位于 0 号试验管和 5 号试验管的两侧。每个测斜管分别监测 2 个相互垂直方向上的水平位移：沿顶进方向和垂直于顶进方向。测斜管测量时，沿顶进方向以向东为正，沿垂直顶进方向上以向南为正。地质资料显示，测斜管所在的地层分为人工填土层、砂层和淤泥质层，现以测斜管所在的地层进行分类，分析在不同的地质条件下，土体的水平位移。

6.2.3.1 人工填土层深层水平位移监测结果

人工填土层水平位移的监测结果见图 6-18~图 6-21。

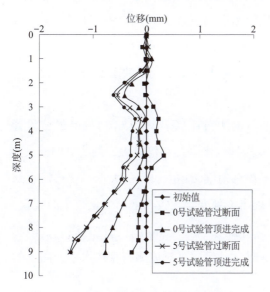

图 6-18 人工填土层靠近 0 号试验管沿顶进方向上水平位移变化曲线

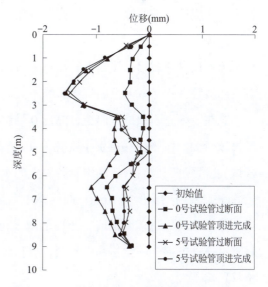

图 6-19 人工填土层靠近 0 号试验管垂直于顶进方向上水平位移变化曲线

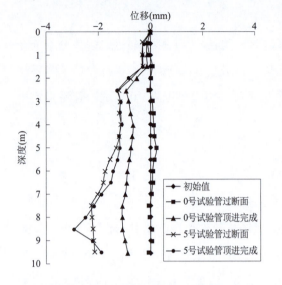 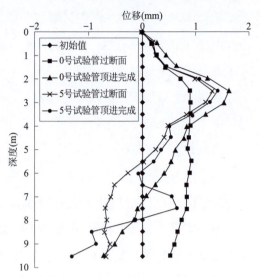

图 6-20　人工填土层靠近 5 号试验管沿顶进方向上水平位移变化曲线　　图 6-21　人工填土层靠近 5 号试验管垂直于顶进方向上水平位移变化曲线

由图 6-18~ 图 6-21 可知，人工填土层的水平位移结果简述如下：

（1）靠近 0 号试验管的测斜管的水平位移结果

①在沿顶进方向上，靠近 0 号试验管的测斜管（编号为 1X1D）在 0 号试验管经过该断面后水平位移值发生变化，在顶管埋深处的水平位移值较大，约为 0.32mm；0 号试验管顶进完成后，该曲线发生"回弹"现象，反映出撤销顶力后，土体沿顶进方向上位移减小的现象。当 5 号试验管经过该断面时，土体沿顶进方向上的水平位移略微增大；5 号试验管顶进完成后，该测斜管沿顶进方向上的位移几乎不变，反映出 5 号试验管顶进对该测斜管在水平方向上的位移影响不大。

②在沿垂直于顶进方向上，靠近 0 号试验管的测斜管（编号为 1X1C）在 0 号试验管经过该断面后水平位移值发生变化，在顶管埋深处的水平位移值较大，约为 0.81mm；0 号试验管顶进完成后，该测斜管各测点的水平位移继续增大，且最大水平位移值达到 1.56mm，对应的深度为 2.5m，曲线整体上呈现出上部变化较大，下部变化较小的现象。当 5 号试验管经过该断面时，土体的水平位移略微增大；5 号试验管顶进完成后，该测斜管沿顶进方向上的位移几乎不变，反映出 5 号试验管顶进对该测斜管在水平方向上的位移影响不大。

（2）靠近 5 号试验管的测斜管的水平位移结果

①在沿顶进方向上，靠近 5 号试验管的测斜管（编号为 1X2D）在 0 号试验管经过该

断面后水平位移值发生变化，但水平位移变化值不如靠近0号试验管的测斜管的水平位移变化值明显；0号试验管顶进完成后，该测斜管各点的水平位移值继续增大，整体上呈现上部变化小，下部变化大的现象，最大水平位移值为1.08mm，对应的深度为4m。当5号试验管经过该断面时，土体沿顶进方向上的水平位移进一步增大，最大水平位移值为2.26mm，对应的深度为8m（该深度为5号试验管的轴线深度）；5号试验管顶进完成后，该测斜管沿顶进方向上的位移几乎不变。

②在沿垂直于顶进方向上，靠近5号试验管的测斜管（编号为1X2C）在0号试验管经过该断面后水平位移值发生变化，在顶管埋深处的水平位移值较大，约为0.91mm，对应的深度为4m；0号试验管顶进完成后，该测斜管各测点的水平位移值继续增大，但顶管埋深处土体的水平位移值增大幅度比其他深度要大，曲线整体上呈现出上部变化较大，下部变化较小。当5号试验管经过该断面时，土体的水平位移继续增大，但下部增大的幅度比上部要大，曲线整体上呈现2个谷峰，谷峰所在的深度分别对应于2根试验管的轴线埋设深度；5号试验管顶进完成后，该测斜管在5号试验管轴线深度附近出现继续增大的现象，其余深度处的土体水平位移值几乎不变。

6.2.3.2 砂层深层水平位移监测结果

砂层水平位移的监测结果见图6-22~图6-25。

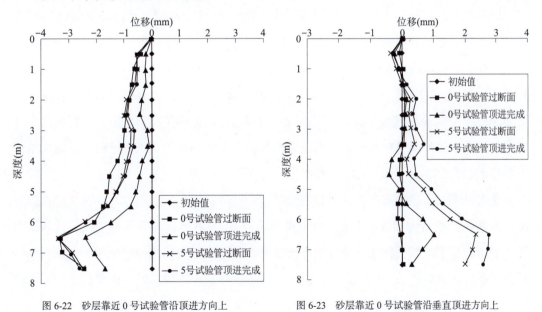

图6-22 砂层靠近0号试验管沿顶进方向上水平位移变化曲线

图6-23 砂层靠近0号试验管沿垂直顶进方向上水平位移变化曲线

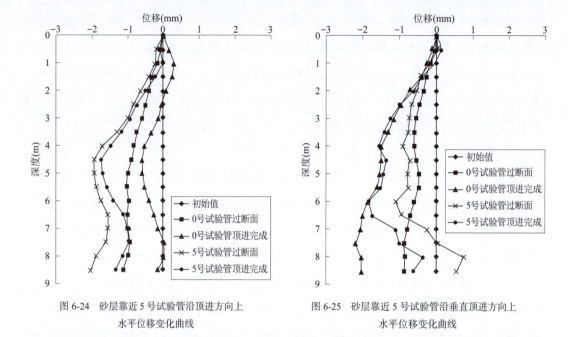

图 6-24 砂层靠近 5 号试验管沿顶进方向上水平位移变化曲线

图 6-25 砂层靠近 5 号试验管沿垂直顶进方向上水平位移变化曲线

由图 6-22~图 6-25 可知，砂层水平位移的监测结果简述如下：

（1）靠近 0 号试验管的测斜管的水平位移结果

①在沿顶进方向上，靠近 0 号试验管的测斜管（编号为 2X1D）在 0 号试验管经过该断面后水平位移值发生变化，在管道埋深处的水平位移值较大，约为 3.29mm；0 号试验管顶进完成后，该曲线发生回弹现象，说明撤销顶力后，土体沿顶进方向上的位移减小，反映出砂层松散的特性。当 5 号试验管经过该断面时，土体沿顶进方向上的水平位移增大，且增大的幅度较人工填土层要大，最大的水平位移值达到 3.34mm，对应的深度为 7m；5 号试验管顶进完成后，该测斜管沿顶进方向上的位移几乎不变，反映出 5 号试验管顶进对该测斜管在水平方向上的位移影响不大，在试验管顶进过程中，曲线整体上呈现上部变化小，下部变化大的现象。

②在沿垂直于顶进方向上，靠近 0 号试验管的测斜管（编号为 2X1C）在 0 号试验管经过该断面后水平位移值发生变化，但增加趋势不大；0 号试验管顶进完成后，该测斜管各测点的水平位移值在原有位置呈现出摆动趋势，但各点偏离初始位置不大。当 5 号试验管经过该断面时，土体沿顶进方向上的水平位移呈现出较为明显的变化，最大位移值为 2.34mm，对应的深度为 7m，曲线整体上呈现上部变化小，下部变化大的现象；5 号试验管顶进完成后，该测斜管沿垂直于顶进方向上的位移有略微增大的变化，反映出

5号试验管顶进对该测斜管在沿垂直顶进方向上的位移影响较大。

（2）靠近5号试验管的测斜管的水平位移结果

①在沿顶进方向上，靠近0号试验管的测斜管（编号为2X2D）在0号试验管经过该断面后水平位移值发生变化，在管道埋深处的水平位移值较大，约为1mm；0号试验管顶进完成后，该曲线发生回弹现象，说明撤销顶力后，土体沿顶进方向上的位移减小，反映出砂层松散的特性。当5号试验管经过该断面时，土体沿顶进方向上的水平位移增大，最大的水平位移值达到2.03mm，对应的深度为8.5m；5号试验管顶进完成后，该测斜管沿顶进方向上的位移发生略微回弹现象。

②在沿垂直于顶进方向上，靠近5号试验管的测斜管（编号为2X2C）在0号试验管经过该断面时水平位移值发生变化，在管道埋深处的水平位移值较小，各点水平位移值均在1mm以下，说明0号试验管顶进对该测斜管的影响不大；0号试验管顶进完成后，该测斜管各测点的水平位移值增大，最大值达到2mm，对应的深度为7m。当5号试验管经过该断面时，该测斜管土体各点水平位移值发生回弹现象；5号试验管顶进完成后，该测斜管土体各点水平位移值略微增大。

6.2.3.3 淤泥质层深层水平位移监测结果

淤泥质层水平位移的具体监测结果见图6-26~图6-29。

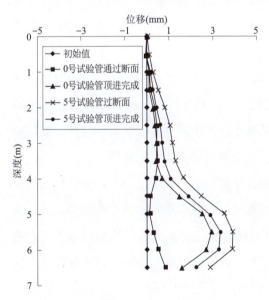

图6-26 淤泥质层靠近0号试验管沿顶进方向上水平位移变化曲线

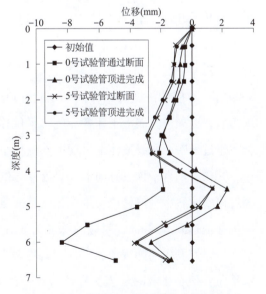

图6-27 淤泥质层靠近0号试验管沿垂直顶进方向上水平位移变化曲线

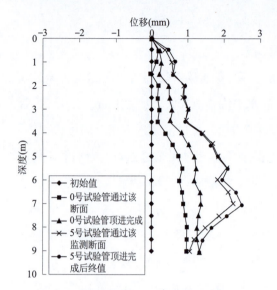

图6-28 淤泥质层靠近5号试验管沿顶进方向上水平位移变化曲线

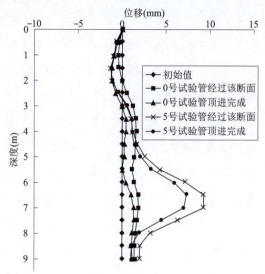

图6-29 淤泥质层靠近5号试验管沿垂直顶进方向上水平位移变化曲线

由图6-26~图6-29可知，淤泥质层水平位移的监测结果简述如下：

（1）靠近0号试验管的测斜管的水平位移结果

①在沿顶进方向上，靠近0号试验管的测斜管（编号为4X1D）在0号试验管经过该断面后水平位移值发生变化；0号试验管顶进完成后，该测斜管上部各点（0~4m）水平位移值几乎不变，但下部各点（4m以下）的水平位移值变化较大，最大水平位移值达到2.92mm，对应的深度为6m；当5号试验管经过该断面时，土体深度上各点沿顶进方向上的水平位移进一步增大，且增大的幅度较人工填土层、砂层要大。最大值达到3.88mm，对应的深度为6m；5号试验管顶进完成后，曲线发生回弹现象，反映出撤销顶力后，沿顶进方向上土体各点的水平位移值减小和淤泥质层易于流动的特性。在试验管顶进过程中，曲线整体上呈现上部变化小，靠近管身处变化大的特性。

②在沿垂直于顶进方向上，靠近0号试验管的测斜管（编号为4X1C）在0号试验管经过该断面后水平位移值发生变化，且变化程度较人工填土层和砂层要大得多，最大水平位移值达到8.34mm，对应的深度为6m；0号试验管顶进完成后，该测斜管各测点的水平位移值发生回弹现象，且回弹幅度较大。0号试验管顶进完成后，该测斜管各点的水平位移值在1~3mm；当5号试验管经过该断面时，土体沿顶进方向上的水平位移呈现出较为明显的变化，最大位移值为3.8mm，对应的深度为6.5m；5号试验管顶进完成

后，该测斜管沿垂直于顶进方向上的位移几乎不变。

（2）靠近5号试验管的测斜管的水平位移结果

①在沿顶进方向上，靠近5号试验管的测斜管（编号为4X2D）在0号试验管经过该断面后水平位移值发生变化，各点的水平位移值约为1mm；0号试验管顶进完成后，该测斜管各点的水平位移值略微增大。当5号试验管经过该断面时，土体沿顶进方向上的水平位移进一步增大，最大水平位移值为2.25mm，对应的深度为7.5m（该深度为5号试验管的轴线深度）；5号试验管顶进完成后，该测斜管沿顶进方向上的位移几乎不变。

②在沿垂直于顶进方向上，靠近5号试验管的测斜管（编号为4X2C）在0号试验管经过该断面后水平位移值发生变化，在管道埋深处的水平位移值较大，约为1.81mm，对应的深度为7.5m；0号试验管顶进完成后，该测斜管各测点的水平位移值发生略微回弹现象。当5号试验管经过该断面时，该测斜管各点的水平位移变化明显，曲线出现明显的波谷，最大水平位移值为9.23mm，对应的深度为7m；5号试验管顶进完成后，该测斜管在5号试验管轴线深度附近出现继续回弹现象，其余深度处的土体水平位移值几乎不变。

6.2.3.4 小结

根据上述监测结果分析，可以得出以下结论。

（1）顶进方向

沿顶进方向上，各测斜管的水平位移变化值不大，最大水平位移值为1~3mm，具体表现为：

①人工填土层中，0号试验管和5号试验管顶进过程中，该断面上的测斜管在沿顶进方向上的最大位移达到1.8mm，水平位移曲线仅发生轻微的回弹效应，0号试验管和5号试验管顶进对该断面的测斜管产生累计效应，但累计效应不是很大。

②砂层中，该断面上的测斜管在沿顶进方向上的最大位移达到3mm，水平位移曲线回弹效应很明显，说明撤销顶力后，土体沿顶进方向上的位移减小，反映出砂层松散的特性；0号试验管和5号试验管顶进对该断面的测斜管产生累计效应，且累计效应较为明显。

③淤泥质层中，该断面上的测斜管在沿顶进方向上的最大位移达到3mm，水平位移曲线回弹效应不明显；与人工填土层和砂层相比，0号试验管和5号试验管顶进对该断面的测斜管产生的累计效应要大。

综上所述，在沿顶进方向上，各地层条件下水平位移变化最大值依次为：淤泥质层＞砂层＞人工填土层；在累计效应方面依次为：砂层＞淤泥质层＞人工填土层。表6-5给出了各地层条件下，沿顶进方向上水平位移最大值统计结果。

沿顶进方向上水平位移最大值统计结果　　　　表6-5

地层	编号	空间位置	0号试验管顶进完成后水平位移值		5号试验管顶进完成后水平位移值	
			位移值（mm）	对应深度（m）	位移值（mm）	对应深度（m）
人工填土层	1X1D	靠近0号管	0.77	9.0	1.43	9.0
	1X2D	靠近5号管	1.08	8.0	2.49	8.0
砂层	2X1D	靠近0号管	2.08	7.0	2.91	7.0
	2X2D	靠近5号管	0.58	4.5	1.74	4.5
淤泥质层	4X1D	靠近0号管	2.92	5.5	3.29	5.5
	4X2D	靠近5号管	1.38	7.0	2.49	7.0

（2）垂直顶进方向

与沿顶进方向上的水平位移值相比，沿垂直顶进方向上各测斜管的水平位移变化值要大，具体表现为：

①人工填土层中，0号试验管和5号试验管顶进过程中，该断面上的测斜管在沿顶进方向上的最大位移在1mm左右，曲线整体上呈现上部变化大，下部变化小的形态。0号试验管和5号试验管顶进对该断面的测斜管产生累计效应，但累计效应不是很大。

②砂层中，该断面上的测斜管在沿顶进方向上的最大位移达到2mm；0号试验管和5号试验管顶进对该断面的测斜管产生累计效应，且累计效应较为明显。

③淤泥质层中，该断面上的测斜管在沿顶进方向上的最大位移达到9mm，水平位移曲线回弹效应明显；与人工填土层和砂层相比，0号试验管和5号试验管顶进对该断面的测斜管产生累计效应要大。

综上所述，在沿垂直于顶进方向上，各地层条件下水平位移变化最大值依次为：淤泥质层＞砂层＞人工填土层；在累计效应方面依次为：砂层＞淤泥质层＞人工填土层。表6-6给出了各地层条件下，沿顶进方向上水平位移最大值统计结果。

沿垂直顶进方向上水平位移最大值统计结果　　表 6-6

地层	编号	空间位置	0 号试验管顶进完成后水平位移值		5 号试验管顶进完成后水平位移值	
			位移值（mm）	对应深度（m）	位移值（mm）	对应深度（m）
人工填土层	1X1C	靠近 0 号管	1.56	2.5	1.61	2.5
	1X2C	靠近 5 号管	1.64	2.5	1.42	2.5
砂层	2X1C	靠近 0 号管	1.00	6.5	2.78	6.5
	2X2C	靠近 5 号管	2.19	7.5	0.99	7.5
淤泥质层	4X1C	靠近 0 号管	1.33	7.0	7.07	7.0
	4X2C	靠近 5 号管	2.71	6.0	3.65	6.0

6.2.4　土压力监测结果与分析

在 0 号试验管施工之前，监测人员布设了 5 个监测断面，每个监测断面上均布设有土压力计埋设孔，5 个断面按土层可分为人工填土层（C04 断面）、砂层（C07、C10 断面）和淤泥质层（C16、C19 号断面）；其中，C04 和 C07 监测断面还布设有孔隙水压力计。0 号试验管顶进还未经过监测断面前，测定各监测元件的频率，作为土压力和孔隙水压力的初值。后续的监测与该初值进行对比，用来反映试验管顶进时对土压力和孔隙水压力的影响。由于 5 号试验管顶进的时候，土压力计的背面迎面受力，故在此过程中土压力未能有效监测。

6.2.4.1　人工填土层土压力监测结果

人工填土层的土压力监测结果见图 6-30。

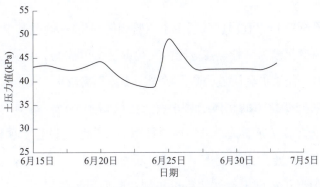

图 6-30　人工填土层土压力随时间变化曲线

6.2.4.2 砂层土压力监测结果

砂层的土压力监测结果见图6-31。

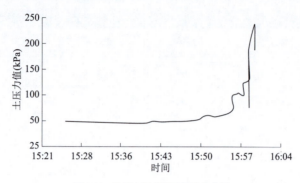

图6-31 砂层土压力随时间变化曲线

6.2.4.3 淤泥质层土压力监测结果

淤泥质层的土压力监测结果见图6-32。

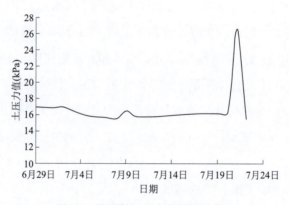

图6-32 淤泥质层土压力随时间变化曲线

6.2.4.4 小结

由图6-30~图6-32可以看出，砂层中土压监测值变化较为剧烈；人工填土层和淤泥质层中土压监测值变化较为平稳，在范围内变化，说明顶管施工中顶力和开挖仓的泥水压力控制得比较好，泥浆护套质量较高，对周围土体影响较小。

从土压力随时间变化图的整体趋势来看，土压力先平稳，基本不变，然后逐渐增大，达到一个峰值之后又逐渐减小。将这一规律划分为顶管过程中顶管机头过断面前、过断面中和过断面后的土压力变化规律，即过断面前，土压力保持平稳；过断面时，土压力逐渐增大，但增长幅度不大，然后机头到达断面所处位置时，土压力值增大到峰值；过断面后，土压力值从峰值处开始逐渐减小，然后慢慢趋于平稳，平稳后土压力值比过断面前的土压力平稳值略大。

6.2.5 孔隙水压力监测结果与分析

在监测断面的布设过程中，只有C04、C07断面布有孔隙水压力计，下面按这2个断面所处的土层分别介绍在0号试验管和5号试验管顶进过程中孔隙水压的变化规律。

6.2.5.1 人工填土层孔隙水压监测结果

人工填土层孔隙水压力的监测结果见图6-33、图6-34。

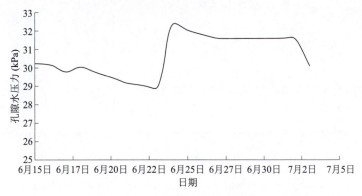

图6-33　0号试验管人工填土层孔隙水压力随时间变化曲线

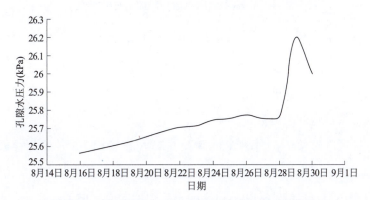

图6-34　5号试验管人工填土层孔隙水压力随时间变化曲线

6.2.5.2 砂层孔隙水压监测结果

砂层孔隙水压力的监测结果见图6-35、图6-36。

6.2.5.3 小结

整体来看，0号试验管顶进过程中孔隙水压的值变化幅度不大，最大差值不足10kPa；而5号试验管顶进中，孔隙水压最大差值不超过2kPa。

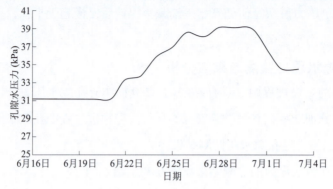

图 6-35　0 号试验管砂层孔隙水压力随时间变化曲线

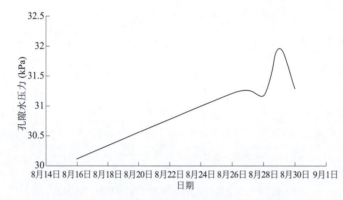

图 6-36　5 号试验管砂层孔隙水压力随时间变化曲线

　　0 号试验管顶进过程中，人工填土层和砂层孔隙水压变化的规律不统一、不够明显，但从图 6-33 和图 6-34 总体能看出，顶管机头过断面时，孔隙水压逐渐增大，增大到峰值后逐渐减小。过断面前变化无规律，人工填土层中呈现逐渐减小的变化趋势，砂层中呈现基本保持稳定的趋势。

　　5 号试验管顶进过程中，由图 6-35 和图 6-36 可以得出，5 号试验管顶进时孔隙水压的变化规律，大致可分为 4 个阶段：①逐渐增加，增加可拟合呈线性；②逐渐增加到一定值后，出现小幅度的减小；③小幅度减小后突然增大，增大到峰值；④增大至峰值后逐渐减小。

6.3　本章小结

　　现场试验管综合试验根据拱北隧道现场地质条件和施工要求编制了可行的现场监测方案，监测了 0 号试验管及 5 号试验管顶进过程中的地表沉降、侧向土压力及孔隙水压力、土体分层沉降、土体深层水平位移，对监测结果进行分析，并以图表的方式整理了现场监测数据，得到了以下结论：

（1）在顶管过断面前，地表沉降无明显变化；在靠近断面将要过断面时，地表有隆起，隆起量大小与地层以及距顶管轴线距离有关；过断面后因地层损失，地表有较大沉降，但沉降发生时间与地层有关；在顶管顶进完成后一定的周期内，由于土体发生次固结，地表会产生小量的沉降，即时间效应引起地表沉降。

（2）沉降槽曲线的形成与顶管施工有关，与地层及埋深无关；曲线顶管引起地面变形沉降槽曲线不沿顶管轴线对称，且沉降槽曲线最低点在曲线顶管外侧。

（3）小间距平行顶管施工时，土体位移由于受到2根顶管的作用，土体变形会产生累计效应，从本次监测的结果来看，土体位移累计值在4mm左右，累计效应不是很明显。

（4）沿垂直于顶进方向上的水平位移要大于沿顶进方向上的水平位移；在沿顶进方向上，各断面的最大水平位移值在1~3mm，在沿垂直于顶进方向上，淤泥质层最大水平位移达到9mm；各地层条件下水平位移变化最大值依次为淤泥质层、砂层、人工填土层；在累计效应方面，砂层较淤泥质层和人工填土层要明显。

（5）土体内部分层变形以沉降为主，大部分沉降发生在顶管机头施工至测点后，当顶管机头经过断面后，分层沉降环均发生沉降，淤泥质层分层沉降变化值较人工填土层和砂层要大，最大值达到10mm，反映出淤泥质层易于流动的特性。

（6）顶管机头距离断面较近时，管道周围土体土压力、孔隙水压力发生波动，差值10kPa范围内；过断面前，土压力（孔隙水压力）保持平稳；过断面时，土压力（孔隙水压力）逐渐增大，但增长幅度不大，然后机头到达断面所处位置时，土压力（孔隙水压力）值增大到峰值；过断面后，土压力（孔隙水压力）值从峰值处开始逐渐减小，然后慢慢趋于平稳，平稳后土压力（孔隙水压力）值比过断面前的土压力平稳值略大。

（7）综合上述各参数监测规律，可以看出试验管施工引起的土体变形和地层应力较小，表明其施工参数选择较为合理，后续顶管施工可参考试验管施工参数，同时，还需考虑顶管埋深增加引起的地层压力，适当增加开挖面泥浆压力，以保证开挖面稳定。

第 7 章
CHAPTER 7

复合地层长距离顶管及管幕施工关键技术研究

7.1 超深工作井顶管始发关键技术

7.1.1 工作井结构和尺寸基本要求和优化设计

工作井的尺寸决定于顶管设备、工具管长度、管节长度和宽度、工作井深度、后背混凝土结构厚度、两侧和前后操作空间、顶进形式和施工方法等因素,并受土层性质、地下水位等条件影响。通过分析比较,本章先分别给出《给水排水工程顶管技术规程》(CECS 246：2008)与《顶管工程施工规范》(DG/TJ 08-2049—2016)中关于工作井的相关尺寸的计算公式。然后,针对本工程的实际施工需要,参考规程与规范给出设计依据和具体数值。

7.1.1.1 《给水排水工程顶管技术规程》(CECS 246：2008)计算方法

根据《给水排水工程顶管技术规程》(CECS 246：2008)中相关规定,工作井的尺寸应采用如下公式计算。

(1) 工作井最小内净长度。

当按顶管机长度确定时,工作井的最小内净长度可按下式计算:

$$L \geqslant l_1 + l_3 + k \tag{7-1}$$

式中：L——工作井的最小内净长度(m);

l_1——顶管机下井时的最小长度,采用刃口顶管机应包括接管长度(m);

l_3——千斤顶长度(m),一般可取 2.5m;

k——后座和顶铁的厚度及安装富余量,可取 1.6m。

当按下井管节长度确定时，工作井的最小内净长度可按下式计算：

$$L \geqslant l_2 + l_3 + l_4 + k \tag{7-2}$$

式中：l_2——下井管节长度（m）；

l_4——留在井内的顶管最小长度（m），可取 0.5m；

其他变量意义同式（7-1）。

工作井的最小内净长度应按上述两种方法的计算结果，取较大值。

（2）工作井最小宽度。

浅工作井内净宽度可按下式计算：

$$B = D_1 + W_b \tag{7-3}$$

式中：B——工作井的内净宽度（m）；

D_1——顶管的外径（m）；

W_b——预留操作空间，可取 2.0~2.4m。

深工作井内净宽度可按下式计算：

$$B = 3D_1 + W_b \tag{7-4}$$

（3）工作井深度

工作井底板面深度应按下列公式计算：

$$H = H_s + D_1 + h \tag{7-5}$$

式中：H——工作井底板面最小深度（m）；

H_s——顶管覆土层厚度（m）；

h——顶管底操作空间（m），钢顶管可取 h=0.70~0.80m。

7.1.1.2 《顶管工程施工规范》（DG/TJ 08-2049—2016）计算方法

根据《顶管工程施工规范》（DG/TJ 08-2049—2016）中的相关规定，工作井的尺寸应按下列公式计算。

（1）工作井的最小长度可按下式计算：

$$L \geqslant L_1 + L_2 + L_3 + S_1 + S_2 + S_3 \tag{7-6}$$

式中：L——工作井的最小长度（m）；

L_1——顶管机或管节长度（m），取大者；

L_2——千斤顶长度（m），一般可取 2.5m；

L_3——后座及扩散段厚度（m）；

S_1——顶入管节留在导轨上的最小长度（m），可取 0.5m；

S_2——顶铁厚度（m）；

S_3——考虑顶进管节回缩及便于安装所留附加间隙（m），可取 0.2m。

（2）工作井最小宽度可按下式计算：

$$B \geqslant D_1 + 2S \tag{7-7}$$

式中：B——工作井的最小宽度（m）；

D_1——顶管的外径（m）；

S——施工操作空间（m），可取 0.8~1.5m。

（3）接收井的最小长度应满足顶管机在井内拆除和吊装的要求，最小宽度应满足顶管机外径加两侧各 1.0m 的操作空间。

接收井最小宽度可按下式计算：

$$B_j \geqslant D_1 + 2 \times 1000 \tag{7-8}$$

式中：B_j——接收井的最小宽度（m）；

D_1——顶管的外径（m）。

7.1.1.3 始发井的尺寸设计

以海瑞克 AVN1500XC 顶管机为例，其长度为 3.4m，外径为 1.67m，顶管管节长度为 4.0m。

（1）依据《给水排水工程顶管技术规程》（CECS 246：2008）中提供的公式来计算始发井最小内净长度（实际为该工程工作井最小内净宽度）。

以顶管机长度确定工作井最小内净长度（实际为该工程工作井最小内净宽度）按式（7-1）计算，其中，$l_1 = 3.4\text{m}$，$l_3 = 2.5\text{m}$，$k = 1.6\text{m}$，则：

$$L \geqslant l_1 + l_3 + k = 3.4 + 2.5 + 1.6 = 7.5 \text{(m)}$$

以管节长度确定工作井最小内净长度（实际为该工程工作井最小内净宽度）按式（7-2）计算，其中，$l_2 = 4\text{m}$，$l_3 = 2.5\text{m}$，$l_4 = 0.5\text{m}$，$k = 1.6\text{m}$，则：

$$L \geqslant l_2 + l_3 + l_4 + k = 4 + 2.5 + 0.5 + 1.6 = 8.6 \text{(m)}$$

取以上两种计算结果的最大值为始发井最小内净长度（实际为该工程工作井最小内净宽度），即为 8.6m。

（2）根据《顶管工程施工规范》（DG/TJ 08-2049—2016）中的相关规定，工作井的最小长度可按式（7-6）计算，其中，

管节长度为 4m，顶管机长度为 3.4m，所以，L_1=4m，L_3=1.0m，L_2=2.5m，S_1=0.5m；顶铁厚度 S_2=0.3m，S_3=0.2m。计算得工作井最小内净长度（实际为该工程工作井最小内净宽度）为：

$$L \geqslant L_1 + L_2 + L_3 + S_1 + S_2 + S_3 = 4 + 2.5 + 1 + 0.5 + 0.3 + 0.2 = 8.5(\text{m})$$

综合以上两种规范中提供的公式所得的计算结果，可取两者中较大值 8.6m 为该工程工作井最小内净宽度。另考虑到该工程中洞口处有 1m 厚洞口环梁，洞口止水装置也需要占用一部分空间（按 0.5m）。所以，该始发井的最小内净宽度 =8.6m+ 环梁厚度 + 止水装置所占空间 =8.6+1+0.5=10.1(m)。

以管幕群最外两侧 2 根直径为 1.62m 顶管（其外侧间距为 21.9m）为设计基准进行计算，两边各加 0.6m 的工作空间，得工作井最小内净长度为 23.1m。

7.1.1.4　接收井的尺寸设计

接收井的最小内净长度的确定应以管幕群最外侧 2 根管径为 1.62m 的顶管外侧的间距（21.9m）为基准，加上两侧各 0.6m 的工作空间，结果为 23.1m。接收井最小内净宽度的设计应满足顶管机接收所需的空间。

由于接收时钢管首节管部分顶进至钢套管内，且顶管机长度待定，故钢套管长度的计算可在 AVN1500XC 顶管机长度（3.4m）基础上加上 0.5m 的富余量，共计 3.9m。

另考虑到钢套管与洞口环梁之间仅靠螺栓连接，在顶管机和钢套管的双重荷载作用下可能会发生断裂，故在钢套管外侧设置液压油缸提供支撑反力，减小重力作用对螺栓产生的力矩。油缸的工作空间以 1.0m 计，因此，接收井最小长度可按下式计算：

$$L \geqslant L_a + L_b + L_c \tag{7-9}$$

式中：L——接收井的最小长度（m）；

　　　L_a——洞口环梁厚（m）度，取 1m；

　　　L_b——钢套管长度（m）；

　　　L_c——工作空间长度（油缸）（m），以 1m 计。

$L_a + L_b + L_c = 1.0 + 3.9 + 1.0 = 5.9(\text{m})$。

同样，考虑到该工程中洞口处有 1m 厚洞口环梁，洞口止水装置也需要占用一部分空间（按 0.5m）。所以接收井的最小内净宽度 =5.9m+ 环梁厚度 + 止水装置所占空间

=5.9+1+0.5=7.4（m）。以管幕群最外两侧 2 根直径为 1.62m 顶管（其外侧间距为 21.9m）为设计基准进行计算，两边各加 0.6m 的工作空间，得工作井最小内净长度为 23.1m。

为加快管幕施工效率，现场施工采用双向顶进，因而始发井和接收井尺寸相同。同时，为了便于后续隧道冻结开挖施工，适当增大了工作井尺寸，最终长度为 27.9m，宽度为 15.1m。

7.1.2　洞口土体加固技术

在工作井安装、调试顶管机完毕后拆除封门，将机头逐步顶入待开挖土体。如果洞口外土体强度不够且未采取必要的加固处理措施，会有大量土和地下水通过洞口涌入工作井，导致洞口的周围地表大面积沉陷，危及地下管线和附近的建筑物。相反，如果加固强度太高，又会给刀盘切削和土体开挖带来困难，引起机械故障并影响工程进度。在顶管工具管进出洞时，上述两种情况均有可能发生。相对而言，因各种因素而引起的前一种事故发生得更多，造成工作井内水土淤积，轻则使施工条件恶化，重则会使工具管和管道"磕头"，或是工具管受淹，给工程建设带来很大损失。因此，洞口地层的加固处理对于顶管工程的成功实施至关重要。

常用的洞口地层加固方式可以分为以下两大类：

（1）化学加固方式

洞口土体的化学加固是利用水泥等硅胶类化学浆液，通过气压、液压等方法使浆液与土颗粒胶结起来，以增加土体强度、自立性和防水性。主要方法有高压喷射注浆法、深层搅拌法、喷射注浆法、素混凝土灌注桩法等。

（2）物理加固方式

洞口土体的物理加固方式主要有冻结法、降水法等。

土体加固可以采用一种工法或多种工法相结合的加固手段，加固方式选择的主要依据有：土质种类（黏性土、砂性土、砂砾土、腐殖土等）、加固深度和范围、加固的主要目的（防水或提高强度）、土体渗透系数和贯入度、工程的规模和工期等。

对于软土地区，常用的加固方式有高压旋喷桩、深层水泥搅拌桩 + 高压旋喷桩、素 SMW 工法桩（三轴搅拌桩）+ 高压旋喷桩（或注浆）等。采用最多的加固方式是素 SMW 工法桩（三轴搅拌桩）+ 高压旋喷桩（或注浆）；当受地面施工环境与条件限制或具有含水砂层时，可采用水平冻结法进行加固。

下面简单介绍在深层软土中建造顶管工作井时常用的地层加固方法——水泥搅拌桩

加固。水泥搅拌桩的原理是在软弱地基内边钻进边往软土中喷射浆液或雾状粉末，同时，借助于搅拌轴旋转搅拌，使喷入软土中的浆液（水泥浆、水泥砂浆）或粉体（干石灰粉、水泥粉）与软土充分拌和在一起，形成水泥搅拌桩属半刚性桩，其强度和刚度介于刚性桩（如钢筋混凝土预制桩、钢筋混凝土灌注桩）和柔性桩（如砂桩、碎石桩等）之间，桩身强度不是太高，对顶管的导挖不会造成困难。

水泥搅拌桩大量用于建筑物的软基处理以及深基坑开挖的支挡防渗工程，其优点是：

①搅拌时无侧向挤出、无振动、无噪声和无污染，可在密集建筑群中进行施工，对周围原有建筑物及地下管沟影响很小；

②可以自由选择加固材料的喷入量，适用于多种土质；

③土体加固后重度基本不变，对软弱下卧层不致产生附加应力和沉降；

④针对拟加固土质和加固目的，可自由选择加固材料，包括水泥粉、水泥浆、石膏、矿渣、粉煤灰等，设计较灵活。

由于拱北隧道顶管管幕处于复合软土地层，周边建筑物安全等级高，工作井深度大，且地下水压力较大，因此，对于洞口土体加固要求较高。基于水泥搅拌桩加固技术的上述优点，拱北隧道采用该技术进行工作井外土体加固。

7.1.3 洞口始发止水方案

顶管出洞过程中与正常顶进阶段，为了控制顶管的顶力，并保持地面沉降不超过允许值，需要以一定的压力向顶管管道与周围土体的环形缝隙压注触变泥浆。如果不设置洞口密封装置或者洞口密封装置设置达不到设计要求，压注的触变泥浆就会通过洞口流入工作井内，无法形成完整的浆套，充分润滑顶进管道而引起顶力上升。在洞口外土质差的工程条件下，还会造成泥土涌入工作井的情况，导致施工环境恶化，甚至无法顶进。地下水和泥砂流到工作井中，轻者会影响工作井的作业，严重时会造成洞口上方地表塌陷，殃及周围建筑物和地下管线的安全，甚至造成事故。

根据顶管埋设深度情况，工作井洞口止水装置的形式很多，有用齿形橡胶止水带形式的，也有用盾尾钢缘刷密封并压注盾尾油脂形式的。无论选用哪种形式，首先必须以安全止水为前提，其次才考虑经济性等因素。

工作井洞口止水装置应根据工作井的具体条件来进行设计安装，以下为顶管工程中常用的几种止水装置。

7.1.3.1 预埋式钢法兰止水装置

采用沉井法修建工作井的顶管工程中,在沉井制作时就预埋了一环钢法兰。当沉井下沉封底后,洞口高程可能会与设计值产生误差,而顶管中心高程必须尽可能与设计高程一致。为此,可在预埋钢法兰上再焊一圈钢法兰。该钢法兰中心可与原洞口中心错位,但应与实际的顶管中心保持同心。后焊的法兰中心也就是洞口止水装置的中心(图 7-1)。这种预埋式钢法兰的止水装置结构简单,成本低,安装方便。但必须注意几个问题:

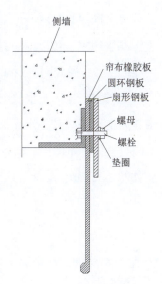

图 7-1 预埋式钢法兰止水装置

① 预埋钢法兰应该与沉井牢固地锚固在一起,具有足够的锚固强度和焊缝强度。

② 后焊的钢法兰中心,即洞口止水装置中心应与实际顶管中心保持同心。误差尽可能小,一般不大于 5mm。

③ 帘布橡胶板的内径应约小于管道外径 300mm,单边翻进去 150mm。帘布橡胶板的纵横方向衬棉纱线和尼龙线,以提高回弹力,保持良好的止水效果。设置扇形压板可以调整径向间隙,防止帘布橡胶板被挤翻出来。

另外,采用钢板桩施工工作井的顶管工程中,由于前墙是根据顶管中心设计高程制作的,因此,前墙上的预留孔中心就是顶管的实际中心,不需要后焊一环钢法兰,只要把橡胶板直接安装在前墙端面的钢法兰上就可以了。

7.1.3.2 橡胶法兰+盘根止水组合式止水装置

对于一些施工条件比较特殊的工程(如过江、出海等),顶管埋设比较深,一般大于 15m,有的情况下洞口甚至处于承压水土层范围内,采用一般的橡胶法兰止水装置不安全。为此,在橡胶法兰止水装置后面,增加一组油浸盘根止水装置,如图 7-2 所示。

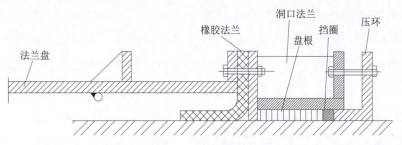

图 7-2 橡胶法兰+盘根止水组合式止水装置

这种双道组合式洞口止水装置为解决顶管出洞和顶进过程中的洞口止水提供了有效可靠的保证。同时，这种止水装置对安装同心度要求更高，一旦施工过程中洞口某一部位发生渗漏水现象，可以通过拧紧该处的调整螺栓，压紧盘根，从而满足止水要求。

7.1.3.3　橡胶圈密封+止水橡胶板组合式止水装置

橡胶圈密封+止水橡胶板组合式止水装置是由两道密封圈组成的密封结构，外侧是一道正常的平板橡胶止水圈，里面还有一道充气式橡胶圈。平时，充气式橡胶圈并不工作，只有外侧的止水圈损坏需要更换时才充气起作用，更换完毕后，再把气放掉。这种止水装置如图7-3所示。

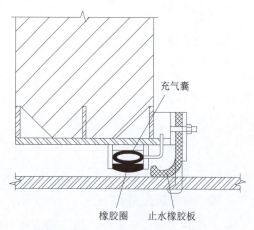

图7-3　橡胶圈密封+止水橡胶板组合式止水装置

顶管工程中，为使顶管顺利从工作井内出洞，一般采取工作井预留洞口比管节外径略大些（一般约为100mm）的方式。采用的洞口止水方法是在封门制作时，预先在洞口埋设一个10mm厚钢法兰；在钢法兰上焊接螺栓，安装16mm厚橡胶法兰；再用10mm厚钢板压紧。在实际顶管工程中，一般采用16mm的橡胶法兰止水，可有效阻止地下水和泥沙流入工作井内。

7.1.3.4　铰链板+止水橡胶板式止水装置

这种止水装置是借鉴了盾构施工中的一种止水方法。为防止盾构时泥水大量从洞门通过洞口空隙流入井内，影响开挖面土体稳定和盾构掘进施工，必须在洞圈预埋钢板上布置一个箱体结构，形成一个良好的密封止水装置（图7-4）。通过箱体上的注浆孔灌注防水砂浆与压注堵水材料，可加强两道出洞防水装置之间的止水效果。另外，帘布橡胶板内侧设置了一道弹簧钢板，其目的在于顶进过程中，弹簧钢板产生的回弹力可使帘布橡胶板紧密包裹于顶管机外侧，封闭可能产生的渗水路径。该箱体结构按照实测盾构机外形设计和安装，在此箱体内设置两道帘布橡胶板和铰链板，并在洞圈预埋钢板上安装两道钢丝刷，根据实际情况调节铰链板与盾构壳体的距离（图7-4）。

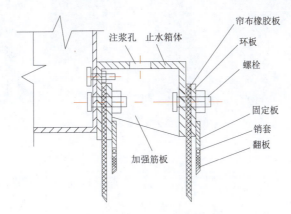

图7-4　铰链板+止水橡胶板式止水装置

7.1.3.5　单层/双层橡胶板止水装置

为防止出洞口及顶进过程中泥水压力过大涌入工作井内，在洞口内预先安装一个单法兰穿墙钢套管，用于安装橡胶止水圈及止水封板（图7-5）。当顶进距离较长时，管材表面及钢套环、砂等对橡胶止水圈不可避免地会产生磨损，需经常更换橡胶止水圈。此时，可设置两道橡胶止水圈，当需更换外部橡胶止水法兰时，内层的橡胶止水圈可继续工作（图7-6）。

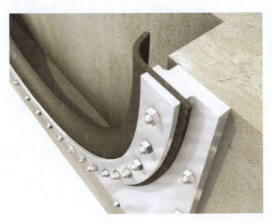 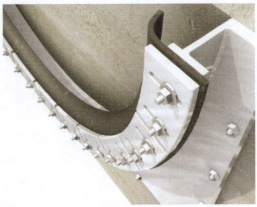

图7-5　单层橡胶板止水装置

 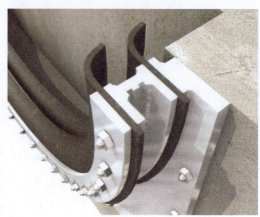

图 7-6 双层橡胶板止水装置

7.1.3.6 压力仓式密封装置

压力仓式密封装置的工作原理是：在洞口位置设置前后两层玻璃纤维混凝土板，紧贴外层混凝土板，依次向内布设密封橡胶圈、弹性支撑橡胶。当顶管机顶进时，橡胶圈、顶管、混凝土板、垫层之间会形成一个压力仓室，以平衡外部水土压力，防止井外水土涌入。当外部水土压力较大时，可以通过预先设置的导管向压力仓内注射高压气体或浆液以提高仓内压力（图7-7）。

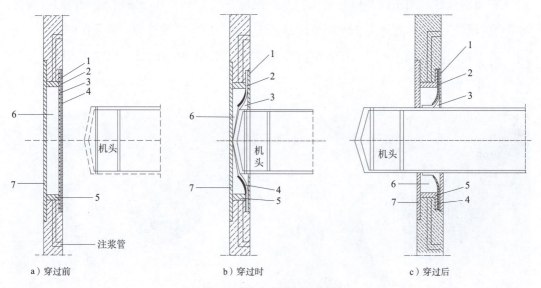

a) 穿过前　　　　　b) 穿过时　　　　　c) 穿过后

图 7-7 压力仓式密封止水装置

1- 内层玻璃纤维混凝土板；2- 密封橡胶；3- 临时密封；4- 支撑橡胶；
5- 法兰环成型衬垫；6- 压力仓；7- 外层玻璃纤维混凝土板

7.1.3.7 进洞口喇叭口式止水装置

当顶管埋深较大、水压力较大时,或者洞口周边是流塑状土体,承载力较低时,在接收井先预埋喇叭形钢盒,钢盒内圆(背土)直径比管径约大 200mm,外圆(靠土)直径比管径约大 600mm,采用单边封板(内圆口),内填质量比为 1∶5 的水泥黄黏土拌和料。为了增加钢盒内填充物与环向钢板的黏结力,在环向钢板上用钢筋焊上两道压板。为达到

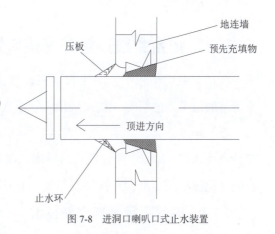

图 7-8 进洞口喇叭口式止水装置

止水防流砂效果,在焊接压板的同时,也将稻草和膨胀土与拌和料一起填充。当顶管机穿越预留孔时,顶管机外壳带到穿墙钢盒内的土体及周边的土体往喇叭口挤压,使管壁与预留口间的缝隙挤实土体,防止泥水从缝隙喷涌(图 7-8)。

拱北隧道工程采用德国海瑞克顶管机洞门密封装置,采用可拆卸式折页压板衬双层帘布橡胶止水密封,主要由折页式压板、两层帘布密封橡胶圈、扩大钢环、连接钢环组成。顶管施工前,通过螺栓将止水装置安装于洞口孔口管上,施工完毕后可拆卸再安装于下一处顶管施工位置,实现循环利用。

洞口密封装置(图 7-9)设置了两层止水密封橡胶环,增强了密封效果。采用多块折页式压板的设计,可根据顶管机和环板之间的距离来调节折页式压板的位置,使折页式压板内弧形成的圆直径尽量接近顶管机外径,以减小顶管机在洞口的偏移,减小密封橡胶环因压力过大产生外翻的可能性,使之能够承受地层高水压。

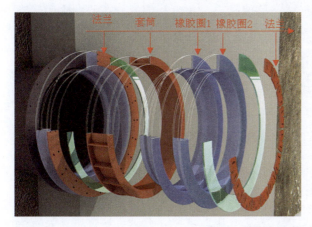

图 7-9 现场始发洞口止水装置图

7.2 组合曲线顶管管幕精度控制技术

在拱北隧道工程中，由于管幕相邻顶管间距仅为355~358mm，且后顶管会对先顶管道空间位置产生影响，任一根顶管轨迹偏离设计值过多，都会影响后续冻结施工冻结圈厚度和止水效果，甚至可能占据相邻顶管位置，导致无法形成完整的管幕。本项目在充分利用AVN1200TC顶管机自身导向系统的基础上，创新性地提出了始发、顶进和接收的三阶段小间距复合曲线顶管精度控制技术。

7.2.1 曲线顶管精度控制技术

7.2.1.1 始发阶段精度控制

（1）曲线直顶始发

考虑到曲线顶管始发对姿态的控制要求高，可能会使顶管机偏向始发密封圈一侧。因此，始发阶段采取曲线直顶技术，顶管机沿设计曲线割线方向始发顶进，待机头完全进入土体后再开启纠偏油缸，逐步调整姿态，可提高施工效率。

（2）顶管始发防"磕头"措施

顶管始发阶段的精度控制至关重要。当顶管机始发穿过工作井地下连续墙时，需防止机头下跌。这是由于始发阶段机头还未完全进入地层，实际上机头仅由导轨和始发止水密封圈两点支撑，在自重作用下机头容易下坠。因此，通常在始发过程中，控制始发坡度要比初始设计轴线高0.2%。在本项目中，同时还在孔口管内铺设滑板，以便机头平滑过渡到顶进面，如图7-10所示。由于本工程管节接头为承插口形式，可偏转一定角度，因此，在始发阶段，为避免初始顶进的几节管节发生竖向偏转，前4根管节接头的螺栓拧紧，近似刚性连接，待始发段结束后松开。

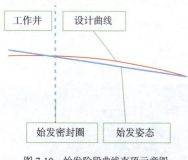

图7-10 始发阶段曲线直顶示意图

（3）顶管始发机头防扭转措施

顶管始发过程中，机头刀盘转动切削土体时，地层会对机头产生反扭矩。同样，由于机头还未完全进入地层，周边土体及导轨所提供的摩擦力很小，其产生的抗扭矩小于刀盘前方土体产生的扭矩，此时机头极易产生扭转。而本工程始发段机头需破碎工作井的素混凝土墙，其产生的扭矩更大。为了克服此现象，在顶进装置后安装防扭转装置，该装置卡在顶进导轨上，既实现沿导轨轴向顶进，又约束了顶管的转动，如图 7-11 所示。

图 7-11　顶进滑轨及防扭转措施

（4）顶管始发防倒退措施

在顶管始发阶段，由于顶管机周围几乎没有地层摩阻力，而刀盘正面水土压力往往较大（特别是对于深层顶管），因此，当顶管停止进行后续管节连接时，如果没有安装图 7-12 所示的管刹装置，顶管机在刀盘上较大的水土压力作用下，极易产生倒退，甚至引起顶管前方地层坍塌。

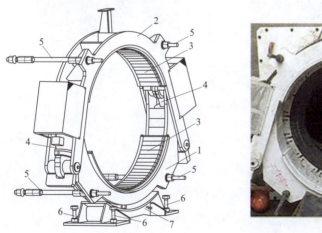 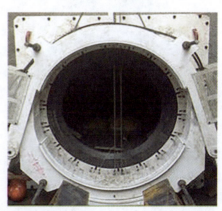

图 7-12　管刹装置

1- 下方夹紧块；2- 上方夹紧块；3- 木质垫片；4- 液压油缸；5- 活塞杆；6- 调节螺栓；7- 支撑托架

（5）单井联测与井内联测

在顶管始发之前，首先要对始发端与接收端进行导线联测，结果符合要求后进行平差计算,将平差后的坐标作为计算依据,用来指导后续施工。由于需要将测量坐标传递至工作井内,因此,还需进行工作井内联测。在工作井壁上设置后方交会法的4个控制点,将棱镜安放在始发工作平台上,采用支导线法向前施测,并向管道内依次传递坐标和高程。

7.2.1.2 顶进阶段精度控制

(1)顶管机UNS导向+人工测量校核

管幕顶管精度控制测量主要包括两个方面:顶管机标靶测量及管节轨迹测量。通常情况下,AVN1200TC顶管机通过自身配套UNS导向系统(图7-13)实时控制顶进轨迹,主要利用顶管机头标靶空间位置来反映轨迹变化。开始顶进前,把顶管对应的轨迹参数输入到UNS系统内,作为初始顶进的参数。初始参数设置分3个部分:激光标靶参数设置(Electronic Laser System,ELS)、高度传感器设置(Hydrostatic Water Levelling,HWL)、激活陀螺仪(Gyro Navigation System,GNS)。ELS参数设置可以确定机头的状态,HWL实时反应顶进过程中高程变化,GNS系统输入轨迹曲线要素,确定轨迹走向。

图7-13 UNS导向系统

UNS导向系统精度为1mm/m。考虑到拱北隧道工程精度要求极高,随着顶进距离的增加,其累计偏差可能增大。因此,在顶进阶段,除了实时观察UNS导向系统显示的机头位置外,每顶进20m管道,采用支导线法对机头标靶的三维坐标[图7-14 a)和图7-14 b)]进行1次人工校核测量,同时,对管节轨迹的水平偏差、垂直偏差及里程进尺三要素进行复核。为保证观测数据的可靠性,缩短观测所用时间,采取在工作井的地下连续墙上架设支架,作为强制对中器,并布设了2个起始控制点。随着顶管的顶进,在管节的一些位置也安装强制对中点。最后,根据测量结果对UNS参数进行纠偏调整。

a) 机头靶标

b) 人工测量

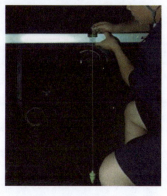
c) 水平尺安装

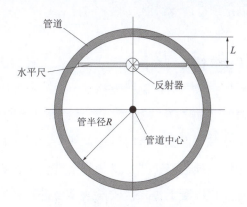
d) 水平尺示意图

图 7-14　顶管机头坐标与顶管轨迹人工测量

（2）管节中心轨迹偏移测量方法

为测量不同顶进里程管节中心坐标，如图 7-14 c）和图 7-14 d）所示，在管节接头位置安装水平尺，使其两端与管节内壁接触，并保持水准气泡居中。此时，观测水平尺上反射片的十字丝得出三维坐标 (x, y, z)，由测点的坐标即可算出该截面管节中心坐标为 $(x, y, z+L-R)$。同样，根据测点坐标可反算里程桩号，然后依据设计文件获得该截面管节中心坐标设计值 (X, Y, Z)，从而得出二者的偏差。

（3）曲线顶管管节连接控制

管节接头采用 F 型承插式，安装有两道鹰嘴型橡胶密封圈，同时，承插口法兰上设置有 20 个螺栓孔，采用 M33 限位螺栓进行连接。为了提高受力均匀性，并保持管节之间的开口度，根据管节之间的张角，在承口与插口法兰之间设置木垫块。在顶进过程中，螺栓需保持松弛状态，并预留 7mm 间隙，保证管节接头可发生一定偏转，以便于管节纠偏调整；当顶管全部贯通后，将所有螺栓逐一拧紧。初始木垫块设计厚度为40mm，由于木垫块厚度较大，导致顶进时压缩变形也较大，从而容易导致顶进里程计算不精确，影响顶进精度的控制。另一方面，由于木垫块过厚使第2道橡胶圈安装不到位，引起接头密封效果不好，因此，后续现场施工木垫块厚度调整为20mm。

7.2.1.3 接收阶段精度控制

（1）接收段测量与控制

当顶管机顶进至接收段时，对机头位置进行精确测量，明确机头中心轴线与轨迹设计中心轴线的相对位置。与此同时，对接收孔口中心进行复核测量，确定顶管机的贯通姿态，制定顶进逐步纠偏方案。

（2）三线控制法

由于接收端孔口直径只比顶管机头直径大200mm左右，如果接收阶段偏差太大，则施工同样失败。为控制接收精度，制定了减速线（顶进线）、破墙线和顶进终止线的三线控制法，如图7-15 a）所示。减速线位于距离素混凝土墙500mm的位置，破墙线是指机头顶破素混凝土墙时的控制线，如图7-15 b）所示。通常预留200~300mm厚的素混凝土墙，顶进终止线是机头完全进入接收舱中。该阶段主要严格控制顶管施工参数，避免大块混凝土进入接收舱或是顶进距离控制不准确，防止机头偏斜或机头破坏接收舱而导致接收失败。

a）末节管上的三线位置

b）破墙残余素混凝土

图7-15 顶管接收精度控制

7.2.2 现场试验管顶进精度结果

7.2.2.1 单顶管精度控制结果

0号和5号试验管贯通点坐标及偏差分别见表7-1和表7-2。其中，0号试验管最终

横向贯通误差为 –5mm，纵向贯通误差为 2mm，高程贯通误差为 +4mm；5 号试验管最终横向贯通误差为 34mm，纵向贯通误差为 8mm，高程贯通误差为 –9mm。精度控制均达到小于 50mm 的要求。

0 号试验管及相邻 5 号试验管的轨迹水平、高程偏差如图 7-16 和图 7-17 所示。由图 7-16、图 7-17 可知，除少数点外，轨迹偏差基本上控制在 ±50mm 以内。5 号试验管施工时，顶管机自身的 UNS 导向系统与人工测量的水平偏差对比如图 7-18 所示。很显然，二者并不完全一致，表明顶管机自身的 UNS 导向系统也会存在偏差，这进一步说明人工测量复核对顶管轨迹控制是必不可少的。

0 号试验管贯通点坐标偏差　　　　　　　表 7-1

项目	X（m）	Y（m）	H（m）	里程（m）	偏距（mm）
东工作井	2457948.771	453328.829	–0.798	K2+642.823	9
西工作井	2457948.766	453328.827	–0.802	K2+642.825	4
偏差值（mm）	–5	2	4	–2	5

5 号试验管贯通点坐标偏差　　　　　　　表 7-2

项目	X（m）	Y（m）	H（m）	里程（m）	偏距（mm）
东工作井	2457978.608	453580.796	–3.114	K2+388.517	3
西工作井	2457978.574	453580.788	–3.105	K2+388.532	–29
偏差值（mm）	34	8	–9	–15	32

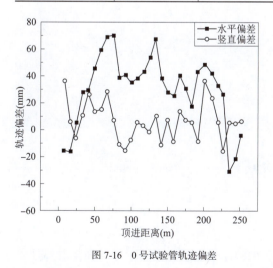

图 7-16　0 号试验管轨迹偏差

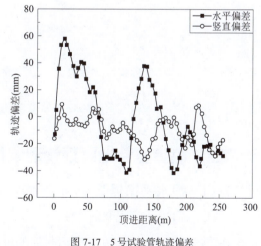

图 7-17　5 号试验管轨迹偏差

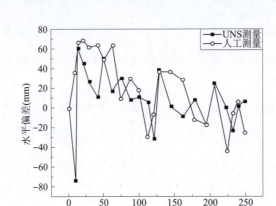

图 7-18　5 号试验管 UNS 测量与人工测量对比

7.2.2.2　后顶顶管对先顶顶管位移的影响

以 5 号试验管顶进为例。为确定后顶顶管 5 号试验管对先顶顶管 0 号试验管的影响，5 号试验管顶进完成后又对 0 号试验管的轨迹进行了测量，并与之前的轨迹曲线进行对比，如图 7-19 所示。5 号试验管顶进施工完成后，0 号试验管产生的最大偏移量为 12mm，平均偏移量仅为 4mm。结果表明，后顶顶管对先顶顶管的轨迹精度影响较小，可以忽略不计。

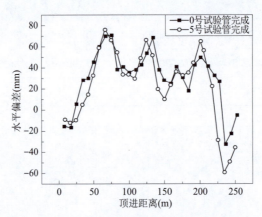

图 7-19　5 号试验管顶进对 0 号试验管轨迹影响

7.3　临海复合地层顶管泥浆技术

7.3.1　泥水平衡泥浆

7.3.1.1　泥水平衡泥浆的作用

在顶进施工中，刀盘在切削岩土体的过程中破坏了地层的原始平衡。在没有外部支撑的情况下，顶进面容易发生坍塌并引起上部地层塌陷，造成工程事故。刀盘前端受力示意图见图7-20。在泥水平衡顶管施工中，顶进面的稳定是通过注入适量的泥水平衡泥浆来实现的。浆液在注入顶进面前端后，在压力作用下渗入地层一定深度后停止渗透，从而形成一个密闭的泥浆罩将顶管机刀盘及顶进面完全罩在里面。泥浆罩与自然地层之间存在一个压力差，该压差的存在一方面迫使地下水远离顶进面；另一方面，给掘进面土体施加一个作用力，对掘进面的稳定具有十分积极的作用。

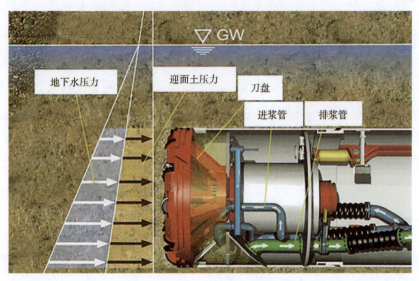

图 7-20　刀盘前端受力示意图

在顶进施工中，合理的方案是针对不同地层，采用适当的顶进速度，并控制注浆量与排浆量，以使泥浆罩与顶管机同步向前推进，使顶管机刀盘时刻处于泥浆罩的保护中，从而实现刀盘前端顶进面的稳定。

7.3.1.2　现场泥水平衡泥浆

泥浆方案包括两方面：一是确定注浆参数；二是确定泥浆性能指标及配方。

（1）注浆参数

注浆参数主要为注浆量和排渣量。注浆量的确定与顶进速度及地层性质密切相关。在泥水平衡顶管施工中，刀盘切削下来的岩土体在与注入的泥浆混合后通过渣浆泵排出。要维持工作面的安全与稳定，必须使注入泥浆量与排出的渣浆量（简称排渣量）维持一定的平衡关系。当注浆量大于排渣量时，多余的泥浆将在压力作用下在地层中过度渗透，引发冒浆；且大量切削下来的岩土体在刀盘前端积压，一方面造成顶力及刀盘扭矩增大，另一方面，地层在过大的顶力作用下会发生变形隆起。当注浆量小于排渣量时，刀盘切削速度跟不上抽吸速度，在胶结性差或松散性地层中，地层岩土体在抽吸作用下，被过度排空，刀盘前端处于失压状态，容易引起上部地层的塌陷，造成严重的工程事故。

（2）现场泥浆性能指标及配方。

在泥水平衡顶管施工中，泥浆性能指标主要取决于地层的渗透性，地层渗透性越大，要求泥浆的黏度越大。此外，由于拱北隧道工程地下水为海水，对泥浆性能破坏较大，从利于泥浆回收、节约成本等方面考虑，对浆液要进行一定的抗盐处理。工程地质资料显示，试验管穿越地层为粗砂、砾砂地层，泥质含量少，地下水丰富，其主要难点在于：

①砂层渗透性太强，刀盘泥浆注入后迅速漏失，无法保持刀盘前端泥浆压力稳定。粗砂、砾砂地层结构松散，地下水丰富，刀盘前端及顶管周围在泥浆无法有效封堵砂层孔隙时，地下水在施工影响下为动态流动，这将引起砂层运动，形成流砂。在顶进过程中，易出现地面塌陷、机头方向失控等问题。

②刀盘前端注入的泥浆在混合切削下来的土屑后，容易遭受地下海水破坏，使泥浆性能变坏，增加了现场泥浆维护的难度和成本。参考大量工程实践总结及室内试验，现场不同地层顶进时使用的泥浆配方及性能指标如表7-3所示。

不同地层对应的泥水平衡式泥浆性能要求及配方　　　　表7-3

地层类型	工程特点描述	泥浆性能要求	泥浆黏度（s）	推荐的泥浆配方
粉细砂	地层空隙、孔隙大，地层胶结弱，掘进面稳定性差，在地下水丰富的情况下，地层在大泵量抽吸时容易产生土体损失	泥浆宜具有较好的抗漏失性能	30~35	$1m^3$ 水 +40kg 膨润土 +0.4kg CMC（羧甲基纤维素）
中砂			35~45	$1m^3$ 水 +50kg 膨润土 +0.5kg CMC（羧甲基纤维素）
粗砂			45~65	$1m^3$ 水 +50kg 膨润土 +0.75kg CMC（羧甲基纤维素）
砾石			>65	$1m^3$ 水 +50kg 膨润土 +1.0kg CMC（羧甲基纤维素）
黏土层	掘进面稳定性好，但黏土颗粒在吸水膨胀后黏性增大，容易造成切削刀盘泥包，引起掘进困难	注入的浆液以水为主，可加入适量的絮凝剂，以防止黏土包裹顶管机刀盘	<30	水 +HPAM（水解聚丙烯酰胺）
淤泥层	掘进面稳定性差，地层在大泵量抽吸时容易产生土体损失，且淤泥容易造成排渣管堵塞	注入的浆液以水为主，可加入适量的絮凝剂，防止排浆泵压力过大	<30	水 +HPAM（水解聚丙烯酰胺）

7.3.1.3 现场泥水平衡泥浆效果分析

通过拱北隧道管幕工程的37根顶管施工，验证了表7-3所示的泥水平衡式泥浆配方的有效性。以0号试验管施工为例，根据图7-21所示的实测顶管机开挖仓泥水压力以及机头顶力分析，可以评价平衡泥浆的实际使用效果。由图7-21可知，试验管穿越了砂土层、人工填土以及淤泥质土层等典型地层。除了在地层转换界面处开挖仓压力和机头顶力发生较大的波动外，在单一地层顶进时，两参数基本稳定在一定范围内，且不同地层中，它们均未出现显著的差异，说明在整个顶进过程中开挖面稳定性趋于一致。

上述结果表明：即使在初始顶进段渗透性较强的砂层中，也未出现泥浆大量漏失现象，避免了开挖面失压导致的地层塌陷，说明开挖面形成了比较致密的泥膜，开挖面比较稳定。而在人工填土层中顶进时，开挖面同样保持稳定，同时，泥浆能够有效排除人工填土层中的建筑垃圾。最后，在顶进稳定性较差的淤泥质土层时，泥浆通过加入适量的絮凝剂，使渣土有效凝结成块，避免了排渣管堵塞，同时，降低了因排浆泵压力过大以及大泵量抽吸时的土体损失。

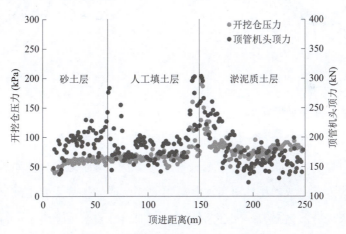

图7-21 0号试验管开挖仓压力及机头顶力图

7.3.2 润滑泥浆

7.3.2.1 润滑泥浆的作用机理

在顶管施工过程中，顶力是影响工程成败的主要因素之一。通过对顶力的分析可以发现，克服已顶进管节与地层之间的摩阻力是顶力计算的主要内容，且随着顶进距离的延长而不断增长。顶管与地层之间的摩阻力主要受顶管外径、顶管材料、地层性质、顶进长度、顶管轨迹及浆液性能等影响。

良好的减阻效果是通过往顶管与地层之间环状间隙注入膨润土泥浆来实现的，其作用原理如图 7-22 所示。膨润土泥浆注入后，首先在环状间隙浅层区域渗透一定深度，随着渗透深度的加大，需要的注入压力不断增大。当注入压力升高到一定值并维持稳定时，表明环状间隙充满了润滑浆液，可以停止注浆。

在实际施工中，通常希望润滑泥浆渗透的量尽量小，一方面可以减少泥浆的使用量，另一方面可以减少泥浆在渗透过程中对地层结构造成的渗透破坏，如地面开裂或隆起。在群管顶进工程中，由于相邻顶管间距很小，渗透范围的控制极为重要，原则上要求泥浆渗透深度不大于相邻顶管外壁间距的一半，如图 7-23 所示。

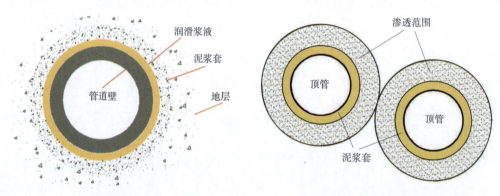

图 7-22　润滑减阻示意图　　　　图 7-23　群管顶进时减阻泥浆渗透范围界限

7.3.2.2　现场润滑泥浆方案

通过上述分析，在顶管与土体之间的环状间隙形成完整的泥浆套是保证有效减阻的前提。地质资料显示，试验管穿越的地层主要为粗砂、砾砂地层，泥质含量少，地下水丰富，局部地区为黏土或淤泥。对于泥浆减阻效果造成的挑战主要是砂砾层孔隙大、渗透性太强，泥浆极易发生漏失，使注浆量大幅增加，且要求后续施工进行频繁补浆。

润滑泥浆注入顶管与土体的间隙后，由于无需循环流动，只需使其长时间保持在环状间隙内，就可以维持很好的润滑作用。因此，润滑泥浆设计时，主要考虑三点：①足够的黏度，使泥浆在高渗透性砂层能保持长时间不漏失；②良好的触变性，使泥浆注入后能迅速变成凝胶状，有效堵塞砂层孔隙；③优良的抗盐水离析能力。

结合上述要求，在粗砂、砾砂层中，泥浆的马氏漏斗黏度应不低于 60s。通过室内试验，确定的泥浆配方为：$1m^3$ 水 +50kg 复合膨润土 +0.8~1kg 聚阴离子纤维素（PAC-HV）。该润滑泥浆方案对于致密黏土、淤泥质土均可适用。若地层渗透性较砂层更强，则应考虑添加堵漏剂等材料。

7.3.2.3 现场泥浆使用效果分析

为检验现场试验管综合试验所用泥浆配方的性能，以顶管单位面积平均摩阻力这个指标参数进行分析评价。对于顶管单位面积平均摩阻力，可通过开挖仓地压、顶管机刀盘直径和顶进油缸总顶力来计算获得。设开挖仓地压为 P，顶管机刀盘直径为 D，顶进油缸的总顶力为 F，顶进距离为 L，单位面积的摩阻力 f_k，由顶力计算公式式（3-42）可计算出单位面积平均摩阻力 f_k。

以0号试验管为例，总顶力随顶进距离的变化如图7-24所示。最大顶力不超过2000kN。根据0号试验管的施工工艺参数，可得到试验管单位面积平均摩阻力，如图7-25所示。当顶进距离在0~8m时，单位面积摩阻力较大，最大值达到44.67kPa，该阶段没有使用润滑泥浆，导致管道周围单位面积摩阻力增大；当顶进距离超过8m之后，0号试验管开始使用润滑泥浆。顶进距离在8~20m阶段，由于顶管周围还未形成稳定的泥浆套，泥浆的润滑性能尚未完全发挥，泥浆的减阻效果并不是很明显；随着顶进距离继续增加（20~40m），泥浆的润滑性能显著提高，顶管周围单位面积平均摩阻力急剧减小；当顶管施工稳定后（顶进距离超过40m），顶管周围单位面积摩阻力减小至2kPa。随着顶进距离继续增加，泥浆的润滑性能继续得到较好的发挥，单位面积平均摩阻力稳定在1kPa。

综上所述，0号试验管所采用的泥浆配方是适合的，其润滑性能得到了很好的发挥，大大地减小了0号试验管施工所需要的顶力。

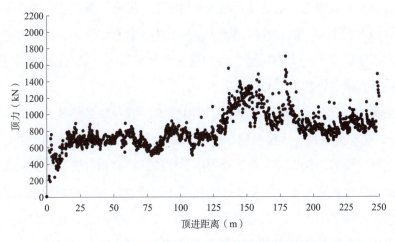

图 7-24　0号试验管实测顶力随顶进距离变化曲线图

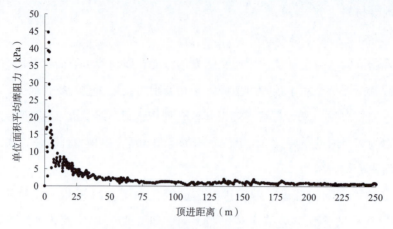

图 7-25 0 号试验管单位面积平均摩阻力随顶进距离变化曲线图

7.4 高水压条件下顶管的钢套管接收技术

7.4.1 钢套管接收技术

通过对目前顶管工程项目施工中常用密封止水装置的调研分析,在拱北隧道工程的接收井进洞口技术方案中,提出了一种钢套管接收的新技术(如图 7-26 所示)。顶管机进入洞前,在进洞口处设置一内径比顶管机外径大 100mm 的钢套管(一端密封、一端敞口),用法兰和膨胀螺栓连接在工作井井壁上,要求钢套管管口与洞口保持同心。另在钢套管密封端设置一阀门,并安装水压力表。这种钢套管接收方案能够最大限度地满足密封止水要求。在钢套管与工作井井壁间设置一道止水橡胶圈,钢套管接收顶进完毕的机头后,通过压力表测定注浆管是否注浆密封牢固。同时,通过水压力表的读数,也能反映是否有地下水渗入到钢套管中及渗入量的大小。若有水渗入,可打开溢流阀排出钢套管中的水以降低水压力表的读数,待注浆管密封牢固后,且水压力表的读数稳定,最后再进行机头、钢套管的拆卸和移除。

方案比选时设计了两种接收钢套管的结构形式,第一种是整体式接收钢套管(如图 7-27 所示),第二种是组合式接收钢套管(如图 7-28 所示)。两者的区别在于:在顶进作业和注浆密封完成后,机头进入到钢套管中,整体式接收钢套管要求将钢套管与地下连续墙连接的膨胀螺栓完全拆除,将机头与接收钢套管整体移除后再将机头取出;而组合式接收钢套管是由两个半圆柱壳通过螺栓和密封垫圈组合固定,它的优点是机头进入钢套管后,可以先行拆除上半圆的钢套管,将机头单独取出后,再拆除下半圆钢套管,方便将钢套管重新安装到另一个接收洞口。

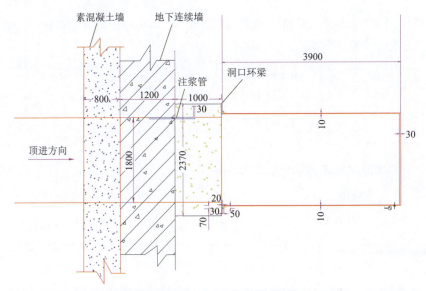

图 7-26 接收钢套管施工示意图（尺寸单位：mm）

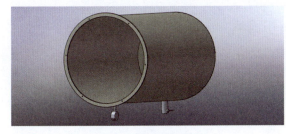

图 7-27 整体式接收钢套管

图 7-28 组合式接收钢套管

7.4.2 钢套管结构计算

对于地层较复杂，且地下水压较大的工程，尤其是在砂层和淤泥质、粉质黏土层等软弱地层条件下，施工前必须对接收钢套管厚度及端盖板挠度进行验算，确保接收钢套管在高水压条件下强度和变形均在合理范围内，保证施工的安全性。

（1）接收钢套管厚度验算

顶管管径为 1.62m 时，接收钢套管及连接件的基本参数：钢套管半径 $a=0.94$m，内径 $d=1.88$m，长度根据实际需求确定，壁厚 $s=15$mm$=0.015$m，外径 $D_1=1.912$m，底面厚度 $h=0.04$m；现场最大水压力 $q_0=0.294$MPa，钢材弹性模量 $E=210$GPa，泊松比 $\upsilon=0.3$。

由于钢套管壁厚与内径比 $\dfrac{s}{d}=\dfrac{0.15}{1.88}\approx 0.008<0.07$，可视为薄壁圆筒模型。接收时视

钢套管内壁受均布水压,则钢套管周向受拉应力 $\sigma_1 = \dfrac{q_0 D_1}{2s}$,径向受剪应力 $\sigma_2 = \dfrac{q_0 D_1}{4s}$。此外,钢套管钢材材质为 Q235 钢,其抗拉强度为 375MPa,抗剪强度为 310MPa,由此算出钢套管内壁环向和径向应力如下:

$$\sigma_1 = \frac{q_0 D_1}{2s} = \frac{0.294 \times 1912}{2 \times 15} = 18.718(\text{MPa}) < 375\text{MPa}$$

$$\sigma_2 = \frac{q_0 D_1}{4s} = \frac{0.294 \times 1912}{4 \times 15} = 9.359(\text{MPa}) < 310\text{MPa}$$

故钢套管厚度满足施工高水压要求。

(2)钢套管端盖挠度验算

钢套管端盖挠度计算可采用弹塑性力学中周边固定、受均布荷载薄圆板模型计算,其圆板的挠曲线方程为:

$$\omega(r) = \frac{q_0 a^4}{64D}(a^2 - r^2)^2 \tag{7-10}$$

$$D = \frac{Eh^3}{12(1-\upsilon^2)} \tag{7-11}$$

式中:D——薄板的抗弯刚度(N·mm²);

q_0——薄板所受均布力(MPa);

a——薄板半径(mm);

E——薄板弹性模量(MPa);

h——薄板厚度(mm);

υ——泊松比。

所以,当 $r = 0$ 时,端盖中心挠度为:

$$\omega(r)_{\max} = \frac{q_0 a^4}{64D} = \frac{3q_0 a^4(1-\upsilon^2)}{16Eh^3} \tag{7-12}$$

将钢套管参数代入式(7-12),可得端盖中心处有最大挠度为

$$\omega(r)_{\max} = 58.9 \times 10^{-3}\text{m} = 58.9(\text{mm})$$

钢套管端盖圆板允许最大挠度不得超过其半径的 1/150,即

$$\omega(r)_{\max} \leqslant \frac{r_{\max}}{150} \tag{7-13}$$

由于，$\dfrac{r_{max}}{150} = \dfrac{0.94}{150} = 6.26 \times 10^{-3} \text{m} = 6.26(\text{mm})$，可见钢套管端盖不满足现场水压力要求，因此在现场底部顶管接收时，应增加钢套管端盖厚度，或者在端盖后加支撑进行加固。

7.4.3 钢套管接收装置

顶管钢套管接收装置（简称接收舱）基本结构由双层橡胶圈洞口止水法兰、半圆形钢套筒、端盖及附属阀门等几部分组成，如图 7-29 所示。各部分通过螺栓拼装而成，便于拆卸重复利用。底部铺设滑板，确保机头可以平滑地从孔口管过渡到接收舱内。其技术原理基于泥水压力平衡，通过控制接收舱内的泥水压力，使接收舱里面的泥水压力与地层水土压力保持平衡。顶管机接收完成后，利用注浆通道向顶管与接收井洞口墙之间的空隙中注入密封浆液进行密封止水；待密封浆液凝固后，排空接收舱中的泥水，拆除钢套管接收装置，吊出顶管机，实现顶管机安全可靠接收。

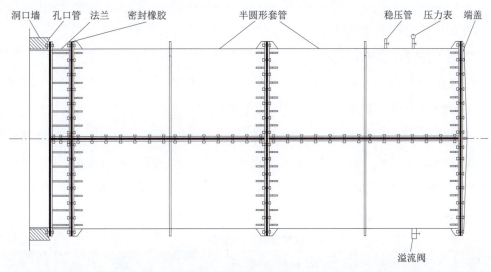

图 7-29 钢套管接收装置（一）

在接收舱长度要求较长的情况下，为便于拼装，且尽可能减少拼装接合面，以避免潜在的泄漏危险，可将部分半圆形钢套管换为整体式圆形钢套管，如图 7-30 所示。同时，为避免顶管机进入接收舱后引起舱内泥水压力剧增，可在接收舱末端附加一个稳压舱。通过向稳压舱内注入一定量的空气，当顶管机破墙进入接收舱内，通过调节稳压舱的体积和空气压力，使舱内水压始终等于地层水压力，并利用气体收缩防止顶管机进入过快造成压力骤升。为了防止顶管接收时，大量泥沙进入接收舱占据内部空间，导致顶管机接收不到位，可在接收舱上安装抽砂泵。

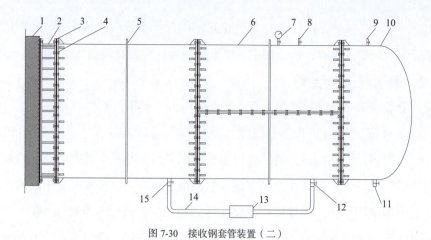

图 7-30 接收钢套管装置（二）

1- 接收井洞口墙；2- 法兰管；3-Y 形橡胶密封圈；4- 螺栓；5- 环板；6- 半圆钢筒；7- 压力表；8- 液体阀；9- 充气阀；
10- 稳压舱；11- 液体溢流阀；12- 出浆口；13- 抽砂泵；14- 泥浆循环管道；15- 入浆口

7.4.4 现场钢套管接收技术

7.4.4.1 顶管接收技术优选

虽然钢套管接收技术基本上可以解决各类顶管工程的接收问题，但是对于不同的地下水压力和地层条件，仍需要考虑采用钢套管接收技术是否经济。对于高水压情况或稳定性差的地层，顶管接收密封要求高，应优先考虑使用钢套管接收装置；而对于低水压情况和不透水的黏土层，接收时不容易出现水土流失，采用常规的接收技术即可；但在松散强透水地层，如饱和砂土层，无论水压大小，均必须采用钢套管接收装置。表 7-4 所推荐的顶管接收方法选用表，可作为顶管接收施工参考。

顶管接收方法选用表　　　　　　　　　　表 7-4

影响因素			接收方法
地上建筑安全等级	地下水压力	地层	
一级	≤ 0.1MPa	松散的强透水地层（如中粗砂层等）	高密封要求的钢套管接收
		弱透水层（如淤泥、淤泥质土、黏土、粉土等）	低密封要求的钢套管接收
	> 0.1MPa	任何地层	高密封要求的钢套管接收
二、三级	≤ 0.1MPa	松散的强透水地层（如中粗砂层等）	低密封要求的钢套管接收
		弱透水层（如淤泥、淤泥质土、黏土、粉土等）	洞口密封即可，无须钢套管接收
	> 0.1MPa	任何地层	高密封要求的接收钢套管

7.4.4.2 钢套管接收技术工艺

（1）接收工作井准备

顶管机进入接收工作井前，先对接收钢套管管口（洞口）位置进行测量。根据实际高程安装顶管机接收基座，并为洞口凿除做好准备工作，配备密封洞口钢板、补充注浆等材料。

（2）顶管轨迹测量与姿态调整

当顶管机顶进至接收段时，对顶管机位置进行精确测量，确定机头中心轴线与设计轴线的相对偏差，同时，对接收洞口中心进行复核测量，确定顶管机的贯通姿态和纠偏方案，逐渐将顶管机调整至预定位置。在考虑顶管机贯通姿态时需注意：①贯通时顶管机中心轴线与设计轴线的偏差，②与接收洞口中心位置的偏差。综合这些参数，在顶管设计轴线的基础上对机头姿态进行适当调整。纠偏需逐步完成，每一节纠偏量不宜过大。

（3）接收钢套管安装

在接收井中搭设型钢平台，破除部分混凝土墙，凿出接收洞口，安装洞口管并注浆固定。在洞口管上连接洞口止水装置，同时在平台上固定底座，将接收钢套管与洞口止水装置和底座固定，防止机头接收过程中发生移动。

（4）接收施工参数调整

在顶管机靠近接收井时，停止第1节管节注浆，在以后顶进过程中，停止注浆的顶管位置逐渐后移，保证在进入接收井前，顶管机刀盘前方有一段完整土塞，避免破洞过程中润滑泥浆大量流入接收舱内。当顶管机刀盘进入接收井加固区后应适当减慢顶进速度，加大出土量，逐渐减小顶进时机头的正面压力，以保证顶管机设备完好，洞口接收装置结构稳定。

（5）三线控制法

为合理选择素混凝土墙破碎的时机、减少素混凝土破碎时大块混凝土存在的概率，同时控制接收精度、控制机头按照预计方案进入接收舱，接收顶进采用三线控制法，即减速线、破墙线和顶进终止线。当刀盘顶进至素混凝土墙剩余500mm时，达到减速线，此时控制刀盘顶进速度，尽可能使素混凝土墙破碎时的厚度最小，进而避免大块混凝土进入接收舱，保证机头顺利顶进。破墙线是指机头顶破素混凝土墙时的控制线，破碎素混凝土墙后预留的混凝土块厚度约200~300mm。顶进终止线是指机头完全进入接收舱，且过渡段通过洞口管法兰时的标线。通过控制顶进终止线可以有效控制机头进入接收舱的长度，避免因机头进入接收舱过长引起接收舱破坏，另一方面也可避免因机头顶进不到位导致第 1 节管节无法到达指定位置。

（6）密封注浆

顶管机接收完成后，立即进行始发和接收端洞口的封堵工作。首先向洞口止水装置的两道橡胶圈之间注入速凝密封浆液，实现洞口快速止水。然后采用水泥浆将首尾各 3 根管节填充，使洞口与管节间的间隙密封，保证注入量充足，并控制好注浆压力。待浆液固化后，拆除钢套管接收装置，将顶管机吊出，进行后续顶管顶进。

（7）现场接收装置使用及改进

现场根据顶管深度的不同，针对不同地下水压力，采用两种不同结构钢套管接收装置。工作井中板上部地下水压力较小，所用的接收舱由两节拼装而成[图 7-31 a)]，内径为 1880mm，总长 5.3m，壁厚 15mm，每节均由两块半圆形钢套管拼装而成，各拼装面均设置密封橡胶板。

前期采用的接收舱在进行底部 17 号顶管接收时，密封装置效果不佳，泥砂进入并堆积于接收舱内，各拼装面均出现漏水现象。原先使用的接收舱无法满足要求，因此，对钢套管接收装置[图 7-31 b)]采取了一系列技术改进措施（图 7-32）。

①接收洞口的钢套管上安装密封弹簧钢刷[图 7-32 a)]，加大洞口密封橡胶对顶管机的握裹力，减小了地下水和泥砂涌入接收舱的可能性。

②在洞口止水法兰处安装注浆阀[图 7-32 b)]，顶管机进入接收舱后，向洞口止水装置的两道橡胶圈内快速注入聚氨酯或马丽散浆液，实现洞口快速止水，防止地下水和泥砂涌入接收舱。

③加长接收舱，并将其改为整体式[图 7-31 b)]，整个接收舱套筒只由两个长 7m 的上下两块半圆钢套筒拼装而成，减少了接收舱的接合面，同时增大了接收舱能容纳的泥砂量。即使出现了过量的泥砂涌入接收舱的现象，也不会造成顶管机无法出洞的情况。

④在接收舱端盖后部安装支架，防止高水压力导致端盖变形严重引起泄漏[图 7-31 b)]。

⑤拼装接合面均采用两排螺栓加橡胶垫进行密封，同时在接缝隙处涂抹锚固剂[图 7-32 c)]。

这些改进措施大大提高了接收舱的密封性能，能很好地满足高水压情况下的顶管接收。拱北隧道中板以下的顶管施工均采用改进后的接收舱，均顺利地完成了高水压复杂

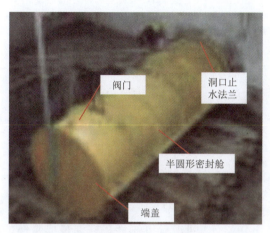

a）地下水压较小时钢套管接收装置　　　　b）地下水压较大时钢套管接收装置

图 7-31　两种钢套管接收装置图

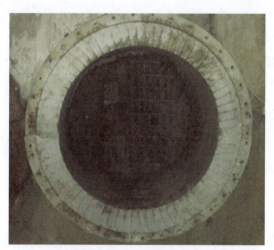

a）密封弹簧钢刷　　　　　　　　　　　b）安装注浆阀

c）锚固剂填充缝隙　　　　　　　　　　d）接收完成

图 7-32　接收舱改进措施

地质条件下的顶管机接收。

7.4.5 可能出现的问题及应急预案

顶管机在进洞、出洞过程中极易发生各种问题，存在着很大的工程风险，如果施工措施不到位或出现问题处理不当，就会造成工程质量缺陷甚至出现工程安全事故。

(1) 顶管机头"磕头"现象

由于前后土体强度差异较大，在自重作用下易引起机头下跌，即"磕头"现象。机头一旦"磕头"，纠偏难度极大，极易造成顶管施工的质量问题。

应对措施：为防止顶管机下跌，可采取土体加固、加延伸导轨、顶力合力中心低于顶管中心（为 $R/5 \sim R/4$）或将前部管节（前3节左右）同顶管机用连接件连接成整体，同时顶管机头亦可抬高一些。如果发生"磕头"，要立即利用油缸进行纠偏，纠偏无效的必须把机头拉出来处理后再重新施工。

(2) 初始顶进管节倒退现象

对于中板以下的顶管施工，由于出洞口深度较深，在初始顶进阶段，正面水土压力远大于顶管周围的摩擦阻力。拼接管节时主推千斤顶在缩回前必须对已顶进的部分管节与井壁进行固定，否则顶管发生后退时会导致洞口止水装置受损甚至威胁施工人员的生命安全。

应对措施：为防止顶管机和前几节管道后退，在初始顶进的管节外侧埋设预埋钢板，在主推千斤顶退回前将顶管与井壁相连，直至顶管外壁摩阻力大于顶管机正面水土压力为止；或在洞口两侧安装手拉葫芦拉住，或用木（钢）柱将顶管道顶住，使其不向后退。

(3) 顶管机无法准确进洞

顶管机在出洞过程中，未按照设计轴线顶进；或顶管机姿态控制不符合要求，导致机头方向跑偏，使得顶进主通道偏离设计轴线，无法正常施工，不能保证准确进洞。

应对措施：顶进过程中尤其是顶管机头逐渐靠近接收井时，应适当加大测量频率和精度，减小轴线偏差，以确保顶管能正确进洞，杜绝不能进洞的情况发生。

(4) 出洞时洞口处土体涌入工作井内

机头在出洞期间，洞口封门拆除后，洞内土体不能自立，洞圈的密封装置不能有效阻挡土体，土体随之进入工作井内。若土体塌方量过大，造成地面沉陷，将会严重影响洞口附近地下管线和地面建筑物安全，同时造成工作井内无法施工。

应对措施：出洞前对洞口处土体进行加固处理，并针对工作井具体条件，选取和安装合适的洞口止水装置。

（5）机头抛高

在出洞施工初期，顶管机正面主动土压力远大于顶管机周边的摩擦力和导轨与顶管机间摩擦力的总和，因此，极易产生顶管反弹，引起前方土体不规则坍塌，使顶管机再次顶进时方向失控和向上爬高。

应对措施：在洞口的两侧平行地面各安装好一条工字钢，当主顶油缸准备回缩加顶铁时，将两条工字钢分别与第一个顶铁焊接，然后顶进。同时在出洞之初就预设一定的向下纠偏量，尽可能克服出洞时机头抛高的现象。

（6）机头扭转

在出洞施工初期，还容易发生顶管机扭转现象。原因是顶管机刀盘转动时对前方土体会产生一个扭矩，根据相互作用原理，土体对顶管机同时也会产生一个反向扭矩。因顶管机周边的摩擦力及与导轨间的摩擦力很小，即使加上顶管机自重所产生的反抗扭矩，也小于抵消土体对顶管机产生的扭矩，致使顶管机发生扭转。

应对措施：当顶管机发生扭转时，用两块钢板分别在顶管机的两侧将顶管机和导轨焊接在一起，防止顶管机扭转。然后转动刀盘，直到刀盘转顺为止，再将钢板割开，继续顶进。依此进行下去，直到顶管机不发生扭转为止。

7.5 本章小结

（1）本工程所采用的钢套管接收技术依据泥水压力平衡原理，采用接收舱内泥水压力平衡地层水土压力，实现了高水压软土地层和松散地层顶管安全接收。该技术所采用的钢套管设备可重复利用，特别适用于群管顶进接收施工。其接收过程密封性好，有望成为今后高水压顶管接收施工的推荐技术。

（2）在 AVN1200TC 顶管机自身 UNS 导向系统的基础上，创新性地提出了三阶段小间距复合曲线顶管精度控制技术：曲线直顶始发、UNS 导向+人工复核、三线控制法接收，并辅以相应的精度控制措施，成功地将顶管精度控制在 ±50mm 以内，满足管幕精度要求，保证了整个管幕的形成。

（3）对于本工程的复合地层泥浆工艺，需要根据不同地层选择与之相配的泥浆配方及参数。泥水平衡泥浆和润滑泥浆性能主要考虑地层渗透性，同时还需考虑含盐地下水对泥浆的破坏作用，所配备的泥浆应具有抗盐离析能力。对于润滑泥浆，需保证泥浆性能长时间稳定，以实现长期高效减阻效果。综合上述因素，本工程采用泥水平衡泥浆，在渗透性强的砂层中主要通过增加CMC（羧甲基纤维素）来提高泥浆黏度，以适应从细砂到砾砂地层；而黏土层中泥浆通过添加HPAM（水解聚丙烯酰胺）絮凝剂防止渣土包裹刀盘，同时提高淤泥质土的泵送性能。上述泥水平衡泥浆体系，保证了复合地层顶管施工顶进的高效和安全。润滑泥浆主要通过添加增黏剂，减少砂层中泥浆漏失，使顶管周围泥浆套长期保持。施工现场泥浆使用结果表明，其润滑效果极好，摩阻力小于目前规范推荐值。

（4）综合上述各关键技术所形成的拱北隧道曲线管幕施工技术指南，在实际工程施工中得到了有效应用，解决了复合地层顶管设备选型、长距离大直径曲线顶管管幕精度控制、海陆交互相沉积富水地层泥浆制备、高水压大直径管节密封问题和砂（含砂）地层始发接收等关键技术难题。确保了管幕施工安全，有效避免了高水压条件下始发接收过程中涌水涌砂等次生灾害，保证了管幕施工对拱北口岸通关无任何影响，同时节约了工期，节省了施工成本。

第 8 章
CHAPTER 8
顶管顶进参数分析及顶力设计

8.1 施工过程顶进参数分析

在顶管施工过程中，顶进参数的控制与分析对精度控制、轨迹形成以及安全始发、接收尤为重要。此外，通过对施工过程中顶进参数的分析，可检验工程设计中所采用参数的准确性，及时调整设计参数，做到信息化施工，为安全施工提供实测依据。在尽可能考虑不同影响因素的基础上，本章主要选取 1 号、6 号、8 号、10 号与 18 号这 5 根顶管的顶进参数进行分析。

8.1.1 顶进参数选取依据及相关参数

8.1.1.1 顶进参数选取依据

拱北隧道顶管管幕断面大、埋深大、地层条件复杂，加上 0 号试验管一共顶进 37 根顶管。在进行顶进参数分析时，虽不能对每根管逐一进行分析，但也要尽可能考虑不同工况下的各种顶进参数，这样才具有代表性和指导意义。在进行顶进参数分析时，选取的依据主要是：①顶管埋深：选取上中下 3 个部位的管道进行分析；②顶管所处管幕轴迹位置：管幕断面沿中心轴对称，故选取管幕轴迹中心和两端的顶管进行分析；③不同地层条件：涉及的地层主要有人工填土、中砂、粉质黏土、砾砂、淤泥质粉质黏土、粉质黏土、粉土、砾质黏性土。根据顶管穿越的主要地层，将地层分为 4 大类，分别为人工填土、淤泥类、粉土与黏土类、砂类。再根据顶管穿越的这几类主要地层，按照单一、两两组合或 3 个组合的方式选取相关顶管参数进行分析。

8.1.1.2 选取顶管及相关参数

根据上述选取原则，选择 1 号、6 号、8 号、10 号与 18 号这 5 根顶管的顶进参数进行分析，这 5 根顶管的具体相关参数见表 8-1。根据详勘地质剖面图、埋深以及顶进方向和里程，每根顶管顶进距离与所穿越地层之间的对应关系如表 8-2 所示。

各选取顶管的相关参数一览表　　　表 8-1

管幕顶管编号	埋深（m）	与轴线距离（m）	穿越地层	圆曲线长度（m）	缓和曲线长度（m）	管幕长度（m）	顶进方向	曲线轨迹
1 号	5.81	0.00	人工填土（主要为孤石、建筑回填、淤泥质土）	167.875	90.042	257.917	由东向西	先缓和曲线，后圆曲线
6 号	9.86	8.46	主要为粗砂、粉质黏土，少量淤泥质土	165.969	89.908	255.877	由东向西	先缓和曲线，后圆曲线
8 号	12.48	9.80	主要为粗砂、砾砂，少量粉土	165.724	89.833	255.557	由东向西	先缓和曲线，后圆曲线
10 号	17.48	10.31	主要为淤泥质土，少量粉土	165.629	89.804	255.433	由西向东	先圆曲线，后缓和曲线
18 号	28.23	1.96	主要为砾砂、粗砂、淤泥质土，少量粉砂、细砂	167.169	90.274	257.443	由东向西	先缓和曲线，后圆曲线

注：与轴线距离：指管道圆心到管幕纵向轴线的水平距离，以管幕纵向轴线为零点，管幕轴线右侧为正，左侧为负。

各顶管顶进距离与穿越地层对应表　　　表 8-2

编号	顶进距离（m）	穿越地层	编号	顶进距离（m）	穿越地层
1 号	0~146.5（146.5）	人工填土	10 号	0~37（37）	粉土
1 号	146.5~193（46.5）	淤泥质土	10 号	37~259（222）	淤泥质土
1 号	193~259（66）	人工填土	18 号	0~18.5（18.5）	粉砂、细砂
6 号	0~120（120）	粗砂、砾砂	18 号	18.5~102（83.5）	淤泥质土
6 号	120~136.5（16.5）	粉质黏土夹砂	18 号	102~146.5（44.5）	粗砂、砾砂
6 号	136.5~259（122.5）	粉质黏土夹淤泥土	18 号	146.5~179（32.5）	淤泥质土
8 号	0~221（221）	粗砂、砾砂	18 号	179~259（80）	粗砂、砾砂
8 号	221~259（38）	粉土		—	

8.1.2 顶力曲线分析

在顶管施工中,总顶力由管节前端贯入阻力(即迎面阻力)和管节外壁与土体的摩阻力(简称管道摩阻力)两部分组成。其中,管节摩阻力是顶力的重要组成部分,其大小直接影响顶力的大小,与土层参数、管节埋深、管径以及管与土之间的接触应力等因素有关。管节在顶进中,管节外壁与土体的摩擦有3种:黏附摩擦、滑动摩擦、滚动摩擦。其中,发生滚动摩擦(最明显的是土颗粒进入管节接头处)的现象一般很少,顶力计算公式中在安全系数取值方面会考虑到。故只需分析黏附摩擦和滑动摩擦的情形。顶进中管节的迎面阻力与土压力的大小有关。一般贯入阻力在 300 ~ 600kPa 之间变化。随着顶进距离的加长,迎面阻力占总顶力的百分比减小,对整个顶力的影响不大。

为了准确计算摩擦阻力,必须同时掌握全部顶力和迎面阻力(正面阻力)的信息。对于大多数顶管机械来说,迎面阻力实际上很难量测。但是,总顶力的变化通常与掘进面正面阻力的变化直接相关,因此,可认为最小总顶力相当于掘进面迎面阻力 N_F,而总顶力中相应于顶进距离增加而增加的部分则是土体与管壁的摩擦阻力 f。也就是说,土体-管壁摩擦曲线将大致通过总顶力最低点,该最低点值就对应迎面阻力 N_F,这样便可根据总顶力曲线的斜率求出摩擦阻力 f。

按照上述方法对顶力进行分析,各顶管顶力曲线如图 8-1 ~ 图 8-5 所示。根据各顶管所对应不同地层,分段对顶力曲线进行线性拟合,即可分析其摩阻力。

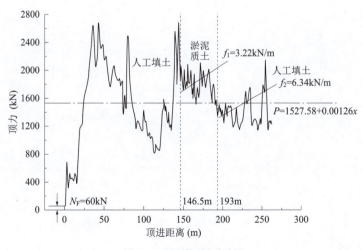

图 8-1 1号顶管顶力曲线图

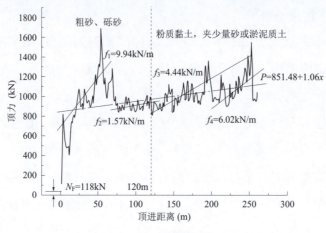

图 8-2　6 号顶管顶力曲线图

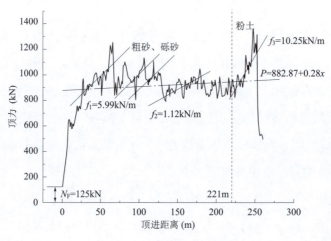

图 8-3　8 号顶管顶力曲线图

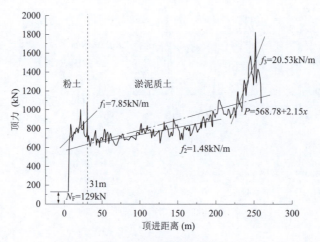

图 8-4　10 号顶管顶力曲线图

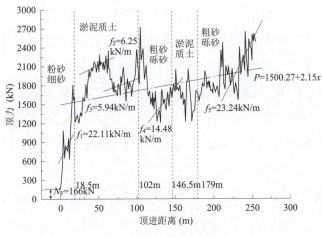

图 8-5　18 号顶管顶力曲线图

由图 8-1~图 8-5 可知，1 号、6 号、8 号、10 号和 18 号这 5 根顶管顶进时的迎面阻力分别为：60kN、118kN、125kN、129kN、166kN，随着顶管埋深增加而增大。

由图 8-1 可知：①1 号顶管顶进时，顶力十分不稳定，有突然增大或突然减小的现象，主要是因为人工填土中有粒径较大的孤石及建筑回填混凝土块，还夹有少量钢筋，当遇到大粒径孤石或混凝土块时，迎面阻力增大，致使顶进速度减慢，所需顶力增大；当穿过障碍物后，进入淤泥质土，顶力慢慢减小。②根据地层分别进行线性拟合，排除顶力突变点后，分别得到人工填土的摩阻力为 6.34kN/m；淤泥质土的摩阻力为 3.22kN/m。③随着顶进距离增加，迎面阻力对总顶力变化趋势影响越来越小，摩阻力逐渐增大，顶力整体则呈增加的趋势。

由图 8-2 可知：①砂层顶力比粉质黏土层大，在地层变化时顶力有明显改变。②粗砂、砾砂层有顶力突然猛增的情况，原因可能为砾砂中有颗粒较大的砾石，在注浆之后摩阻力减小，顶力减小明显，证明注浆效果较好；粉质黏土层中，顶力整体呈逐渐增加的趋势。③粗砂、砾砂的摩阻力为 9.94kN/m，粉质黏土层的摩阻力为 4.44~6.02kN/m。

由图 8-3 可知：①在粗砂、砾砂中，顶力分段变化，平稳上升后又降低，然后再平稳上升，这个跟分段注浆有关。②粉土中，顶力主要呈逐渐上升的趋势，且最大顶力大于粗砂层中的最大顶力。③粗砂、砾砂层中的摩阻力为 1.12~5.99kN/m；粉土中的摩阻力为 10.25kN/m。

由图 8-4 可知：①10 号顶管穿越地层相对单一，且顶力在各地层中整体上升趋势明显，上下波动很小。②淤泥质土中，在 225m 之后顶力陡增，变化梯度大。根据对应的顶进速率反而减小以及施工日志和后续顶力没有减小的情况综合分析，最可能的原因是施工停顿期过长导致摩阻力增大，故在摩阻力分析时应分段进行。③粉土层的摩阻力为7.85kN/m；淤泥质土的摩阻力为1.48kN/m和20.53kN/m。

由图8-5可知：① 18号顶管顶进时穿越地层分段多，较为复杂，顶力变化快，曲线比较复杂。在地层过渡变化时，顶力变化明显。整体来看，在粗砂、砾砂层中顶力最大。②淤泥质土的摩阻力为5.94~6.25kN/m；粉细砂的摩阻力为22.11kN/m；粗砂、砾砂的摩阻力为14.48~23.24kN/m。

总的来看，通过对各个埋深和地层情况下的顶力进行分析，可以得出：①迎面阻力随埋深增加而增大。②顶力随着顶进距离增加整体呈增大趋势，但由于注浆且注浆效果良好，致使顶力下降很多。同时，由于是分段注浆，顶力分段上升然后下降。③顶进过程中，突遇障碍物顶力会猛增，然后慢慢下降。④通过顶力曲线斜率分析得出：人工填土的摩阻力为6.34kN/m；淤泥质土的摩阻力为1.48~6.25kN/m、20.53kN/m；粗砂、砾砂的摩阻力为1.12~23.24kN/m；粉砂、细砂的摩阻力为22.11kN/m；粉土的摩阻力为7.85~10.25kN/m；粉质黏土的摩阻力为4.44~6.02kN/m。由此可见，不同地层的摩阻力与埋深并没有直接的关系，跟地层本身物理力学参数以及注浆效果有关。

8.1.3　顶力与顶进速度关系分析

顶进速度是泥水平衡顶管施工中一个比较重要的控制参数，顶进速度控制是否合理，将直接影响开挖面稳定、顶进量管理以及送、排泥泵控制，也影响润滑泥浆状态的好坏。分析实际施工时的顶进速度等参数，以顶进距离为横坐标作曲线，如图8-6~图8-10所示。

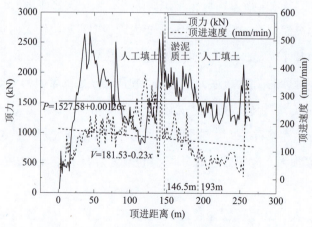

图8-6　1号顶管顶力与顶进速度曲线图

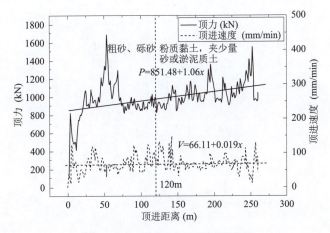

图 8-7　6 号顶管顶力与顶进速度曲线图

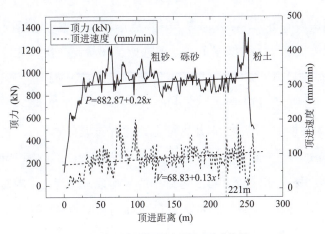

图 8-8　8 号顶管顶力与顶进速度曲线图

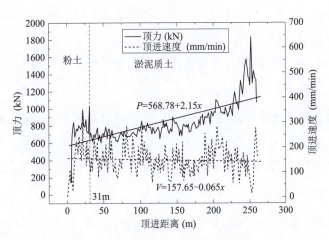

图 8-9　10 号顶管顶力与顶进速度曲线图

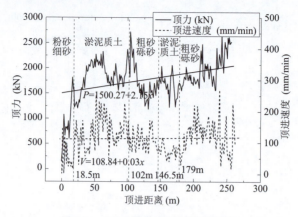

图 8-10 18 号顶管顶力与顶进速度曲线图

由图 8-6 可知：①整体分析看，顶进速度与顶力并不完全呈正相关的关系。有顶力小，顶进速度却很大的情况；也有顶力大，顶进速度随之增大的情况。②在顶进距离 146.5m 之前，顶力突然增大后缓慢下降，顶进速度却从慢变快。分析主要原因是因地层变化或突遇障碍物后顶力突然增大，穿越障碍物后或者注浆以后摩阻力迅速减小，顶力减小，所以，顶进速度反而变快，顶进越来越顺利。③在顶进距离 146.5m 之后，顶进速度随顶力增大而增加，随顶力减小而降低，两者同步变化。

由图 8-7 可知：①在粉质黏土层中顶进速度的相对稳定，顶力稳定上升，说明注浆效果好，各项参数保持稳定。②粗砂、砾砂中的平均顶进速度大于粉质黏土中的顶进速度。分析原因为：当刀盘开口率一定时，黏度较高的土层容易导致排土效率降低，致使顶进速度减慢。

由图 8-8 可知：①整个顶进过程中，顶进速度稳步上升，但上升速度很小。②粉土中的顶进速度略微高于粗砂、砾砂中的顶进速度。

由图 8-9 可知：粉土中的顶进速度略高于淤泥质土中的顶进速度，整体顶进速度有随着顶进距离增加而小幅减小的趋势。

由图 8-10 可知：顶进速度随地层变化复杂。同为淤泥质土，在 18.5~102m 段，顶力和顶进速度都比较大；然而在 146.5~179m 段，顶进速度突然降低，是顶进过程中顶进速度最小的一段。可能的原因分析：由于中间有一段为粗砂、砾砂地层，随着距离增加，后续管节受到的摩阻力增大，顶进速度减慢。

总的来看，通过分析不同埋深和地层情况下的顶进速度，可以得出：①顶进速度与顶力没有统一的对应关系。地层稳定，周围条件良好的情况下，由于影响因素相对单一，顶力和顶进速度也稳定且成正相关的对应关系，顶力增大则顶进速度变快。当地层变化或周围条件发生改变，则顶力和顶进速度受多个因素影响，并不呈现出简单的对应关系。②不同地层的顶进速度由快到慢排序为：粉土、淤泥质土、粗砾砂、粉质黏土。③顶进速度受顶力、地层及其物理力学参数、顶管埋深和施工工艺等多因素影响，与穿越地层的先后顺序有关，所以，上述顶进速度排序只是一般性结论，不具普适性。

8.1.4 顶力与开挖仓地压关系分析

开挖仓地压是控制开挖面稳定和切口上方及前部一定范围土体稳定和变形的一个非常重要的施工参数，对顶管施工轴线和地层变形量的控制起主导作用。开挖仓地压即为泥水压力，其控制至关重要，直接影响正面土体的稳定。各顶管顶进过程中开挖仓地压的曲线变化如图8-11~图8-15所示。

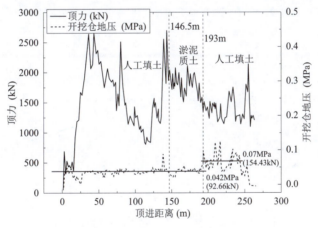

图8-11 1号顶管顶力与开挖仓地压曲线图

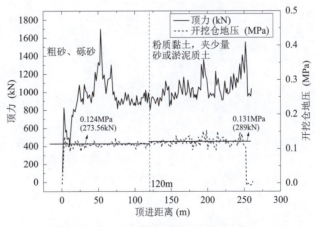

图8-12 6号顶管顶力与开挖仓地压曲线图

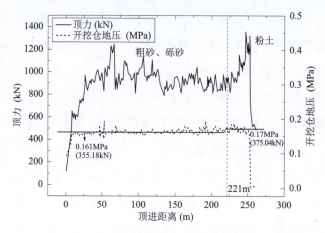

图 8-13　8 号顶管顶力与开挖仓地压曲线图

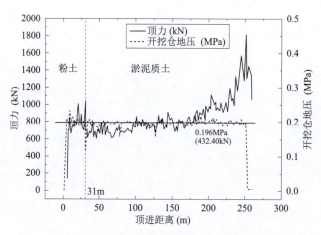

图 8-14　10 号顶管顶力与开挖仓地压曲线图

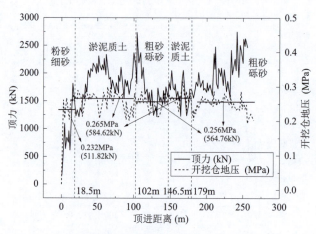

图 8-15　18 号顶管顶力与开挖仓地压曲线图

由图 8-11~图 8-15 可知，5 根顶管顶进的过程中开挖仓地压保持较为稳定。1 号、6 号、8 号与 10 号这 4 根顶管顶进时开挖仓地压曲线基本成一条直线，18 号顶管由于穿越地层较为复杂，开挖仓地压上下幅度有轻微变化，但排除突变点等干扰因素后，开挖仓地压也基本保持在同一幅度值上下。顶进过程中，5 根顶管的开挖仓地压均随顶管埋深的增加而增大。通过这一规律可得出，开挖仓地压的主要影响因素为顶管埋深和上覆土层参数。通过这一参数的分析，可以对开挖仓压力的理论计算公式进行修正，使开挖仓地压的理论计算更为贴近实际工况，以准确确定顶力和顶进速度，较好地指导施工。

由图 8-11 可知：①在 0~193m 段，开挖仓地压很稳定，保持在 0.042MPa、92.66kN 左右；193~255m 段开挖仓地压变化较大，说明遇到的孤石或混凝土块较多，没有形成稳定的开挖面。②顶进时顶力比开挖仓地压大很多，但 1 号顶管的埋深很浅，说明在人工填土层进行顶管施工时，除了相应的摩阻力外，顶力分析考虑的主要因素为建筑回填垃圾。针对人工填土层，不能简单地用顶力理论计算公式分析，应将孤石或混凝土块等大体积障碍物引起的校正系数考虑在内。

由图 8-12 可知：①粗砂、砾砂对应的开挖仓地压为 0.124MPa、273.56kN；粉质黏土对应的开挖仓地压为 0.131MPa、289kN。②粗砂、砾砂层中在开挖仓地压稳定的情况下，顶力有陡增的情况。

由图 8-13 可知：①粗砂、砾砂对应的开挖仓地压为 0.161MPa、355.18kN；粉土对应的开挖仓地压为 0.17MPa、375.04kN。②粗砂、砾砂层中在开挖仓地压稳定的情况下，顶力有陡增的情况。

由上述 6 号、8 号这 2 根顶管的开挖仓地压与顶力分析可知，在开挖仓地压稳定的情况下，粗砂、砾砂层中顶力有陡增点，再结合前述章节的研究成果可知，粗砂、砾砂层的摩阻力最大。

由图 8-14 可知：①由于粉土层距离不长，地层相对单一，粉土和淤泥质土的开挖仓压力都维持在 0.196MPa、432.4kN 左右。②顶力与开挖仓地压较为接近，说明淤泥质土层摩阻力较小，同时，注浆效果较好。

由图 8-15 可知：①地层复杂使开挖仓地压很难维持稳定，加之埋深很大，水压与地压都变大，开挖仓地压更难稳定。②粉砂、细砂对应的开挖仓地压为 0.232MPa、511.82kN；粗砂、砾砂对应的开挖仓地压为 0.256MPa、564.76kN；淤泥质土对应的开挖仓地压为 0.265MPa、584.62kN。③与其他顶管比较，18 号顶管顶力比开挖仓地压大很多。最大影响因素为顶管埋深，由于埋深过大，致使上覆土层泥水压力过大，同时，土拱效应更加明显。

总的来看，通过这 5 根顶管开挖仓地压与顶力的分析，可以得出：①开挖仓地压主要影响因素为顶管埋深与上覆土层参数。②开挖仓地压比较稳定，基本保持在一个数值上下变动。③由于开挖仓地压稳定，影响因素相对较少且变化有规律，可以对开挖仓压力的理论计算公式进行修正，使开挖仓地压的理论计算更为贴近实际施工情况，较好地指导施工。④针对人工填土层进行顶力计算时，应考虑孤石或混凝土块等大体积障碍物引起的校正系数。⑤顶进地层复杂多变时，开挖仓地压较难维持稳定。

8.1.5 顶进速度与刀盘转速关系分析

图 8-16~图 8-20 为顶进速度与刀盘转速关系图。由图 8-16~图 8-20 可知：①各顶管顶进时，刀盘转速相对稳定，在一个固定值上下变化；顶进速度受土层与顶力的影响跳跃比较大。②各顶管对应地层的刀盘转速分别为：1 号：人工填土 5r/min；6 号：4.51r/min；8 号：4.55r/min；10 号：粉土 4.57r/min，淤泥质土 6.02r/min、4.53r/min；18 号：粉砂、细砂 4.1r/min，粗砂、砾砂 4.48r/min、4.46r/min，淤泥质土 4.38r/min、4.32r/min。③ 1 号顶管 146.5~255m 段，刀盘转速随顶进速度呈直线下降趋势，没有固定的转速，主要原因是：这段距离的人工填土中有大体积的孤石或混凝土块，致使顶进速度减慢。受切削能力限制，刀盘转速降低后，缓慢地切削、打磨障碍物。

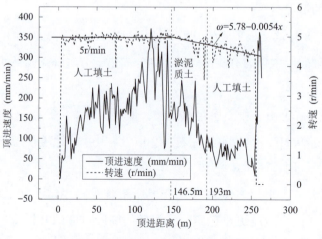

图 8-16　1 号顶管顶进速度与转速曲线图

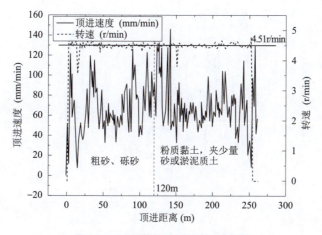

图 8-17　6 号顶管顶进速度与转速曲线图

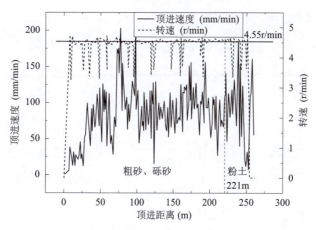

图 8-18　8 号顶管顶进速度与转速曲线图

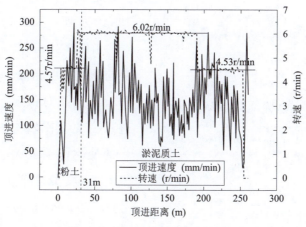

图 8-19　10 号顶管顶进速度与转速曲线图

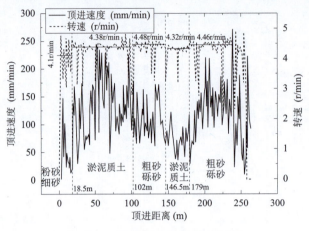

图 8-20　18号顶管顶进速度与转速曲线图

8.1.6　顶进距离与进尺关系分析

理论上讲，只要顶进速度与刀盘转速组成的平衡体系得以满足的话，顶管机就会保持在平衡状态下工作。通常，刀盘转速易于固定，但是顶进速度则取决于顶进土体的难易程度和顶力的大小，尤其是顶力。因此，平衡往往容易被打破，导致顶进过程中泥水压力和地表变形会发生变化。当刀盘转速相对固定时，顶进速度直接影响顶进效率和排土效率。用进尺（即顶进速度与刀盘转速之比，单位：mm/r）表示顶进效率，各顶管顶进效率对比分析如图8-21所示。

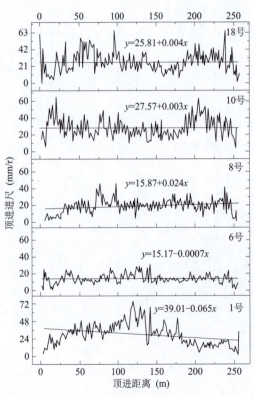

图 8-21　各顶管进尺曲线对比图

由图8-21可知：①顶管进尺变化趋势与顶进速度相似。②6号顶管与8号顶管进尺相对稳定，其余几根顶管的进尺变化范围较大，其中1号顶管进尺的变化范围最大。③各顶管对应的平均进尺分别为：1号：30.46mm/r；6号：15.25mm/r；8号：19.04mm/r；10号：27.954mm/r；18号：25.94mm/r；相应地各顶管对应的施工工期分别为：11d、14d、13d、12d、12d。综合分析得出，进尺可以作为施工效率的主要指标，进尺越大，实际施工工期越短。

8.1.7 不同地层顶力分析

通过以上对各参数的详细分析，得出了进尺、顶进速度、顶力等的初步结果，但还不能完全揭示管幕施工过程中顶管施工参数的内在规律和相互联系。在此基础上，综合对比分析后，得到顶管相关参数如表8-3所示。

初步结果与参数统计表　　　　　　　表8-3

顶管编号	埋深（m）	穿越地层	迎面阻力（kN）	开挖仓地压（MPa, kN）	摩阻力（kN/m）	转速（r/min）	进尺（mm/r）
1号	5.81	人工填土	60	0.070, 154.43	6.34	5.00	30.460
		淤泥质土		0.042, 96.66	3.22		
6号	9.86	粗砂、砾砂	118	0.124, 273.56	1.57~9.94	4.51	15.252
		粉质黏土（夹淤泥、砂）		0.131, 289.00	4.44~6.02		
8号	12.48	粗砂、砾砂	125	0.161, 355.18	1.12~5.99	4.55	19.040
		粉土		0.170, 375.04	10.25		
10号	17.48	粉土	129	0.196, 432.40	7.85	4.57	27.954
		淤泥质土			1.48~20.53	4.53~6.02	
18号	28.23	粉砂、细砂	166	0.232, 511.82	22.11	4.10	25.936
		粗砂、砾砂		0.256, 564.76	14.48~23.24	4.47	
		淤泥质土		0.265, 584.62	5.94~6.25	4.35	

8.1.8 不同地层迎面阻力分析

根据前期调研，总结得出3种迎面阻力计算分析的方法：最小值法、线性分析法和开挖仓地压估算法。

8.1.8.1 最小值法

最小值法，即认为顶进过程中最小总顶力就相当于掘进面迎面阻力。根据前面的分析（表8-3）结果，得出不同顶管埋深处的迎面阻力变化图，如图8-22所示。由图8-22可知，根据最小值法，迎面阻力变化趋势近似直线，随顶管埋深的增加而增大。采用线性拟合的方法对其进行分析，分析过程中有两种拟合情况：①有截距，②截距为0；拟合情况如图 8-22 所示。根据拟合效果评判标准，即相关系数 R^2 越接近正负 1，表示数据相关度越高，拟合效果越好。比较这两种拟合情况的相关系数 R^2，得出最合适的拟合结果为无截距的直线：$y = 7.21x (R^2 = 0.916)$。

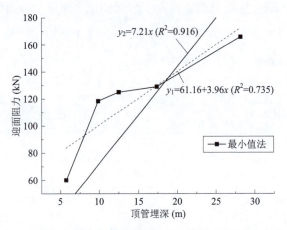

图 8-22　最小值法迎面阻力随顶管埋深变化曲线图

由拟合结果可知，由最小值法分析出来的迎面阻力特别小，明显不符合实际。结合实际施工情况分析得出最可能的原因是：由于顶管工作井地下连续墙厚度、顶管洞口密封先行孔口管以及洞口素混凝土加固层三者加起来的厚度在 3m 左右，所以分析出来的最小顶力不是正常切削土体时的最小顶力，因而数值小很多。为了提高分析结果的可靠性，需要进一步排除干扰，穿过加固层之后进入土层正常切削时，可采用此法分析迎面阻力。

8.1.8.2　线性分析法

根据顶力计算公式 [式 (3-42)]，F_p 是关于距离 L 的一元一次函数，通过对顶力曲线进行线性分析，得出拟合方程，则方程的截距即为迎面阻力。各编号顶管顶力曲线整体线性拟合结果如表 8-4 所示。

顶力曲线拟合结果表　　　　表 8-4

顶管编号	1 号	6 号	8 号	10 号	18 号
拟合方程	$P=1527.58+0.00126L$	$P=851.48+1.06L$	$P=882.87+0.28L$	$P=568.78+2.15L$	$P=1500.27+2.15L$
迎面阻力（kN）	1527.58	851.48	882.87	568.78	1500.27
单位长度平均摩阻力（kN/m）	0.00126	1.06	0.28	2.15	2.15

实际施工过程中，1号顶管埋深最浅，加之土层为人工填土，夹有大体积障碍物，致使顶力很大。排除因迎面阻力过大导致顶力很大这一因素，可将1号顶管的线性分析结果作为干扰点排除，剩余顶管的分析结果如图8-23所示。

将有截距和无截距这两种方式进行线性拟合，对比拟合相关系数，得出最佳的拟合结果为：$y = 52.9x(R^2 = 0.907)$。图8-23中10号顶管顶力拟合结果很小，比埋深较浅的6号顶管与8号顶管的顶力还小。根据施工情况与记录，分析原因为：在18号顶管顶进前后有漏水，致使地下水位下降，水压降低，最终泥水压力减小。所以，在地下水位同等的条件下，方可进行拟合分析。此外，此种线性拟合分析的方法不适用于夹有建筑垃圾与孤石的人工填土。

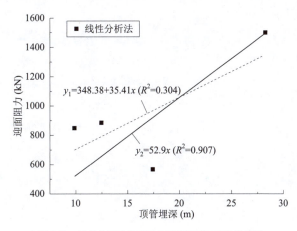

图8-23　线性分析法迎面阻力随顶管埋深变化曲线图

8.1.8.3　开挖仓地压估算法

关于理论计算法，国内外学者做了大量研究，有水土分算法与水土合算法等。总的来说，通过理论计算得出的迎面阻力介于主动土压力与被动土压力之间，变化范围很大。此处提出开挖仓地压估算法，通过实测顶力以及开挖仓地压数据来分析反算迎面阻力，以尽可能缩小理论计算中迎面阻力取值的范围。

迎面阻力主要由刀盘接触压力与液体压力两部分组成。刀盘接触压力介于作用在开挖面上的主动土压力与被动土压力之间，液体压力的大小取决于地下水位的高度。实际顶管施工过程中，开挖仓中的泥水压力包括刀盘接触压力和液体压力，同时略小于迎面阻力。因此，采用施工过程中的实测开挖仓地压来估算迎面阻力。

为便于分析，统一将各顶管穿越地层归结为复合地层。表8-3中同一埋深条件下开挖仓地压保持一致，各地层对应的开挖仓地压相差较小。根据表 8-3 中开挖仓地压对应地层占总顶进距离的权重计算，得出各顶管顶进时复合地层相应的开挖仓地压，结果见表 8-5。为与迎面阻力直观对比，开挖仓地压仅采用 kN 为单位。

各埋深条件下复合地层开挖仓地压参数表　　表 8-5

顶管编号	1 号	6 号	8 号	10 号	18 号
开挖仓地压（kN）	121.6	281.76	357.85	432.4	569.9

根据表 8-5 中的参数，作开挖仓地压随顶管埋深变化曲线，如图 8-24 所示。按有截距和无截距这两种方式进行线性拟合，比较拟合相关系数，得出最佳的拟合结果为：$y = 22.74x (R^2 = 0.974)$。

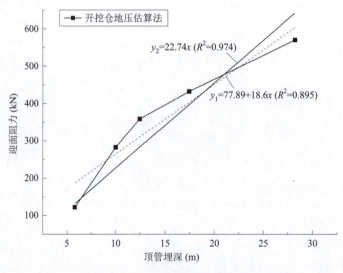

图 8-24　开挖仓地压随顶管埋深变化曲线图

对比分析上述 3 种迎面阻力计算方法的分析结果，同时与正常顶进过程中的最小顶力进行比较，分析得出最合适的迎面阻力计算方法，结果见图 8-25。3 种计算方法分析出来的系数分别为：7.21kN/m、22.74kN/m、52.9kN/m。将这 3 个系数除以开挖仓面积换算成平均重度分别为：3.27kN/m³、10.31kN/m³、23.98kN/m³。

通过分析，发现开挖仓地压估算法分析算出的平均重度略微大于水的重度，说明实际顶进施工过程中，开挖仓地压设置时主要考虑水压。为了更准确地计算分析得出迎面阻力，需要在此基础上再考虑土体压力，以进行优化。

第 8 章 顶管顶进参数分析及顶力设计

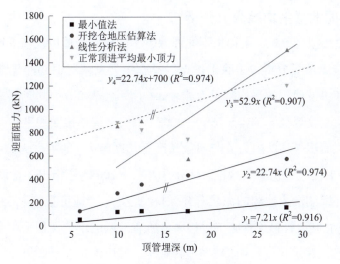

图 8-25 迎面阻力算法对比分析图

日本推进技术协会在计算迎面阻力时，根据施工经验提出 $P = \gamma_\mathrm{h} H + 20.0(\mathrm{kN/m^2})$ 的方法，即在正常水压的基础上加 2m 水压。根据这一思路，可以采用在开挖仓地压估算法的结果上加上一定的值，使最终结果既能满足整个施工范围内的迎面阻力计算，同时，也能尽量缩小理论计算中迎面阻力的取值范围。由图 8-25 可看出，对比分析几种拟合方法，只有开挖仓地压估算法既符合理论要求，也能满足施工需求，还能缩小迎面阻力的取值范围。

通过分析，为了较好地涵盖顶力范围，在开挖仓地压估算法拟合曲线的基础上加 700kN，即将直线向上平移 700，最后得到直线方程 $y = 22.74x + 700$。此即为采用开挖仓地压估算法得出的珠海地区海陆交互相富水复杂地层顶管施工迎面阻力的最终表达式，具体为

$$N_\mathrm{F} = 22.74 H_\mathrm{s} + 700 \tag{8-1}$$

或

$$N_\mathrm{F} = \frac{\pi}{4} D_\mathrm{g}^2 P + 700 = \frac{\pi}{4} D_\mathrm{g}^2 \gamma_\mathrm{s} H_\mathrm{s} + 700 \tag{8-2}$$

式中：D_g——顶管机头直径（m）；

P——开挖仓泥浆压力（kPa）；

γ_s——泥水平衡泥浆重度（kN/m³），$\gamma_\mathrm{s} = 10.31 \mathrm{kN/m^3}$；

H_s——顶管中心距地下水位线深度（m）。

该式不适用于夹有建筑垃圾与大体积障碍物的人工填土。

8.1.9 不同地层平均摩阻力分析

通过顶力曲线拟合分析，可得出不同埋深下不同地层的单位长度平均摩阻力。结合拱北隧道实际施工情况分析，去除干扰点以及施工突发情况引起的异常点，各地层对应的单位长度和单位面积的平均摩阻力如表8-6所示。表8-6中同时列出了《给水排水管道工程施工及验收规范》（GB 50268—2008）中的地层单位面积平均摩阻力选取范围作为对比。单位面积平均摩阻力f_k与单位长度平均摩阻力f的关系为$f = pD_0 f_k$。此外，《给水排水管道工程施工及验收规范》（GB 50268—2008）还指出，在润滑泥浆技术成熟可靠、顶管外壁能形成连续的泥浆套并保持稳定时，f_k值可直接取3.0~5.0kN/m²。由表8-6可知，拱北隧道管幕顶管施工过程中，所有地层的单位面积平均摩阻力都在这个范围内，有些地层还更小，这说明现场顶管施工过程中泥浆润滑效果较好。

由此可得出：在珠海地区富水复杂地层条件下顶管施工时，若采用配套的泥浆技术，则在估算顶力时，单位面积平均摩阻力可直接按照3.0~5.0kN/m²取值。更准确地确定单位面积平均摩阻力，可按地层分别取值，即淤泥质土：1.23kN/m²；粉质黏土：1.18kN/m²；粉土：2.01kN/m²；粉砂、细砂：4.34kN/m²；粗砂、砾砂：4.57kN/m²。

不同土层平均摩阻力参数表 表8-6

地层	埋深（m）	单位长度平均摩阻力（kN/m）	单位面积平均摩阻力（kN/m²）	单位面积平均摩阻力参考值（kN/m²）（GB 50268—2008）
人工填土	5.81	6.34	1.25	—
淤泥质土	5.81	3.22	0.29~1.23	—
	17.48	1.48		
	28.23	5.94~6.25		
粉质黏土	9.86	4.44~6.02	0.87~1.18	3.0~4.0
粉土	12.48	10.25	1.54~2.01	4.0~7.0
	17.48	7.85		
粉砂、细砂	28.23	22.11	4.34	7.0~10.0
粗砂、砾砂	9.86	1.57~9.94	0.22~4.57	10.0~13.0
	12.48	1.12~5.99		
	28.23	14.48~23.24		

注：表中所有平均摩阻力均指采用润滑泥浆后的摩阻力。

8.1.10 现场顶进参数选择建议

（1）通过不同地层和埋深条件下现场实测顶管摩阻力的分析，在采用润滑泥浆的条件下，为便于现场顶力设置，淤泥质土层单位面积平均摩阻力可取 1.5kN/m²，粉质黏土层的取 1.5kN/m²，粉土层的取 2.0kN/m²，砂层的取 5.0kN/m²。

（2）在地层变化或突遇障碍物后顶力突然增大，穿越障碍物或者注浆后顶进速度变快。同一地层顶进速度虽然发生波动，但基本保持在一定范围内。人工填土层平均顶进速度控制在 180mm/min 为宜，砂层和淤泥质土层控制在 70mm/min 为宜，粉土层控制在 160mm/min 为宜。

（3）开挖仓地压曲线基本成一条直线，且随顶管埋深的增大而增加。根据这一规律可知，开挖仓地压的主要影响因素为顶管埋深和上覆土层参数。不同埋深顶管开挖仓地压分析表明其略大于静水压力，实际顶管施工过程中，开挖仓地压设置主要考虑水压，可参照式（8-1）、式（8-2）计算。在穿越地层交界面或者复杂地质时，可适当增加开挖仓压力。

（4）顶进时刀盘转速相对稳定，波动不大。人工填土层和粉土层刀盘转速可控制在 5r/min，淤泥质土层刀盘转速可控制在 4~6r/min，砂层刀盘转速可控制在 4r/min。当遭遇大体积的孤石等障碍物时，应适当降低刀盘转速。

8.2 顶力理论计算研究

8.2.1 顶管顶力的组成

顶力计算是顶管工程设计阶段的重要一环，后背墙、管节的设计以及中继环的间距都是以顶力为依据设计的。理论上，顶力应满足克服沿线的管节外壁摩阻力和顶管机头侵入地层的阻力，其典型受力模型见图 8-26。顶力在泥水平衡顶管施工中与迎面阻力相等，在螺旋钻或开仓式顶管施工中与刃口压力相等。若采用气压或泥浆压力平衡开挖面，那么作用在刀盘上的气压或泥浆压力也需要考虑在侵入阻力内。一般情况下，顶力可按下式计算：

$$F = F_p + F_f + F_W \tag{8-3}$$

式中：F——总顶力（kN）；

F_p——刀盘侵入阻力（kN）；

F_f——土压力引起的管土间摩阻力（kN）；

F_w——管节自重引起的管土间摩阻力（kN）。

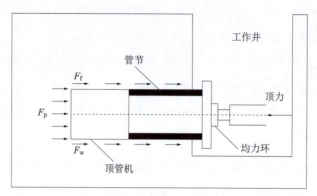

图 8-26　顶力组成示意图

8.2.1.1　迎面阻力

泥水平衡式顶管中侵入阻力被称为迎面阻力，即 F_p，以便将其与开仓式顶管中的刃口阻力区分开。迎面阻力包含刀盘接触压力 P_c 与泥水压力 P_s。P_c 的大小取决于施加在刀盘挡板与刀具上的土压，主要与刀盘切削地层的难易程度有关，在砂砾石或硬岩地层顶进时较大，在常见的土层中通常不予考虑。而泥水压力 P_s 与开挖面的稳定程度密切相关。施工中，开挖面的稳定是通过压力仓的支护应力得以实现的。开挖面支护应力过大将造成地表隆起破坏；而压力过小，则容易导致地表沉陷甚至坍塌。泥水支护压力原则上必须高于作用在开挖面上的主动土压力计算值，但低于被动土压力计算值。泥水平衡顶管施工的支护介质通常为泥浆，其压力大小取决于地下水位高度。一般比顶管埋深处的地下水压大 10%~20%，以保证支护的稳定。

8.2.1.2　直线段管节摩阻力

顶力的第二个组成要素是管节外壁与周围土层和泥浆的摩擦力，即管节摩阻力。计算管节摩阻力的方法有很多，但这些方法得出的结果相差很大，原因是采用了不同的假设和理论。下面介绍部分计算方法，并就这些方法之间的差异和优缺点进行讨论。

德国的 Stein 等采用管节表面摩擦力的经验值乘以管节总的外表面积得出摩阻力，其表达式为：

$$F_f = f \times \pi \times D \times L \tag{8-4}$$

式中：F_f——作用在管节上的总摩擦力（kN）；

f——管节表面摩擦力（kN）；

D——管节外径（m）；

L——管节长度（m）。

另一种经验算法基于摩擦系数，单位面积的摩阻力等于作用于管壁的正压力乘以管土间的摩擦系数 μ，其表达式为

$$\mu = \tan\delta \tag{8-5}$$

式中：δ——管土间的摩擦角（°）。

未注浆情况下，这一角度一般假设处在一个上限和下限角度之间，上限等于土体自身的内摩擦角 φ，下限则介于 $\varphi/2$ 和 $\varphi/3$ 之间，具体取决于管土接触面的粗糙度和管节运动的方式。Stein 总结了混凝土类管材与土体的摩擦系数（表 8-7），且认为管节启动时的静摩擦系数等于动摩擦系数的 1.5 倍。注浆情况下取值在 0.07~0.1 之间，可根据注浆效果调整，但通常不超过 0.2。

摩擦系数取值（引自 Stein） 表 8-7

管材与土体摩擦类型	静摩擦系数	滑动摩擦系数
混凝土在砂土或碎石土中	0.5 ~ 0.6	0.3 ~ 0.4
混凝土在黏土中	0.3 ~ 0.4	0.2 ~ 0.3
石棉或离心混凝土管在碎石土中 石棉或离心混凝土管在黏土中	0.3 ~ 0.4 0.2 ~ 0.3	0.2 ~ 0.3 0.1 ~ 0.2
液体摩擦力（泥浆润滑情况下）	—	0.1 ~ 0.3

8.2.1.3 曲线段管侧附加摩阻力

即便在传统的直线顶管施工过程中，受机头下沉或上浮以及导向纠偏的影响，管线的轨迹通常并非完整的直线，管节在开挖后的空间内呈扭曲排列，这一现象被 Haslem 称之为"蠕动"（wriggle）。管节轴线在各个方向上的偏移导致与周围土层接触，引起管壁法向应力增大，摩阻力随之变大。这一情况在急曲线顶管施工中表现得尤为明显，Rogers 等记述了在某个急曲线顶管工程中顶力较平时增大 20t 的情况。曲线顶管工程中，在曲线段需要频繁地进行纠偏，以调整机头朝向使之符合设计的轨迹，所以，顶力有时会出现短暂的突增，在始发段和接收段更加明显。

8.2.2 现有顶力计算公式分析

实际上，顶管施工遇到的地层多变，影响因素众多，例如顶进速度、注浆工艺、施工中的停顿等都会直接影响顶力。因此，预测土层中的顶力十分困难。

现有的顶力计算公式种类繁多，各国规范采用的计算方法也不尽相同，要建立起一个具有普遍性的公式十分困难，而针对曲线顶管的顶力计算公式更是少见。国内外学者大多采用对曲线段管节受力情况进行假设并求解的方式，丁传松研究了直线、曲线及超长距离顶管施工中顶力的变化规律，考虑了施工中土拱效应的影响，提出了更加合理的顶力计算方法，他总结计算公式在顶管后半段偏大的原因是没有考虑触变泥浆减阻、地下水和土层变化的影响。Teruhisa Nanno 认为在曲线顶管中，每节管节之间都存在着 V 形的间隙，V 形的端点处传递了管节之间的偏心力。由偏心顶力产生各种外力与弯矩，再由各种外力假设及对应的抵抗侧向土压力来使管节平衡。

工程上也存在通过统计得出曲线顶管顶力附加系数从而估计曲线段顶力的做法。Chapman 和 Ichioka 通过在 3 种不同地质条件下的试验，根据试验结果提出顶力与切削面阻力和管节周围的摩阻力有直接的关系，从试验中所得到的结果概括了切削面阻力和摩阻力的经验公式，最后推导出了跟地质条件有关的顶力经验公式。Kimberlie Staheli 整理了很多关于顶管的研究，主要针对不同的管节材料与不同土体之间的摩擦力做了详细研究，得出了不同材料接触时的摩擦力系数，与实际的工程作比较分析，具有较好的一致性。

8.2.2.1 给排水施工及验收规范

《给水排水管道工程施工及验收规范》（GB 50268—2008）（以下简称《规范》）采用被动土压力与经验摩阻力值分别计算迎面阻力与管壁摩阻力的方法。具体详见 3.3.1 章节的第（2）点。

8.2.2.2 Shimada 公式

日本九州大学的 Shimada 与 Matsui 在 1998 年讨论了泥水平衡式顶管顶力的计算公式。他们认为顶管在曲线段与土体接触压力的改变造成了顶力的变化。假设泥水平衡顶管的迎面阻力主要由开挖面平衡的泥水压力控制，且管节与土体间受到泥浆的良好润滑，管节受到的浮力被忽略。在直线段所需的总顶力为

$$F_0 = \frac{P_s \pi D'^2}{4} + P\mu_1 b + P_s \mu_2 (\pi D - b)L \tag{8-6}$$

式中：F_0——直线段需要的顶力（kN）；

P_s——平衡泥水压力（kPa），无现场数据时取地下水压为 20~50kPa；

D'——开挖直径（约为机头的外径）（m）；

D——管节外径（m）；

μ_1——管节与土体的摩擦系数；

μ_2——管节与泥浆的摩擦系数，无试验系数可按表 8-7 选取；

P——单位长度管土接触正压力之和（kN/m）；

b——有效管土接触长度（m）；

L——单一管节长度（m）。

根据弹性圆柱管节水平放置在圆形空洞内的弹性解，管节与土体的有效接触长度 b 可由下式计算：

$$b = 1.6 \times (P_u \times K_d \times C_d)^{\frac{1}{2}} \tag{8-7}$$

$$P_u = W / L \tag{8-8}$$

$$K_d = \frac{D'}{D(D'-D)} \tag{8-9}$$

$$C_d = \frac{1-n_1^2}{E_1} + \frac{1-n_2^2}{E_2} \tag{8-10}$$

式中：P_u——单位长度的管土接触压力；

W——管节自重；

E_1——土体的弹性模量；

E_2——管节的弹性模量；

n_1、n_2——分别为 E_1、E_2 对应的泊松比。

因此，管壁与泥浆的有效接触长度 $u = \pi D - b$，而管道与土体接触面的正压力分布 p 为：

$$p = \frac{2P_u}{\pi a}\left(1 - \frac{x^2}{a^2}\right)^{\frac{1}{2}} \tag{8-11}$$

式中：$a = \dfrac{b}{2}$；

x——管土接触面上一点到中线的距离（m）。

假设曲线段为曲率半径不变的圆弧段，曲线段管节的受力模型如图 8-27 所示。若设在曲线起点的第一个管节（0 号）需要的顶力为 F_0，那么前面一个管节（1 号）对下一个管节（2 号）的顶力为

$$F_1 = F_0 + (F_0 \mu_1 \sin \beta) + (P_s u L \mu_2) \tag{8-12}$$

对于 2 号管节对 3 号管节的顶力为

$$F_2 = F_1 + (F_1 \mu_1 \sin \beta) + (P_s u L \mu_2) \tag{8-13}$$

或：

$$F_2 = F_0 + (1 + \mu_1 \sin \beta)^2 + 2(P_s u L) \mu_2 \tag{8-14}$$

同理：

$$F_3 = F_0 + (1 + \mu_1 \sin \beta)^3 + 3(P_s u L) \mu_2 \tag{8-15}$$

于是可以得出 n 号管节对（$n+1$）号管节的顶力为

$$F_n = F_0 \cdot (1 + \mu_1 \sin \beta)^n + n(P_s u L) \mu_2 \tag{8-16}$$

式中：β——各段管节间的偏角（°）；

n——曲线顶进段的管节数。

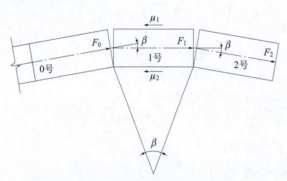

图 8-27 管节弯曲段受力示意图

8.2.2.3 曲线顶进工法顶力经验公式——JMTA 法

日本下水道管渠推进技术协会（JMTA）《推进工法应用篇》（2000）所建议的经验公式如下：

$$F = (F_p + f' L_1) K^n + f' L_c \cdot \eta + f' L_2 \tag{8-17}$$

式中：F——总顶力（kN）；

F_p——顶管机头迎面阻力（kN）；

f'——直线段单位长度顶进阻力（kN/m）；

L_1——曲线顶进终点至接收井之间距离（m）；

L_2——始发井至曲线顶进的首节管节之间距离（m）；

L_c——曲线长（m）；

K——各段管节间的折角系数；

n——曲线顶进段的管节数；

η——曲线段与直线段阻力比值。

面盘抵抗力：

$$F_0 = (P_N + P_e)\pi \left(\frac{D'}{2}\right)^2 \tag{8-18}$$

式中：P_N——内压力，泥水平衡式 P_N= 地下水压 +20（kN/m²）；

P_e——切削抵抗力（kN/m²），N 值 <15 时取 P_e=150kN/m²，N 值 >50 时取 P_e = 500kN/m²；

N——标准贯入值；

D'——顶管机外径（m）。

曲线段顶力修正系数：

$$K = \frac{1}{\cos\beta - \mu'\sin\beta} \tag{8-19}$$

$$\eta = \frac{K^{n+1} - K}{n(K-1)} \tag{8-20}$$

式中：β——各段管节间的偏角（°），$\beta = 2\sin^{-1}\left[\dfrac{L}{2(R-D)}\right]$；

L——单一管节长度（m）；

R——曲率半径（m）；

D——管节外径（m）。

直线段单位长度顶进阻力：

$$f' = k[(\pi B_c q + W)\mu' + \pi B_c C'] \tag{8-21}$$

式中：k——顶力折减系数，黏性土为 0.35，砂质土为 0.45，砂砾土为 0.60，固结土为 0.35；

q——作用在管节上的分布荷重（kN/m²）；

W——单位长度管节自重（kN/m）；

μ'——管土间的摩擦系数，$\mu' = \tan\left(\dfrac{\varphi}{2}\right)$；

C'——管土间的黏聚力，$N<10$ 时，$C'=8$kN/m²；$N \geq 10$ 时，$C'=5$kN/m²。

管顶分布荷重 q：

$$q = \dfrac{B_1\left(\gamma - \dfrac{C}{B_1}\right)}{K_0 \tan\varphi} \cdot \left(1 - e^{-K_0 \tan\varphi \cdot \frac{H}{B_1}}\right) \qquad (8\text{-}22)$$

式中：B_1——1/2 的土体松弛范围（m）；

C——土体黏聚力（kN/m²）；

K_0——Terzaghi 侧向土压力系数，K_0 通常取 1；

φ——土体内摩擦角（°）；

H——管顶覆土层高度（m）。

1/2 的土体松弛范围：

$$B_1 = R_0 \cot\left(\dfrac{\pi}{8} + \dfrac{\varphi}{4}\right) \qquad (8\text{-}23)$$

式中：R_0——扩挖半径，无现场数据时取 0，$R_0 = \dfrac{D+0.1}{2}$。

随着曲线段顶管的顶进，曲线段与直线段阻力比值 η 会不断增大，其取值可参见表 8-8。

曲线段与直线段阻力比值 η　　　表 8-8

曲线段管节数 n	曲率半径 R(m)	50	75	100	150	200	300	400	500	600	800
	管节间转角 β	4°39′	3°05′	2°18′	1°32′	1°09′	0°45′	0°34′	0°27′	0°22′	0°17′
1		1.026	1.016	1.012	1.008	1.006	1.004	1.003	1.002	1.002	1.001
2		1.039	1.024	1.018	1.011	1.008	1.006	1.004	1.003	1.003	1.002
3	$\eta = \dfrac{\sum_1^n K^n}{n}$	1.052	1.033	1.024	1.015	1.011	1.007	1.005	1.004	1.004	1.003
4		1.066	1.041	1.030	1.019	1.014	1.009	1.007	1.005	1.005	1.003
5		1.080	1.050	1.036	1.023	1.017	1.011	1.008	1.007	1.005	1.004

续上表

曲线段管节数 n	曲率半径 R(m)	50	75	100	150	200	300	400	500	600	800
	管节间转角 β	4°39′	3°05′	2°18′	1°32′	1°09′	0°45′	0°34′	0°27′	0°22′	0°17′
10	例：$n=10$ 时 $\eta = \dfrac{K + K^2 + \cdots + K^{10}}{10}$	1.153	1.093	1.067	1.043	1.031	1.020	1.015	1.012	1.010	1.007
15		1.233	1.140	1.099	1.063	1.046	1.030	1.022	1.018	1.015	1.011
20		1.320	1.188	1.133	1.084	1.061	1.040	1.029	1.023	1.019	1.014
25		1.415	1.240	1.168	1.105	1.076	1.049	1.036	1.029	1.024	1.018
30		1.519	1.294	1.205	1.127	1.092	1.059	1.044	1.035	1.029	1.021
35		1.632	1.352	1.243	1.149	1.108	1.069	1.051	1.040	1.033	1.025
40		1.757	1.413	1.282	1.172	1.124	1.079	1.058	1.046	1.038	1.028
45		1.893	1.477	1.324	1.196	1.140	1.090	1.066	1.052	1.043	1.032
50		2.042	1.545	1.366	1.220	1.157	1.100	1.073	1.058	1.048	1.035

注：本表中 φ 取 30°，$\mu' = \tan(\varphi/2) = 0.268$；管节间转角 β 与管节的直径 D 与长度 L 有关，管节直径为 1.62m，管节长为 4m；β 值经四舍五入后精确到分。

8.3 顶力理论计算与现场实测对比

根据上述 3 种顶力计算方法，结合前期现场勘察成果资料，分别对 6 号、8 号、10 号、18 号顶管的顶力进行了估算，估算结果见图 8-28～图 8-31。为简化计算，结合对顶力实测值的分析，作如下假设：①将整个管幕轨迹均假定为圆曲线，曲率半径 890m，管节偏角约为 0°15′；②将地下水位假定为地表下 1m；③孔壁在顶进过程中保持稳定，泥浆润滑效果良好，单位面积摩阻力和摩擦系数可取最小值。

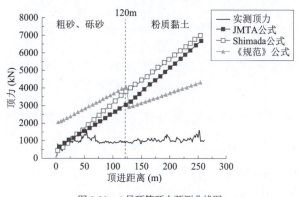

图 8-28　6 号顶管顶力预测曲线图

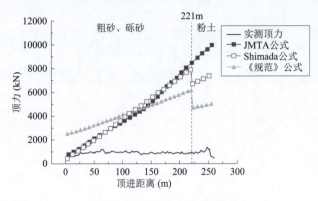

图 8-29　8 号顶管顶力预测曲线图

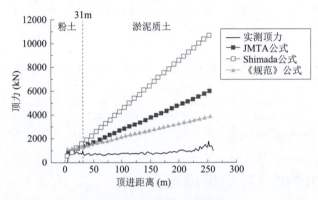

图 8-30　10 号顶管顶力预测曲线图

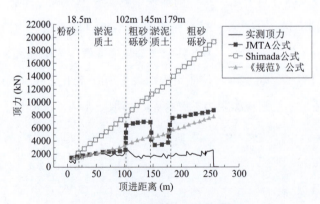

图 8-31　18 号顶管顶力预测曲线图

由图 8-28～图 8-31 可以看出，3 种计算公式中，由于管幕轨迹曲率半径较大，顶力都随着顶进距离的增加近似呈线性增长，Shimada 公式［式（8-16）］对最终顶力的计算值普遍最高，其次是 JMTA 公式［式（8-17）］的计算值，而《规范》公式［式（3-42）］的计算值一般最低。但是 3 种公式的计算值都远远高于顶力的实际测量值，所以，直接使用这3种公式计算方法无法与实际工况相吻合。

由于顶力计算大多数都是分成切削刀盘的迎面阻力和管壁与土体之间的摩阻力两部分计算，所以，本节的分析也由这两部分入手，评价各个经验公式中这两部分的计算值与实测值产生偏差的原因。

8.3.1 迎面阻力分析

计算迎面阻力时，《规范》以被动土压力作为计算基础，Shimada 公式仅考虑了泥水平衡的开挖仓地压，而 JMTA 公式同时考虑了开挖仓的泥水压力与刃口切削土体时产生的阻力。各公式在典型地层中的迎面阻力计算值如表 8-9。

典型地层迎面阻力计算值　　　表 8-9

顶管编号	地层	《规范》公式（kN）	Shimada 公式（kN）	JMTA 公式（kN）	实测泥水平衡开挖仓地压（kN）
6 号	粗砂	1791.20	257.75	566.62	273.56
	粉质黏土	697.90	215.84	546.76	289.00
8 号	粗砂、砾砂	2195.20	309.08	624.42	355.18
	粉土	854.44	266.28	604.56	375.04
10 号	淤泥质土	935.58	393.87	724.80	432.40
	粗砂、砾砂	5440.02	1198.76	1198.76	564.76
18 号	淤泥质土	1529.57	967.84	967.84	584.62

由于实际的迎面阻力难以测得，故将泥水平衡开挖仓地压作用于整个开挖断面的合力作为迎面阻力的参考。Shimada 公式由于仅考虑地下水压力，其计算值略小于开挖仓地压，显然小于实际值。JMTA 公式计算迎面阻力方式与实际情况最为接近，其计算值约为开挖仓地压的 1.6~2.1 倍，从图 8-31 上也反映出其可以较好地预测地层变化时迎面阻力的变化趋势。《规范》公式使用被动土压力计算迎面阻力而较实际情况偏大很多，尤其是在砂层中受内摩擦角的影响，被动土压力系数是黏性土层的 3~4 倍；由此分析实际的切削面受泥浆压力支撑，在合适的切削速度和排浆泵量的配合下，切削面处于动态稳定状态，按被动土压力计算是过于保守的。

8.3.2 摩阻力分析

计算摩阻力时，《规范》公式采用经验摩阻力值，Shimada 公式采用弹性接触理论，而 JMTA 公式采用 Terzaghi 土压力理论来计算管土接触压力，继而求取摩阻力。因为，拱北隧道管幕曲率半径很大，曲线段附加摩阻力并不显著，故此处仅分析各公式直线顶进条件下的摩阻力计算值。各公式在典型地层中的摩阻力计算值见表8-10。

典型地层摩阻力计算值　　　　　表8-10

顶管编号	地　层	《规范》公式（kN/m）	Shimada公式（kN/m）	JMTA公式（kN/m）	实际单位长度摩阻力（kN/m）
6号	粗砂	15.27	29.13	19.70	9.94
	粉质黏土	10.18	23.91	26.04	4.44~6.02
8号	粗砂、砾砂	15.78	34.90	28.13	1.12~5.99
	粉土	11.20	29.46	36.86	10.25
10号	淤泥质土	11.20	41.37	19.75	1.48
18号	粗砂、砾砂	15.27	73.31	27.36	14.48~23.24
	淤泥质土	11.20	67.06	20.92	5.94~6.25

摩阻力在顶管施工过程中受到地层变化、注浆工艺、施工停顿等因素影响，始终处于动态变化之中，因此，对摩阻力的估算往往从安全的角度出发，偏向保守。《规范》公式采用的经验摩阻力值相比其他公式较小，更为贴近实际摩阻力。Shimada公式计算摩阻力值普遍偏大较多，一方面由于其采用弹性理论计算管土接触长度，而岩土材料并非完全的弹性材料，其弹性模量与泊松比难以准确地测定，开挖断面也并非始终保持圆形；另一方面随着注浆减阻工艺的发展，管壁与润滑浆液、注浆后土体的摩擦作用机理仍有待进一步研究。JMTA公式的摩阻力计算值一般介于《规范》公式与Shimada公式之间，由于采用Terzaghi土压力计算管顶土压，在易成拱的砂质地层土压力计算值较松散、软弱的黏土层的计算值小；在浅部、松散的地层中则偏大。

8.3.3　顶力计算公式特点分析

上述3种曲线顶管顶力计算公式中，《规范》的公式简单直观。在成熟的直线顶管顶力计算方法的基础上，通过改变曲线段顶力附加系数的取值来符合不同曲率半径，适用于大多数工程。但是其附加摩阻力取值的标准比较含糊，不同曲率、长度与不同地层中的顶力附加系数取值标准有待进一步讨论。

Shimada公式管节受力模型比较典型，忽略了孔壁不稳定的因素，简化了管节与孔壁的接触方式，但是管节与土体接触的弹性解不一定符合实际状况。且管壁与泥浆的摩擦机理很大程度上决定了摩阻力的大小，在高水压下需慎重判断。

JMTA 公式较为全面地考虑了管节在孔内的受力情况，采用广泛认同的 Terzaghi 土压力理论计算管节的竖向荷载；曲线段顶力方面其计算原理与 Shimada 公式一致，但是更为准确。

这3种曲线顶管顶力算法各有优点，但是都忽略了环状间隙内泥浆对管节的浮托作用。大量工程实践表明，在注浆充足的情况下，管节在开挖空间内呈漂浮状态，与管壁的主要接触面位于管节顶部，大大减小了摩擦面积。这是顶管施工过程中顶力小于保守估算值的原因之一。

8.4 本章小结

本章通过拱北隧道施工参数实测数据统计分析、线性拟合、对比理论总结等方法分析了顶力、顶进速度、刀盘转速、开挖仓地压等施工参数。在参数分析取得初步结果的基础上，深度分析得出迎面阻力的计算方法以及各地层的单位长度平均摩阻力取值范围。通过调研与顶力估算，分析了顶力的组成，总结了国内外曲线顶管顶力计算公式，并对所研究公式的估算结果与本工程的实测数据进行了对比分析评价。主要有以下结论：

（1）顶力随着距离增加整体呈增大趋势，但由于注浆且注浆效果良好，可使顶力下降很多。同时，由于是分段注浆，所以，顶力分段上升然后下降；迎面阻力随顶管埋深的增大而增加；顶进过程中，突遇障碍物时顶力会猛增，然后慢慢下降。

（2）顶进速度与顶力没有统一的对应关系。地层稳定、周围条件良好的情况下，由于影响因素相对单一，顶力和顶进速度也稳定且成正相关的对应关系，顶力增大则顶进速度变大；当地层变化或周围条件发生改变，则顶力和顶进速度受多个因素影响，无法呈现出简单的对应关系。顶进速度受顶力、地层及其物理力学参数、顶管埋深和施工工艺等多因素影响，还与地层穿越的先后顺序有关。

（3）开挖仓地压比较稳定，基本保持在同一个数值上下变化。开挖仓地压主要影响因素为顶管埋深与上覆土层参数。顶管埋深过大时，土拱效应更加明显，开挖仓地压较难维持稳定。

（4）各顶管顶进时，刀盘转速相对稳定，且不同埋深条件下刀盘转速相差不大，刀盘转速与埋深无关。

（5）通过3种方法的分析与对比，得出适用于估算珠海地区海陆交互相富水复杂地层顶管施工迎面阻力的计算公式，即式（8-2）。

式（8-2）不适用于夹有建筑垃圾与大体积障碍物的人工填土。

（6）在珠海地区富水复杂地层条件下顶管施工，若采用提出的配套泥浆技术，估算顶力时，单位面积平均摩阻力可直接按照 3.0~5.0kN/m² 取值。

（7）泥水平衡式顶管顶力主要由迎面阻力与摩阻力组成，其中，摩阻力占主要部分。曲线顶管顶力计算公式可以分为3类，《规范》公式采用扩大系数法，Shimada 公式采用孔壁稳定的计算方法，JMTA 公式采用孔壁不稳定的计算方法。这些计算方法各有优点，但都忽略了触变泥浆的减阻效果和浮托力的影响，计算结果一般偏大。

（8）与现场顶力实测数据比较后发现，《规范》经验公式比较符合实际情况，且形式简洁，物理意义明确，但迎面阻力偏大；JMTA 公式计算值一般介于 Shimada 公式和《规范》公式之间，迎面阻力取值适中；Shimada 公式迎面阻力偏小，摩阻力易受摩擦系数取值影响，较实际偏大很多。

第 9 章 CHAPTER 9
顶管施工现场监测及数据分析

9.1 现场施工情况

顶管施工过程中,管节处于复杂多变的力系中,同时,受到沿管节轴向顶力、顶管机头迎面阻力、周围水土压力、润滑注浆压力、管土摩阻力、自重以及可能存在的地表交通荷载等。而且顶力是一种循环荷载,管节在整个顶进过程中处于不停加载和卸载的状态。特别是曲线顶管顶力实际上以偏心荷载的方式作用于管节上,管节在顶力侧向分力作用下与顶进孔壁外侧接触,产生附加土压力,因此,对于曲线顶管其周围土压力为非对称性分布。相比普通钢筋混凝土顶管,钢顶管管节属于薄壁结构,变形性能好,稳定性差,更加剧了其受力的复杂性。因此,掌握曲线钢顶管的实际受力特性对顶管以及顶管管幕的设计、施工具有重要意义。

为了研究曲线顶管管周土压力和管节应力的实际变化情况,选择管幕底部17号顶管作为监测对象进行现场监测试验(图9-1),顶管埋深约

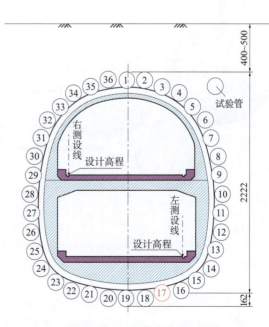

图 9-1 管幕断面及 17 号顶管位置(尺寸单位:cm)

27.15m，地下水位取地表以下 5m，该顶管由西工作井始发顶进，在东工作井接收完成，共顶进 65 节管节，全长约 257m。通过在钢管节上安装土压力盒和应变计，监测顶管施工过程中的土压力和应力数据，以探寻曲线顶管周围管土接触压力的变化规律以及管节轴向与环向应力应变的分布和变化规律。

9.2 现场监测方案

9.2.1 监测仪器

管土接触压力监测采用 VSP 型号振弦式土压力盒，量程为 1MPa，精度为 10kPa。工作原理是：高灵敏度感应膜在荷载作用下产生挠度，使感应膜金属弦受激频率发生改变，由多通道自动采集仪 MCU32 对金属弦的振动频率进行实时监测，从而利用传感器标定系数计算出土压力盒上荷载大小。

现场监测传感器布设过程中，首先，在试验管节内壁标出测点，在孔壁切割比土压力盒固定托盘稍大的圆孔；然后，将固定托盘焊接到测试管壁上；最后，利用结构胶将其牢固粘贴在固定托盘上（图9-2），要保证土压力盒感应面与管节外壁相切。在测试管未顶进前，测量其初始频率，作为后续监测的初始值。

图 9-2　现场试验管节上安装的土压力盒

管节应变监测采用 VS100 型振弦式应变计（图9-3），量程为 -2000~2000με，精度为 1με。由多通道自动采集仪 MCU32 对应变计频率进行实时采集，并通过传感器标定系数计算得到应变值。现场监测传感器布设过程中，首先，在管节内壁标出测点；然后，将应变计夹具牢固焊接在指定位置，要保证夹具轴向同心；最后，将应变计插入夹具，通过螺栓固定。在管节未连接顶进前，测量其初始频率，作为后续监测的初始值。

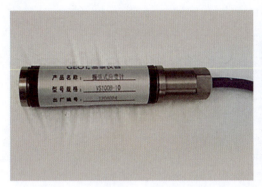

图 9-3　现场管节上安装的应变计

MCU32 自动采集仪由电池供电（图 9-4），一次充电可使用 2d。自动巡检功能可以保持 24h 不间断定时采样。数据存储于自身的内存卡中，通过调制解调器可连接至电脑，以拷贝数据。现场顶进过程中监测传感器均通过有线方式连接至该采集仪。

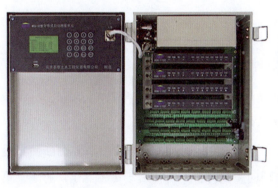

图 9-4　MCU32 自动采集仪

9.2.2　测点布置

两个管土接触压力监测断面分别位于第 8 管节和第 18 管节，由于第 8 管节上土压力传感器在施工过程中破坏，未监测到实际数据，因此，选择第 18 管节（图 9-5）上土压力盒监测数据进行分析。该管节前段距离机头后过渡段 78m，分别在管壁水平和竖直方向安装 4 个土压力盒，考虑到管壁开孔后会降低管节承载力，将 4 个土压力盒分布在两个断面上（图 9-6），断面分别编号为 T1 和 T2。其中，T1 断面距离管节前端 1m，土压力盒分别布置在顶部和底部，编号 T1-1（顶部）、T1-2（底部）。T2 断面距离管节后端

1m，土压力盒分别安装在管节左侧水平和右侧水平位置，编号 T2-1（左）、T2-2（右），其中，T2-1 测点位于曲线顶管轨迹弯曲内侧，相反 T2-2 测点位于弯曲外侧。

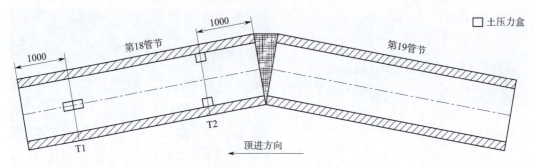

图 9-5　第 18 管节监测断面俯视图（尺寸单位：mm）

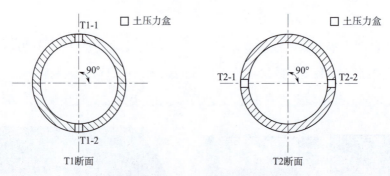

图 9-6　接触压力测点布置示意图

17 号顶管内依次布设两个应变监测断面 Y1 和 Y2，如图 9-7 和图 9-8 所示，分别位于第 8 管节和第 19 管节距前端 1m 的位置。第 8 管节距离机头后端 28m，第 19 管节距离机头后端 72m，二者沿轴线距离为 44mm。如图 9-9 所示，在第 8 管节监测断面布设上下左右 4 个测点，每个测点安装轴向与环向应变计各 1 支，由于传感器供货影响，第 19 管节监测断面只布设了 4 支轴向应变计。其中，管节左侧水平位置（顶管弯曲内侧）为 1 号测点，然后顺时针编号；轴向、环向分别用 z、h 表示。

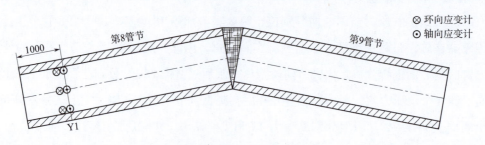

图 9-7　第 8 管节监测断面（尺寸单位：mm）

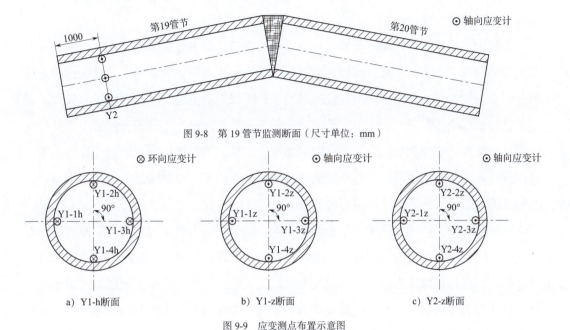

图 9-8　第 19 管节监测断面（尺寸单位：mm）

a) Y1-h断面　　b) Y1-z断面　　c) Y2-z断面

图 9-9　应变测点布置示意图

17 号顶管施工共历时 16d，顶力数据在整个施工过程中均自动采集，接触压力和管节应变在顶进阶段至施工完成均实时记录。施工过程中，采用 MCU32 自动采集仪以 10min/次的频率对每个测点的数据进行采集。

9.3　监测数据分析

9.3.1　顶进 – 停止循环施工对接触压力的影响

整个顶管施工过程实际是将多段管节逐一连接并顶进到预定位置。前一根管节顶进完成后，需要将油缸退回，拼接下一根管节，依次重复操作。因此，在施工时一直处于顶进和停止两种工况循环交替。相对于停止工况，管节顶进工况处于动态，在顶力作用下管节与孔壁的接触状态可能发生变化，同时，润滑注浆压力持续施加，加之管土侧摩阻力影响，此时接触压力变化比较复杂。相反，在停止工况时，管节可以看作静态，接触压力主要受静止泥浆压力和水土压力影响。可见，对顶管接触压力的分析也需要考虑顶进 - 停止循环施工。

总体分析顶进施工接触压力数据，其规律表现为：各测点监测压力在管节顶进时突然增大，发生波动，而在顶进停止后，土压力逐渐趋于稳定。大部分监测时间内，管节顶部（T1-1）和底部（T1-2）的接触压力数值较为接近，顶部接触压力略大于底部压力，而水平位置管道弯曲内侧（T2-1）接触压力小于弯曲外侧（T2-2）。

混凝土顶管监测中，通常管底接触压力大于顶部，而拱北隧道管幕施工的钢顶管监测结果却相反。这是由于普通混凝土顶管壁厚较大，重力往往大于浮力，管底与孔壁接触，产生附加压力，加之管底埋深较顶部稍大，所以混凝土顶管底部接触压力较大。而钢顶管的壁厚小，浮力大于重力，此时顶管顶部与孔壁接触，导致顶部接触压力反而大于底部。此外，由于管节上浮，管底间隙增大，泥浆充填厚度也随之增加。管底土压力经泥浆传递后作用于管节，在有一定流体特性泥浆作用下，接触压力分布趋于均匀，一定程度上也起到减小底部接触压力的效果。

一般情况下，曲线混凝土顶管监测结果为：顶管弯曲内侧接触压力大于外侧，原因是注浆压力对接触压力起控制作用；顶管弯曲内侧间隙较外侧大，导致泥浆填充压力大于外侧，相应地接触压力也较大。而此处曲线钢顶管接触压力结果却表现为顶管弯曲外侧接触压力大于内侧，这与曲线顶管顶力在侧向分力作用下与孔壁外侧产生附加压力相一致。相对于刚度较大的混凝土顶管，钢顶管变形性能好，质量轻，在顶力作用下更容易发生向外侧弯曲的变形，使得外侧管壁与土体挤压更强烈，导致相应位置产生的附加压力增大，顶力侧向分力成为控制接触压力的主要因素。此外，由于管周润滑泥浆压力相对土压力较小，没有起到控制接触压力的效果。

在整体分析接触压力变化的基础上，选择 8 月 16 日和 17 日部分监测数据分析顶进 - 停止循环施工对接触压力的影响规律，分别如图 9-10 和图 9-11 所示。

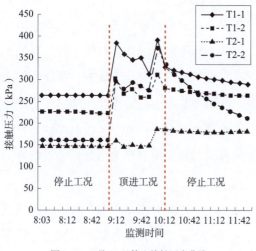

图9-10　8月16日管土接触压力曲线

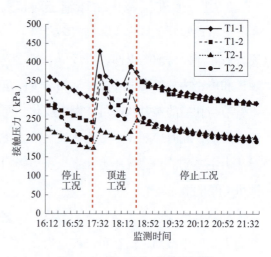

图9-11　8月17日管土接触压力曲线

由图 9-10 可知，在停止工况时间段内，各测点监测接触压力趋于稳定，且数值大小表现为管顶＞管底＞弯曲外侧＞弯曲内侧。而在顶进过程中，各测点接触压力发生波动，普遍表现为接触压力增大，且增大幅度数值上表现为弯曲外侧＞管顶＞管底＞弯曲内侧。结合前面分析可知，这是由于顶进过程中，顶管在浮力和顶力切向分力作用下，顶部和弯曲外侧与孔壁接触，产生附加压力，因而，接触压力增长较大。同样，测点 T1-1 与测点 T2-2 的波动形态十分相似，也表明两者与孔壁土体接触状态是相似的。而在顶管弯曲内侧 T2-1 测点接触压力波动幅度最小，也反映出该位置顶管只与泥浆接触，而未与土体直接接触，因而，在顶进前后顶管与泥浆接触特性变化不大，所以，接触压力也无明显变化。

由图 9-11 可知，相对于图 9-10 各测点接触压力略有增加，但均表现为顶进增长波动、停止顶进后逐渐减小趋于稳定的规律。不同之处在于，图 9-11 中在长时间停止工况阶段，顶管顶部和底部接触压力近似相同，而左右两侧的接触压力也相差不大，并出现了弯曲内侧接触压力稍大于外侧的现象。这是由于在长时间停机状态下，环状间隙润滑泥浆发生漏失，加之泥浆由于触变性流体特性减弱，使得浮力减小，同时，由于孔壁在无泥浆压力作用下发生变形缩径，使得顶部和底部接触压力趋于一致。同样，停机后由于顶力减小，顶管发生向内侧的回弹，使得外侧接触压力减小，而在孔壁缩小的情况下，两侧都趋于主动土压力状态而接触压力趋于一致。

顶管顶进完成后监测断面位于砂质黏性土地层中，各测点接触压力随时间变化如图 9-12 所示（后期底部土压力计 T1-2 破坏造成该点数据缺失）。由图 9-12 可知，各测点土压力随时间略有增加，但基本趋于稳定，可以认为周围超静孔隙水压力基本消散；此时，接触压力主要受静止水土压力控制，数值上表现为顶部最大，弯曲外侧接触压力略大于内侧，但相差很小，说明孔壁已经收缩并与顶管完全接触，顶管水平两侧与土体接触状态基本相同，土压力分布状态趋于直线顶管状态。

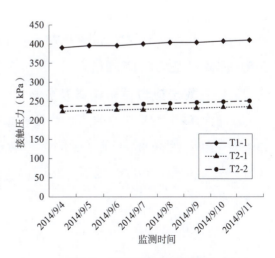

图 9-12　施工完成后接触压力曲线

9.3.2 相邻顶管附加接触压力变化规律

相邻顶管施工会对已完成施工的顶管产生附加应力，本管幕工程中 16 号顶管顶进时引起的 17 号顶管试验管节上各测点附加接触压力变化曲线如图 9-13 所示。

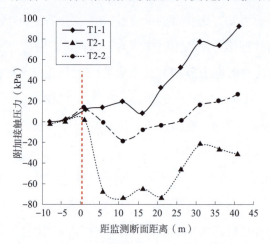

图 9-13 相邻顶管引起的附加接触压力曲线

由图 9-13 可知，16 号顶管刀盘距土压力计监测断面后方大于 10m 时，各测点附加接触压力几乎为 0，距离小于 5m 时附加接触压力开始增加，当掘进面与监测断面基本重合时，位于这两根顶管之间的 T2-2 测点数值最大，附加接触压力达到最大，而距 16 号顶管最远的 T2-1 测点附加应力最小。当机头穿过监测断面后，顶部接触压力持续波动增加，这是由于顶管间距极小，16 号顶管顶进后上方形成管间土拱，拱脚基本位于它们的正上方，管间上方的土压力传递到拱脚处，导致 17 号顶管顶部附加压力增加而管间附加压力减小。同时，17 号顶管道左右两侧附加接触压力减小并产生波动，这与16 号顶管润滑泥浆压力波动相关。

9.3.3 管节应力试验结果及分析

现场管节采用材质为 Q235 钢，弹性模量 E 取 210GPa，泊松比 μ 取 0.3，屈服极限为 235MPa。监测结果表明，管节在顶进过程中处于弹性阶段。因此，以管壁环向为 x 轴，轴线为 y 轴，径向为 z 轴建立坐标系，根据管节内壁径向应力 $\sigma_z = 0$，由广义胡克定律可推导如下公式：

$$\begin{cases} \sigma_x = \dfrac{E}{(1-\mu^2)}(\varepsilon_x + \mu\varepsilon_y) \\ \sigma_y = \dfrac{E}{(1-\mu^2)}(\varepsilon_y + \mu\varepsilon_x) \end{cases} \quad (9\text{-}1)$$

式中： E——管节弹性模量（MPa）；

μ——管材泊松比；

σ_x、σ_y、σ_z——分别为管节环向、轴向应力（MPa）；

ε_x、ε_y、ε_z——分别为管节环向、轴向应变。

将实测应变代入式（9-1），即可换算得出轴向、环向的应力值。其中 Y1 监测断面的 Y1-4z 与 Y1-4h 应变计在施工过程中损坏，未获得数据。

9.3.3.1 管节应变

第 8 管节轴向和环向应变以及第 19 管节轴向应变随顶进距离变化曲线如图 9-14、图 9-15 和图 9-16 所示。

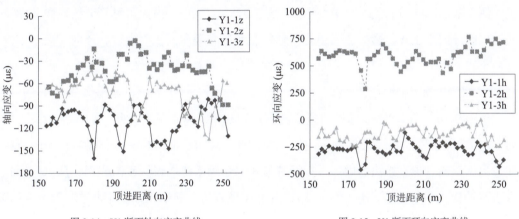

图 9-14 Y1 断面轴向应变曲线　　　　图 9-15 Y1 断面环向应变曲线

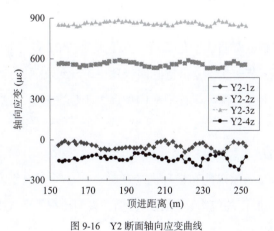

图 9-16 Y2 断面轴向应变曲线

（1）第 8 管节轴向应变

由图 9-14 可知，整个断面基本都为压应变，应变随着顶进距离略有增加，但增长趋势不明显，基本在某一数值上下波动。这是由于对于单根管节，其轴向受力主要为前端管节的阻力、自身管节摩阻力和后续管节的顶力，管节平稳顶进时，基本处于受力平衡状态，受到的摩阻力大致保持稳定，因此，管节轴向应变也变化不大。此外，管节顶部 Y1-2z 压应变最小，右侧次之，左侧压应变最大，这与管节水平向左偏转相一致。

（2）第 8 管节环向应变

由图 9-15 可知，Y1 断面环向应变随顶进距离也表现为小幅波动和相对稳定的规律。顶部为较大的拉应变，左右两侧为相对较小的压应变，且左侧压应变大于右侧，即管节弯曲内侧应变大于外侧。说明在大埋深条件下，管节顶部发生竖向位移，产生拉应变，而管节弯曲外侧压应变较内侧小。这是由于曲线顶管管节弯曲外侧土体抗力通常大于内侧，限制了管节右侧的水平变形，导致其压应变减小。由此可见管节的环向变形主要受周围环向水土压力影响，当顶管穿越地层性质和埋深变化不大时，环向应变基本保持稳定。

（3）第 19 管节轴向应变

由图 9-16 可知，Y2 断面轴向应变随顶进距离增加基本保持稳定。但位于管节顶部的 Y2-2z 和右侧的 Y2-3z 表现为拉应变，左侧 Y2-1z 和底部 Y2-4z 则表现为较小的压应变。可见，随着顶进距离的增加，后续管节相对于顶管机头偏转逐渐累积，顶力作用在管节两端接头的偏心距也在增大，使其由第 8 管节的全断面压缩变形状态转变为第 19 管节的拉伸和压缩变形共存状态。

Y2 断面压缩变形区位于左下方，拉伸变形区位于右上方，右侧拉应变大于顶部拉应变。这是由于施工轨迹圆曲线段每节管节水平偏角约 0.26°，而竖直方向也存在 3‰ 的坡度，因此，实际管节向左下方呈空间曲线顶进，导致在管节弯曲内侧的左下方出现受压区，相反的方向出现受拉区。且水平偏角远大于竖直偏角，这与右侧拉应变大于顶部拉应变相一致。

9.3.3.2　管节应力

由于第 19 管节 Y2 断面未能布设环向应变计，无法计算出相应的轴向和环向应力，因此，以第 8 管节 Y1 断面的应力计算结果为例，说明单根管节应力分布及变化规律。

（1）第 8 管节轴向应力

Y1 断面轴向应力随顶进距离变化曲线如图 9-17 所示。由图 9-17 可知，管节左右两侧均为压应力，且弯曲内侧压应力大于外侧，这与管节水平向左偏转、左侧压应力集中相一致；而顶部表现为轴向拉应力，这是由于虽然顶部轴向表现为压应变，但数值上相对于顶部的环向拉应变较小，在泊松效应影响下，最终轴向表现为拉应力。由此可见，在管节偏转的水平方向上，轴向顶力为轴向应力的控制因素，而对于大埋深顶管，其管节上下竖向变形往往最大，外壁环向荷载对其轴向应力起控制作用。

（2）第 8 管节环向应力

Y1 断面环向应力随顶进距离变化曲线如图 9-18 所示。由图 9-18 可知，管节顶部为较大拉应力，而左右两侧为较小压应力，且弯曲内侧环向压应力大于外侧。这是由于大埋深条件下，管节顶部环向拉应变远大于轴向压应变，抵消了轴向压缩变形的影响，最终受环向外荷载控制，表现为拉应力；而管节左右两侧环向和轴向均为压应变，二者作用使环向和轴向压应力更显著；对于管节弯曲内侧压应力大于外侧，是由于外侧土体抗力通常大于内侧，右侧较大的外压减小了该点的压缩变形，导致其压应力减小。

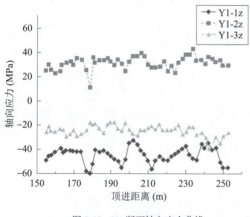

图 9-17 Y1 断面轴向应力曲线

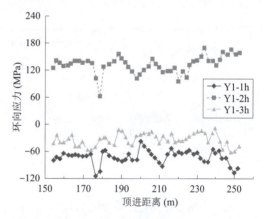

图 9-18 Y1 断面环向应力曲线

值得注意的是，由于管节环向应变主要受环向外荷载影响，对于同一顶管不同管节环向变形相差不大，所以，对于第 19 管节，其在与第 8 管节环向应变水平相当的条件下，最有可能出现左侧受压，而顶部、底部和右侧受拉的情况。因此，随着管节与机头距离增加，管节轴向应力由两侧受压转变为单侧受压，受压区面积逐渐减小，应力集中更加明显。

顶管施工过程中，管节一直处于顶进 - 停止的循环受力状态下，其受力特性也有所不同。选择某一循环顶进时间段内（顶进施工时间段为 9:02—10:12）对第 8 管节 Y1 断面应力随时间变化曲线进行分析，结果如图 9-19 和图 9-20 所示。

由图 9-19、图 9-20 可知，顶进过程中，管节轴向和环向应力曲线发生波动，而停止顶进之后管节应力曲线逐渐趋于平稳。具体表现为：在停止工况阶段，轴向应力主要受周围静止环向水土压力影响。当突然进入顶进工况时段，由于顶力加载对各点产生附加的轴向压应力，因此，顶部拉应力减小，左侧压应力增大；加之顶进过程中管节外侧土体抗力大于施工停顿期，右侧环向土体抗力增大引起的轴向拉应力抵消了轴向顶力引起的附加轴向压应力，因而，右侧应力变化不明显。反之，在进入停止工况前，顶力卸载的时刻，各点应力变化与之前相反。

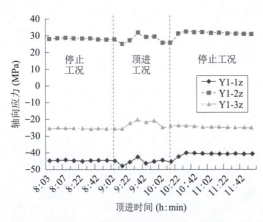

图 9-19　Y1 断面轴向应力随时间变化曲线　　图 9-20　Y1 断面环向应力随时间变化曲线

对于环向应力，在施工停止工况阶段同样主要受环向静止水土压力影响，当进入顶进工况后，由于管节外侧注浆压力和右侧土体抗力增大，使得顶部拉应力增大，右侧压应力减小，而左侧压应力增加。在进入停止工况前的卸载时刻，则出现相反的变化规律。

9.4　本章小结

通过对管幕 17 号顶管管土接触压力和管节应力现场监测，可得到以下规律：

（1）管周各测点接触压力在顶进时突然增大，并在整个顶进过程中发生波动，而顶进停止后土压力逐渐趋于稳定。顶管顶部和底部接触压力数值较为接近，顶部接触压力略大于底部压力，水平位置顶管弯曲内侧接触压力小于弯曲外侧。

（2）各测点接触压力在施工完成后随时间增加基本趋于稳定，顶部接触压力最大，弯曲外侧略大于内侧。接触压力主要受静止水土压力控制，分布规律与直线顶管趋于一致。

（3）相邻顶管施工引起已施工的顶管上附加接触压力随着掘进面与监测断面的减小而增加，两管之间测点的接触压力增加幅度最大。机头穿过监测断面后，已施工的顶管水平位置附加接触压力减小，而顶部接触压力由于土拱效应反而持续增长。

（4）由于单根管节顶进过程中受到的摩阻力相对稳定，因此，应力应变随顶进距离增加虽然有略微增大的趋势，但基本保持在某一数值上下波动。

（5）管节轴向应力主要受顶力影响，环向应力主要取决管节外侧的环向水土压力和注浆压力等荷载，管节偏转弯曲内侧压应力最大，出现应力集中。同时，由于钢顶管管节材质均一，存在泊松效应，轴向和环向应力还会出现耦合影响现象。特别是在大埋深条件下，顶部较大的环向应变对该点的轴向应力起控制性作用，使其转变为拉应力。

（6）对于大埋深钢顶管，当管节靠近顶管机头时，由于偏心距较小，表现为全断面较小的压应变；而在管节上下位置较大的拉应变和水平两侧压应变影响下，最终表现出顶部和底部轴向为拉应力，左右两侧轴向为压应力。随着管节与机头距离增大，管节顶力偏心距逐渐增大，管节轴向由全断面受压转变为局部受压，表现为管节弯曲内侧受压，而其他部位受拉的现象。

（7）距离机头较近的管节应力水平较低，应力较大点为管节顶部、底部以及管节弯曲内侧；后续管节随着顶力增大，应力水平较大，管节弯曲外侧最可能为拉应力最大点，而弯曲内侧则为压应力最大点，且拉应力大于压应力。因此，曲线顶管施工过程中，末端管节弯曲内侧点最容易发生受压破坏，设计时需要对其进行强度验算。

（8）顶进过程中，管节轴向和环向应力曲线发生波动，而停止顶进后应力曲线逐渐趋于平稳。在整个顶管施工阶段内，各监测点的应力均小于管材的屈服强度，表明管节始终处于弹性变形范围内，结构安全性较好。

第 10 章 顶管管幕定额研究

10.1 顶管管幕工法定额的编制原则与依据

10.1.1 编制原则

10.1.2 编制依据

（1）全面贯彻国家政策、法规以及公路工程行业标准、规范、规程等。

（2）定额水平平均先进。

（3）定额项目划分简明适用，定额项目内容齐全，项目划分粗细适当，以方便定额的使用。

（4）计量单位和计算规则有机统一，简洁明了，便于投标报价、工程价款结算以及单位内部核算与管理。

（5）促进工程项目管理工作的科学化、规范化、制度化，为类似工程项目建设、管理提供科学依据。

（1）国家及政府行业主管部门发布的公路工程建设的相关法律、法规、方针、政策和各项规章制度。

（2）本项目批准的相关施工技术方案、施工组织设计、施工单位积累的造价资料等，如《拱北隧道施工图设计》（201306）、《拱北隧道概况》（20120423）、《工作井暗挖区施工监测方案》（20130730）、《拱北隧道管幕工程试验管顶进工艺试验施工总结（修复的）》（20140910）、《移动平台图纸》、本项目材料出库统计资料、《港珠澳大桥珠海连接段拱北隧道工程现场冻结试验方案》等。

(3)现行的相关行业的定额、规范、规程和标准,如《广东省市政工程综合定额》(2010)、《广东省建设工程计价依据编制方案》、《公路工程预算定额》(JTG/T B06-02—2007)、《公路工程机械台班费用定额》(JTG/T B06-03—2007)、《公路工程施工定额》(2007)、《全国统一施工机械台班费用编制规则》(2001)、《铁路工程施工机械台班费用定额》(2005)、《煤炭建设工程施工机械台班费用定额》(2007)、《冶金施工机械台班费用定额》(2012)、《全国统一安装工程基础定额》(2006)、《煤炭建设特殊凿井工程综合定额》(2007基价)等。

(4)定额及造价的相关文献,如《建筑工程概预算与工程量清单计价》《建设工程定额原理与实务》《公路工程定额编制与管理》《浅谈修订〈公路工程机械台班费用定额〉的重要意义》《秦岭终南山特长公路隧道定额研究》等。

10.2 顶管管幕工程定额项目成果

10.2.1 定额项目划分

定额项目是定额结构形式的主要组成部分,合理地划分定额项目关系到拟编定额的科学性与实用性,定额项目划分应注意两个方面的问题:①定额项目应齐全,即施工过程中主要的、常有的施工活动能够反映在工程定额项目中;②定额项目划分粗细恰当。

结合顶管施工工艺流程和施工组织情况,把拱北隧道顶管管幕工程定额划分为以下几个定额项目:

(1)破除孔口封门;

(2)工作平台安拆;

(3)泥水平衡顶管机及附属设施安拆;

(4)钢管节制作;

(5)钢管节安装;

(6)泥水平衡顶进;

(7)注浆减阻;

(8)泥浆置换;

(9)管幕混凝土填充。

10.2.2 定额研究成果

(1) 破除孔口封门

工作内容：切割钢板，钻素混凝土柱，钻膨胀孔，注膨胀剂，破除素混凝土，破除钢筋混凝土。定额成果见表 10-1～表 10-4。

每 10m³ 的劳动、机械定额　　定额单位：10m³　　表 10-1

项　目		机械破除
劳动定额		109.285
		0.009
机械定额	冲击钻	2.823
		0.354
	5t 门式起重机	0.079
		12.658
	气腿式凿岩机	4.509
		0.222
	5m³/min 以内空压机	13.676
		0.073

注：本定额适用于采用钢筋混凝土及钢板支撑结构作为管幕孔口的封门。

每 10m³ 的预算定额　　单位：10m³　　表 10-2

编号	项　目	单　位	代　号	破除封门
1	人工	工日	1	120.2
2	钢管	t	191	0.04
3	膨胀剂	kg	758	498.2
4	其他材料费	元	996	261.2
5	气腿式凿岩机	台班	1102	6.00
6	5t 门式起重机	台班	1481	0.10
7	冲击钻	台班	1588	3.75
8	5m³/min 以内空压机	台班	1836	17.37
9	小型机具使用费	元	1998	391.4
10	基价	元	1999	13797

注：1) 表中每工日/台班以 7 小时计。
　　2) 表中人工、机械台班消耗量已将幅度差系数考虑在内，人工幅度差系数取 10%，机械幅度差系数按不同机械取值。
　　3) 本定额适用于采用钢筋混凝土及钢板支撑结构作为管幕孔口的封门。

其他材料费明细表 表10-3

名 称	单 位	消耗量
十字扣件	个	16
钢钎	个	2.9
割枪喷嘴	个	3.5
照明灯泡	个	3
合计	元	391.4

小型机具使用费明细表 表10-4

名 称	单 位	消耗量
风镐	台班	4.57
火焰切割机	台班	按氧气和乙炔消耗量
金刚石钻孔机	台班	4.9
合计	元	261.2

(2)工作平台安拆

工作内容:安拆工字钢主、次梁,安拆薄钢板,安拆护栏、简易楼梯等。定额成果见表10-5~表10-8。

每 $10m^2$ 的劳动、机械定额　　定额单位:$10m^2$　　表10-5

项 目		平台安装	平台拆除
劳动定额		$\dfrac{1.25}{0.8}$	$\dfrac{0.991}{1.009}$
机械定额	CO_2 保护焊机	$\dfrac{0.046}{21.739}$	—
	5t 门式起重机	$\dfrac{0.083}{12.048}$	$\dfrac{0.073}{13.699}$

注:部分工作平台有搭架钢支撑支座,规模不一。本定额不包含钢支撑安拆的劳动、机械消耗。有采用钢支撑支座,其安拆劳动、机械消耗可套用钢支撑安拆相关定额。

工作平台安拆定额成果　　定额单位:$10m^2$　　表10-6

编 号	项 目	单 位	代 号	消 耗 量
1	人工	工日	1	2.5
2	工字钢	t	182	0.038

续上表

编 号	项 目	单 位	代 号	消耗量
3	薄钢板	t	183	0.017
4	焊条	kg	231	0.2
5	其他材料费	元	996	31.5
6	5t 门式起重机	台班	1481	0.20
7	CO_2 保护焊机	台班	1737	0.06
8	小型机具使用费	元	1998	9.6
9	基价	元	1999	440

注：1）表中每工日/台班以 7h 计。
　　2）表中人工、机械台班消耗量已将幅度差系数考虑在内，人工幅度差系数取 10%，机械幅度差系数按不同机械取值。
　　3）部分工作平台有搭架钢支撑支座，规模不一。本定额不包含钢支撑的工机料消耗。若有采用钢支撑支座，其安拆工机料消耗可套用移动平台框架安拆相关定额。

其他材料费明细表　　　　　　　　　　　　　表 10-7

名 称	单 位	消 耗 量
小型螺栓	kg	16
割枪喷嘴	个	2.9
扎带	捆	3.5
安全防护网	m²	3
合计	元	31.5

小型机具使用费明细表　　　　　　　　　　　表 10-8

名 称	单 位	消 耗 量
火焰切割机	台班	按氧气和乙炔消耗量
合计	元	9.6

（3）泥水平衡顶管机及附属设施安拆

工作内容：轨道定位测量，安拆简易操作平台、泥水泵、轨道、油缸、后背墙、推力环、止水圈、接收仓，顶管机安装、接收，泥浆管、通风管、油管、电缆线等设施安拆，始发、接收洞口止水处理。定额成果见表10-9~表10-12。

表列单位的劳动、机械定额　　　　　表10-9

项目		安拆	洞口注树脂止水	接收舱注浆	接收舱安拆
		套	100kg 树脂	10m³ 水泥浆	套
劳动定额		104.382/0.010	0.390/2.564	4.470/0.224	70.909/0.014
机械定额	半自动火焰切割机	—	—	—	0.373/2.681
	CO_2 保护焊机	0.557/1.795	—	—	0.333/3.003
	5t 门式起重机	3.123/0.320	0.035/28.571	—	0.8/1.25
	20t 门式起重机	1.278/0.782	—	—	—
	涡浆搅拌机	0.488/2.049	—	0.673/1.486	—
	液压注浆泵	0.466/2.146	—	0.647/1.546	—
	4t 以内载货汽车	—	—	—	2.208/0.453
	装载机（柳工50）	0.584/1.712	—	—	—
	气动注浆泵	—	0.034/29.412	—	—

泥水平衡顶管机及附属设施安拆定额成果　　　　　表10-10

编号	项目	单位	代号	安拆	洞口注树脂止水	接收舱注浆	接收舱安拆
				1 套	100kg 树脂	10m³	1 套
				1	2	3	4
1	人工	工日	1	114.8	0.4	4.9	78
2	40mm×40mm×4mm 角钢	t	182	0.746	—	—	—
3	焊条	kg	231	4.1	—	—	—
4	二氧化碳保护焊丝	kg	233	—	—	—	11.1
5	螺栓	kg	240	37.0	—	—	—

续上表

编号	项 目	单 位	代 号	安拆 1 套 1	洞口注树脂止水 100kg 树脂 2	接收舱注浆 10m³ 3	接收舱安拆 1 套 4
6	球阀	个	607	4	1	—	—
7	马丽散 A 树脂	kg	759	—	50.0	—	—
8	马丽散 B 树脂	kg	760	—	50.0	—	—
9	橡胶止水带 (10mm×83mm)	m	794	48	—	—	—
10	橡胶止水帘布	套	796	—	—	—	2
11	42.5 级水泥	t	833	3.4	—	13.48	—
12	水	m³	866	14	—	7	—
13	氧气	m³	868	—	—	—	39.4
14	乙炔	kg	869	—	—	—	9.9
15	中(粗)砂	m³	899	3.46	—	—	—
16	碎石	m³	951	6.07	—	—	—
17	其他材料费	元	996	864.2	—	—	—
18	装载机(柳工 50)	台班	1049	0.70	—	—	—
19	涡浆搅拌机	台班	1279	0.65	—	0.90	—
20	液压注浆泵	台班	1295	0.70	—	0.97	—
21	气动注浆泵	台班	1296	—	0.05	—	—
22	4t 以内载货汽车	台班	1372	—	—	—	2.65
23	5t 门式起重机	台班	1481	4.14	0.04	—	0.50
24	20t 门式起重机	台班	1483	1.60	—	—	—
25	CO_2 保护焊机	台班	1737	0.84	—	—	0.50
26	半自动火焰切割机	台班	1740	—	—	—	0.50
27	小型机具使用费	元	1998	165.4	—	—	—
28	基价	元	1999	15560	4085	5191	23498

注：1) 表中每工日/台班以 7h 计。
 2) 表中人工、机械台班消耗量已将幅度差系数考虑在内，人工幅度差系数取 10%，机械幅度差系数按不同机械取值。

其他材料费明细表　　　　　　　　　　　　　表10-11

名　称	单　位	消　耗　量
水桶	个	4
笤帚	个	3.2
电焊手套	双	5.5
电焊镜片	副	5.5
水鞋	双	4.7
防毒口罩	个	5.5
尼龙扎带	捆	2.4
泡沫塑料板	m²	3.9
合计	元	864.2

小型机具使用费明细表　　　　　　　　　　　表10-12

名　称	单　位	消　耗　量
风镐	台班	2.5
角磨机	台班	1.6
火焰切割机	台班	按氧气和乙炔消耗量
合计	元	165.4

（4）钢管节制作

工作内容：钢板切割、修边，钢板卷筒，管缝焊接，法兰环、加劲肋数控切割，管节拼接，插口、承口定位组装，注浆孔切割，管口修边、打磨。定额成果见表10-13～表10-16。

每10t的劳动、机械定额　　　　　　　　　　表10-13

项　目		钢管制作	孔口管制作
劳动定额		$\dfrac{3.046}{0.328}$	$\dfrac{2.25}{0.444}$
机械定额	CO_2保护焊机	$\dfrac{1.680}{0.595}$	$\dfrac{2.289}{0.437}$
	5t 门式起重机	$\dfrac{0.545}{1.835}$	$\dfrac{0.777}{1.287}$
	焊接滚轮架	$\dfrac{0.121}{8.264}$	—

续上表

项目		钢管制作	孔口管制作
机械定额	半自动火焰切割机（CJ1-30）	0.819 / 1.221	1.731 / 0.578
	数控火焰切割机（HY-4080）	0.830 / 1.205	1.090 / 0.917
	埋弧焊机（ZD5-1000）	0.448 / 2.232	0.769 / 1.300
	固定回转式焊接操作机（CZ4×4）	0.229 / 4.367	0.853 / 1.172
	固定回转式焊接操作机（CZ3×3）	0.250 / 4.000	—
	卷板机（WS11-40-2500）	0.443 / 2.257	0.785 / 1.274
	空压机	0.478 / 2.092	—

钢管节制作定额成果　　定额单位：10t　　表10-14

序号	项目	单位	代号	管节制作	孔口管制作
1	人工	工日	1	3.4	2.5
2	枕木	m^3	103	0.5	0.21
3	钢板	t	183	8.937	10.448
4	ϕ50mm×3.5mm 钢管	t	191	0.019	—
5	CO_2 气体保护焊丝	kg	233	28.0	29.5
6	砂轮磨片（100*6）	片	234	101.5	—
7	（DN32）球阀	个	607	22	—
8	插口接头	t	610	1.489	—
9	氧气	m^3	868	126.8	—
10	乙炔	kg	869	31.7	—
11	其他材料费	元	996	601.9	681.8
12	卷板机（WS11-40-2500）	台班	1348	0.55	0.98
13	门式起重机（MN5t-30m）	台班	1481	0.68	0.97
14	CO_2 保护焊机（NBC-500）	台班	1737	2.10	2.86

续上表

序号	项 目	单位	代号	管节制作	孔口管制作
15	半自动火焰切割机（CJ1-30）	台班	1740	1.02	2.16
16	埋弧焊机（ZD5-1000）	台班	1742	0.56	0.96
17	数控火焰切割机（HY-4080）	台班	1779	1.04	1.36
18	固定式回转操作焊机（CZ4×4）	台班	1781	0.29	1.07
19	固定式回转操作焊机（CZ3×3）	台班	1782	0.31	—
20	焊接滚轮架（ZT-5）	台班	1783	0.61	—
21	1.5m³/min 以内空压机	台班	1835	0.15	—
22	小型机具使用费	元	1998	238.2	169.7
23	基价	元	1999	57170	49984

注：1）表中每工日/台班以 8h 计。
2）表中人工、机械台班消耗量已将幅度差系数考虑在内，人工幅度差系数取 10%，机械幅度差系数按不同机械取值。
3）插口接头当作是外购件，外购件的单价应包括其材料费、外包加工费、运费。

其他材料费明细表 表 10-15

名 称	单 位	管节制作	孔口管制作
二氧化碳	瓶	2.5	1.5
防眼罩	个	1	1
沙状焊剂	瓶	2.2	1.8
撬棍	跟	5	6
三角锉	个	3.3	7
螺丝刀	个	1.2	3
电胶布	卷	4.5	4.9
活动扳手	个	1.2	3.2
合计	元	601.9	681.8

小型机具使用费明细表 表 10-16

名 称	单 位	管节制作	孔口管制作
砂轮机	台班	5.3	3.7
焊枪	台班	按氧气和乙炔消耗量	

续上表

名　称	单　位	管节制作	孔口管制作
抛光机	台班	1.1	1.9
合计	元	238.2	169.7

(5) 钢管节安装

工作内容：管节下吊，安装工具管（进泥管、出泥管、油管、电缆线、通风管等），安拆照明设备。定额成果见表 10-17~表 10-20。

管节（4m）的劳动、机械定额　　　表 10-17

项　目		管节安装	孔口管安装
劳动定额		1.426 / 0.701	27.30 / 0.037
机械定额	CO_2 保护焊机	0.009 / 111.111	2.625 / 0.381
	20t 门式起重机	0.089 / 11.236	—
	5t 门式起重机	—	1.125 / 0.889
机械定额	交流弧电焊机	—	3.000 / 0.333
	5m³/min 以内空压机	—	1.875 / 0.533
	装载机（柳工 50）	—	0.375 / 2.667

管节安装定额成果　　定额单位：1 节（4m）　　表 10-18

编号	项　目	单　位	代　号	管节安装	孔口管安装
				1	2
1	人工	工日	1	1.6	30.0
2	φ50mm×3.5mm 钢管	t	191	0.032	—
3	焊条	kg	231	0.1	65.0
4	螺栓（M33×130）	kg	240	21.8	—
5	球阀	D32mm	607	3	—
6	球阀	D25mm	608	3	—

续上表

编号	项 目	单 位	代 号	管节安装 1	孔口管安装 2
7	楔形木块	块	683	5.5	—
8	φ50mm 橡胶管	kg	716	10.4	—
9	通用锂基脂（3#）	kg	763	1.6	—
10	鹰嘴橡胶圈	条	797	2.1	—
11	其他材料费	元	996	492.7	180.0
12	装载机（柳工50）	台班	1049	—	0.45
13	5t 门式起重机	台班	1481	—	1.41
14	交流弧电焊机	台班	1727	—	3.69
15	CO_2 保护焊机	台班	1737	0.01	3.28
16	5m³/min 以内空压机	台班	1836	—	2.38
17	小型机具使用费	元	1998	220.4	338.6
18	基价	元	1999	2814	4419

注：1）表中每工日/台班以7h计。
2）表中人工、机械台班消耗量已将幅度差系数考虑在内，人工幅度差系数取10%，机械幅度差系数按不同机械取值。

其他材料费明细表　　　　表10-19

名 称	单 位	管节安装	孔口管安装
倒链	条	2.8	—
枕木	根	3	—
工具管	m	3.2	1.4
生料带	卷	6	4.2
注浆螺母	个	7	7
堵头	个	5.3	—
白喷漆	瓶	—	3.7
三通接头	个	—	1.7
两通接头	个	—	6.8
合计	元	492.7	180.0

小型机具使用费明细表　　　　　　　表 10-20

名　　称	单　位	管节安装	孔口管安装
角磨机	台班	5.5	7.2
火焰切割机	台班	0.6	1.3
合计	元	220.36	338.6

(6) 泥水平衡顶进

工作内容：高程、水平角测量，泥浆循环，顶管机调试、顶进，纠偏，泥浆出坑。定额成果见表 10-21～表 10-24。

每 10m 的劳动、机械定额　　　　　　　表 10-21

	项　　目	砂、黏土、淤泥混合土层	杂　填　土	素混凝土
	劳动定额	13.426 0.074	14.536 0.069	113.569 0.009
机械定额	高压离心通风机	1.227 0.815	1.329 0.752	10.647 0.094
	顶管机	1.076 0.929	1.330 0.752	10.989 0.091
	离心分离器	1.275 0.784	1.338 0.747	11.043 0.091
	自动絮凝器	1.275 0.784	1.338 0.747	11.043 0.091
	泥水处理/分离器	1.232 0.812	1.262 0.792	13.102 0.076
	进浆泵	1.222 0.818	1.252 0.799	13.002 0.077
	排浆泵	1.222 0.818	1.252 0.799	13.002 0.077
	泥浆制作循环设备	1.222 0.818	1.093 0.915	11.355 0.088
	多级离心清水泵	1.222 0.818	1.262 0.792	13.102 0.076
	装载机	0.473 2.114	0.539 1.855	3.322 0.301

泥水平衡顶进定额成果　　定额单位：10m　　表10-22

编号	项目	单位	代号	砂、黏土、淤泥混合土层	杂填土	素混凝土
				1	2	3
1	人工	工日	1	14.8	16.0	125.0
2	聚丙烯酰胺（絮凝剂）	kg	764	39.1	38.5	38.5
3	CMC	kg	765	14.4	9.0	8.3
4	水	m³	866	16	12	10
5	烧碱	kg	893	18.0	11.3	10.4
6	纯碱	kg	894	18.0	11.3	10.4
7	膨润土	kg	912	1440.0	900.0	828.0
8	其他材料费	元	996	594.9	594.9	826.7
9	装载机	台班	1049	0.53	0.54	3.34
10	离心分离器	台班	1596	1.66	1.74	14.36
11	自动絮凝器	台班	1597	1.66	1.74	14.36
12	泥水处理/分离器	台班	1598	1.60	1.64	17.03
13	泥浆制作循环设备	台班	1621	1.83	1.64	17.03
14	顶管掘进机	台班	1642	1.60	1.73	14.27
15	多级离心清水泵	台班	1666	1.59	1.64	17.03
16	进浆泵	台班	1681	1.60	1.64	17.03
17	排浆泵	台班	1681	1.60	1.64	17.03
18	高压离心通风机	台班	1937	1.40	1.52	12.14
19	小型机具使用费	元	1998	227.1	227.1	107.3
20	基价	元	1999	49189	51384	425552

注：1）表中人工定额单位每工日/台班以7h计。
　　2）表中人工、机械台班消耗量已将幅度差系数考虑在内，人工幅度差系数取10%，机械幅度差系数按不同机械取值。
　　3）本定额适用管径1620mm的顶管机。
　　4）本定额适用于钢管群管管幕的泥水平衡顶进。
　　5）本定额适用于长距离曲线顶管，曲线半径约900m，单根顶管长度255m。

其他材料费明细表   表10-23

名　称	单　位	砂、黏土、淤泥混合土	杂　填　土	素　混　凝　土
圆头锤	个	7.8	2.7	4.9
游标卡尺	个	2.6	4.5	5
钢直尺	个	6.5	8.5	10.2
梅花扳手	个	6.3	6	1
钢锯条	个	2.2	1	4.4
细麻绳	m	10.5	2.3	3.6
尖嘴钳	个	5.1	4.3	5
波纹管	m	8.5	2.6	9.2
钢丝绳	m	21.5	14.5	17.5
干电池	个	2.5	2.5	4
对讲机	个	1	1	1
合计	元	594.9	594.9	826.7

小型机具使用费明细表   表10-24

名　称	单　位	砂、黏土、淤泥混合土	杂　填　土	素　混　凝　土
磨光机	台班	5.5	4.6	1.3
电焊钳	个	4.5	7.3	4.5
钢铲	个	6	6.5	4.8
石笔	个	3	1.8	2.9
合计	元	227.1	227.1	107.3

（7）注浆减阻

工作内容：取料，触变泥浆拌制，注浆。定额成果见表10-25～表10-27。

每掘进10m注浆的劳动、机械定额   表10-25

项　目	砂、黏土、淤泥混合土层	杂　填　土
劳动定额	$\dfrac{0.078}{12.821}$	$\dfrac{0.063}{15.873}$

续上表

项　目		砂、黏土、淤泥混合土层	杂　填　土
机械定额	进浆泵	0.226/4.425	0.202/4.950
	排浆泵	0.226/4.425	0.202/4.950
	减阻泥浆拌制器	0.650/1.538	0.775/1.290

注浆减阻定额成果　　定额单位：10m　　表10-26

编号	项目	单位	代号	砂、黏土、淤泥混合土层	杂　填　土
				1	2
1	人工	工日	1	0.1	0.1
2	CMC	kg	765	51.0	45.5
3	水	m³	866	3	2
4	雷硼	kg	892	25.1	22.7
5	烧碱	kg	893	51.0	45.5
6	纯碱	kg	894	51.0	45.5
7	膨润土	kg	912	255.1	227.3
8	其他材料费	元	996	394.9	382.8
9	减阻泥浆拌制器	台班	1284	0.85	1.01
10	进浆泵	台班	1681	0.30	0.26
11	排浆泵	台班	1681	0.30	0.26
12	基价	元	1999	5065	4814

注：1）表中人工定额单位每工日/台班以7h计。
　　2）表中人工、机械台班消耗量已将幅度差系数考虑在内，人工幅度差系数取10%，机械幅度差系数按不同机械取值。

其他材料费明细表　　表10-27

名　称	单　位	砂、黏土、淤泥混合土	杂　填　土
导线管	m	1.8	2.5
阀门	个	5.6	8

续上表

名　称	单　位	砂、黏土、淤泥混合土	杂　填　土
塞子	个	10.2	5.7
胶带	卷	7	5.1
纱棉	kg	3.3	2.9
电工刀	个	1.2	2
铝板	块	8	9.2
合计	元	394.9	382.8

(8) 泥浆置换

工作内容：注浆小导管止水、布设，注浆管线铺设，安拆球阀以及管口开封和注浆等。定额成果见表10-28~表10-31。

每注浆 10m³ 双液浆、布设 10m 注浆管的劳动、机械定额　　表10-28

项　目		注　双　液　浆	布设小导管
劳动定额		13.934/0.072	2.146/0.466
机械定额	双液压注浆泵	0.843/1.186	—
	20t 门式起重机	0.185/5.405	—
	制浆机（ZJ-400D）	0.843/1.186	—
	5m³/min 以内空压机	—	0.179/5.587
	轴向柱塞泵	1.686/0.593	—
	过滤器	0.843/1.186	—
	轴流式通风机	0.843/1.186	—

泥浆置换定额成果　　定额单位：10m³ 浆液、10m 注浆小导管　　表 10-29

编 号	项 目	单 位	代 号	注双液浆 1	布设小导管 2
1	人工	工日	1	15.3	2.4
2	钢管（φ32mm）	t	191	—	0.058
3	球阀（DN40）	个	609	—	43
4	水玻璃	kg	749	6578.0	—
5	42.5 级水泥	t	833	3.759	—
6	水	t	866	4	—
7	其他材料费	元	996	314.5	39.5
8	制浆机（ZJ-400D）	台班	1281	1.27	—
9	双液压注浆泵	台班	1293	1.27	—
10	20t 门式起重机	台班	1483	0.23	—
11	轴向柱塞泵	台班	1686	2.19	—
12	5m³/min 以内空压机	台班	1836	—	0.23
13	轴流式通风机	台班	1932	0.96	—
14	过滤器	台班	1981	1.27	—
15	小型机具使用费	元	1998	—	2.1
16	基价	元	1999	8355	3473

注：1）表中每工日/台班以 7h 计。
　　2）表中人工、机械台班消耗量已将幅度差系数考虑在内，人工幅度差系数取 10%，机械幅度差系数按不同机械取值。

其他材料费明细表　　表 10-30

名 称	单 位	注双液浆	布设小导管
密封胶带	卷	—	4.5
透明胶带	卷	—	2.1
配线箱	个	1.2	0.4

续上表

名　称	单　位	注双液浆	布设小导管
轴承	个	2.3	—
锁	个	3	—
刀片	个	4	—
接线端子	个	5.3	—
合计	元	314.5	39.5

小型机具使用费明细表　　　　　　表 10-31

名　称	单　位	注双液浆	布设小导管
风镐	台班	—	0.2
合计	元	—	2.1

(9) 管幕混凝土填充

工作内容：安装封门、管路连接、混凝土回填、清理现场。定额成果见表 10-32~表 10-34。

每回填 10m³ 的劳动、机械定额　　　　　　表 10-32

项　目		管幕混凝土填充
劳动定额		$\dfrac{0.919}{1.088}$
机械定额	混凝土输送泵车	$\dfrac{0.017}{58.824}$
	混凝土搅拌运输车	$\dfrac{0.544}{1.838}$
	直流电焊机 ZX7-400	$\dfrac{0.181}{5.525}$

管幕混凝土填充定额成果　　　定额单位：10m³　　表 10-33

编号	项目	单位	代号	混凝土填充
				1
1	人工	工日	1	1.0
2	C30 泵送混凝土（含水泥砂浆）	m³	48	(10.4)
3	钢板	t	183	0.219

续上表

编 号	项 目	单 位	代 号	混凝土填充 1
4	钢管	t	191	0.039
5	4.0 焊条	kg	231	0.2
6	减水剂	kg	766	41.6
7	42.5 水泥	t	833	2.579
8	水	m³	866	2
9	中（粗）砂	m³	899	6.37
10	粉煤灰	m³	945	0.655
11	碎石（2cm）	m³	951	4.45
12	碎石（4cm）	m³	952	1.90
13	其他材料费	元	996	107.7
14	混凝土搅拌运输车	台班	1307	0.66
15	混凝土输送泵车	台班	1310	0.02
16	直流电焊机	台班	1732	0.22
17	基价	元	1999	4015

注：1）表中每工日/台班以 7h 计。
2）表中人工、机械台班消耗量已将幅度差系数考虑在内，人工幅度差系数取 10%，机械幅度差系数按不同机械取值。

其他材料费明细表　　　　　表 10-34

名 称	单 位	注双液浆
2cm 钢板	t	0.02
缓凝剂	kg	1.8
合计	元	107.7

第 11 章
CHAPTER 11
结语

　　以解决港珠澳大桥拱北隧道长距离曲线顶管管幕群关键技术问题为背景，通过调研国内外顶管及管幕施工技术，详细研究了拱北隧道高水压复合地层中管幕顶管施工关键技术以及管幕施工环境效应、监测及控制技术，攻克了典型高水压复合软土地层条件下大直径曲线管幕工程建设关键技术，并对顶管及管幕群管顶进土体扰动和曲线顶管受力特性进行了研究，得到以下成果：

　　（1）通过系统调研分析国内外管幕工法和曲线顶管技术以及工程应用，针对拱北隧道工程高水压复合软弱地层中拟采用的曲线管幕技术，建议采用冻结法等其他技术替代止水效果较差的传统锁扣连接管幕，以保证管幕间土体的止水性能，为后续工程设计选择"曲线管幕+水平控制冻结"的综合技术提供参考依据。

　　（2）管幕结构设计方面，一是通过Pasternak弹性地基梁理论，建立管幕在开挖时的受力模型，并结合地质条件和开挖进尺对顶管管径进行优选分析；二是通过建立曲线顶管管节稳定性力学模型，对传统式和预调式两种曲线顶管方法管节周围土体反力变化规律进行分析。分析结果表明管幕管径控制在1.4~1.6m范围内，管节长度在4~5m较为合适。考虑到预调式曲线顶管成本较高，工艺更复杂，建议采取两种顶进模式相结合的方式施工。该研究成果为最终管幕管径采用1.62m和管节长度采用4m提供了理论依据，保证了管幕结构安全以及顶管施工稳定性，确保整个管幕顺利形成。

　　（3）研发了室内足尺顶管模拟试验系统，通过室内足尺顶管密封试验，验证和改进了施工拟采用的洞口始发止水装置、钢套管接收装置和曲线管节接头的密封可靠性，使其满足现场高达0.3MPa水压力的密封性要求。通过管节接头数值模拟，对管节接头橡胶圈结构进行优化，保证了接头偏转条件下的高水压密封性要求。为后续高水压软弱地层中顶管施工的优选技术，有效避免了顶管施工中常见的涌水和漏水风险。

（4）解决了高水压复合软土地层顶管设备选型难题，对于类似拱北隧道的复合软土地层和高水压施工条件，为适应掘进软土层，且具备破碎工作井混凝土墙及孤石、漂石等障碍物的能力，宜采用复合刀盘泥水平衡顶管机。

（5）通过理论分析及现场试验管监测，对单顶管施工引起的土体扰动、相邻顶管施工土体累计变形效应及附加应力进行分析，提出了减小土体扰动的主要控制参数。通过建立管幕群管顶进有限元模型，分析不同顶进顺序对土体变形、顶管变形和应力的影响规律，为管幕实际施工提供了优化的顶进顺序。

（6）形成了高水压复合软土地层条件下大直径曲线管幕施工关键技术，重点解决了高水压复合地层管幕顶管始发、导向、接收以及泥浆等技术难题。优化了工作井尺寸、洞口土体加固和洞口始发装置；创新性地提出了高水压条件钢套管接收技术，利用泥水压力平衡原理，采用接收舱内泥水压力地层平衡水土压力，实现了高水压软土地层和松散地层顶管安全接收；形成的组合曲线管幕精度控制技术，在 AVN1200TC 顶管机自身 UNS 导向系统的基础上，创新性地提出了曲线直顶始发、UNS 导向+人工复核和三线控制法接收技术，满足管幕施工精度要求，保证了整个管幕结构顺利形成；通过室内泥浆试验和现场顶管试用，研发了临海复合地层顶管泥浆配方，经过现场施工检验，性能可靠，且成本低廉，不仅解决了不同地层刀盘掘进和排渣难题，同时保证了盐水地层条件下润滑泥浆长期保持高效的减阻性能，比目前顶管标准的摩阻力减小 30%~80%，可大大降低顶管摩阻力。

（7）通过分析现场顶管施工参数，重点研究了不同地层中顶力、顶进速度、开挖仓压力及刀盘转速的变化规律，为后续现场顶管施工提出了合理的顶进参数。通过现场顶力数据统计，总结出适用于复合软土地层顶管侧摩阻力参考值，补充了目前规范中缺失的淤泥质土和人工填土层顶管摩阻力推荐值，可用于今后临海复合地层曲线顶管顶力预测。

（8）通过现场曲线顶管管节应力试验及顶管土压力监测试验，揭示了曲线顶管施工工程中管节应力分布规律和周围土压力分布规律，保证了管幕结构安全以及顶管施工稳定性，可为今后曲线钢顶管的设计提供依据。

参考文献

[1] 高乃熙．张小珠．顶管技术[M]．北京：中国建筑工业出版社，1984．

[2] 王承德．近十年来超长距离顶管发展状况[J]．特种结构，1997，14C(04): 6-21．

[3] 马保松，STEIN D，蒋国盛，等．顶管和微型隧道技术[M]．北京：人民交通出版社，2004．

[4] 竹内俊博，吉欣．长距离、小半径曲线盾构掘进施工法中的"ultimate"施工法[J]．非开挖技术，2004, (1): 37-40．

[5] 王承德．曲线顶管初探[J]．特种结构，1998, 15C(04): 18-21．

[6] 吴绍珍．曲线钢顶管理论探讨[J]．市政技术，2010, 28C(01): 91-94．

[7] 郑国兴，许龙，钟俊彬，等．曲线钢顶管管节及顶进方法：中国，CN102072359A[P]．2011-05-25．

[8] 向安田，朱合华，刘学增，等．长距离急曲线顶管施工沉降控制的成套技术[J]．西部探矿工程，2006，18C(06): 141-142．

[9] 黄常波，李钟，张可能，等．顶管进洞洞口防水止浆装置：中国，CN201627590U[P]．2010-11-10．

[10] PECK R B. Deep Excavations and Tunneling in Soft Ground[C]//Proceedings of 7th IC MFE.Mexico, 1969.

[11] ATTEWELL P B, FARMER I W. Ground Disturbance Caused by Shield Tunnelling in a Stiff, Overconsolidated Clay[J]. Engineering Geology, 1974, 8(4): 361-381.

[12] ATKINSON J H, POTTS D M. Subsidence Above Shallow Tunnels in Soft Ground[J]. Journal of the Geotechnical Engineering Division, 1977, 103(4): 307-325.

[13] CLOUGH G W, SCHMIDT B. Design and Performance of Excavations and Tunnels in Soft Clay[M]. Stanford: Development in Geotechnical Engineering, Stanford University, 1981: 576-634.

[14] O'REILLY M P, NEW B M. Settlements above Tunnels in the United Kingdom-their Magnitude and Prediction[C]//Proceedings of the 3rd International Symposium. London: IMM, 1982: 173-181.

[15] LOGANATHAN N, POULOS HG. Analytical Prediction for Tunneling-induced Ground

Movements in Clays[J]. Journal of Geotechnical and Geoenvironmental Engineering, 1998, 124(9): 846-856.

[16] ATTEWELL P B, FARMER I W. Ground Settlement above Shield Driven Tunnels in Clay[J]. Tunnels & Tunnelling International, 1975, 7(1): 58-62.

[17] 方从启，王承德. 顶管施工中的地面沉降及其估算[J]. 江苏理工大学学报：自然科学版，1998，(4): 106-110.

[18] 房营光，莫海鸿，张传英. 顶管施工扰动区土体变形的理论与实测分析[J]. 岩石力学与工程学报，2003，22(4): 601-605.

[19] 沈培良，张海波，殷宗泽. 上海地区地铁隧道盾构施工地面沉降分析[J]. 河海大学学报：自然科学版，2003，31(5): 556-559.

[20] NAKAI T, XU L, YAMAZAKI H. 3D and 2D Model Tests and Numerical Analyses of Settlements and Earth Pressures due to Tunnel Excavation[J]. Soils and Foundations, 1997, 37(3): 31-41.

[21] 阮林旺，李永盛. 软土盾构法施工引起相邻桩体变形和受力研究[J]. 隧道及地下工程，1997, 18(3): 18-23.

[22] 冯海宁. 顶管施工环境效应影响及对策[D]. 杭州：浙江大学，2003.

[23] 刘洪洲，孙钧. 软土隧道盾构推进中地面沉降影响因素的数值法研究[J]. 现代隧道技术，2001, 38(6): 24-28.

[24] 张海波，殷宗泽，朱俊高. 地铁隧道盾构法施工过程中地层变位的三维有限元模拟[J]. 岩石力学与工程学报，2005, 24(5): 755-760.

[25] MAIR R J, TAYLOR R N, BRACEGIRDLE A. Subsurface Settlement Profiles above Tunnels in Clays[J]. Geotechnique, 1995, 45(2): 361-362.

[26] KIM S H, BURD H J, MILLIGAN G. Model Testing of Closely Spaced Tunnels in Clay[J]. Géotechnique, 1998, 48(3): 375-388.

[27] 朱忠隆，张庆贺. 盾构法施工对地层扰动的试验研究[J]. 岩土力学，2000，21(1): 49-52.

[28] 魏纲，徐日庆. 顶管施工引起深层土体移动的试验研究[J]. 市政技术，2004，24(5): 278-281, 291.

[29] ROGERS C D F, O'REILLY M P. Ground Movements Associated with Pipe Installation and Tunnelling[C].1991.

[30] SOLIMAN E, DUDDECK H, AHRENS H. Two-and Three-dimensional Analysis of Closely

Spaced Double-tube Tunnels[J]. Tunnelling and Underground Space Technology, 1993, 8(1): 13-18.

[31] CHAPMAN D N, ROGERS C, HUNT D. Predicting the Settlements Above twin Tunnels Constructed in Soft Ground[J]. Tunneling and Underground Space Technology, 2004, 19(4/5): 378-380.

[32] ADDENBROOKE T I, POTTS D M. Twin Tunnel Interaction: Surface and Subsurface Effects[J]. International Journal of Geomechanics, 2001, 1(2): 249-271.

[33] SAGASETA C. Analysis of Undrained Soil Deformation due to Ground Loss[J]. Geotechnique, 1987, 37(3): 301-320.

[34] LOGANATHAN N, POULOS H G. Analytical Prediction for Tunneling-induced Ground Movements in Clays[J]. Journal of Geotechnical and Geoenvironmental Engineering, 1998, 124(9): 846-856.

[35] 廖少明，余炎，彭芳乐．盾构近距离穿越相邻隧道施工的数值解析[J]．岩土力学，2004，25(Z2): 223-226.

[36] 魏纲．顶管工程土与结构的性状及理论研究[D]．杭州：浙江大学，2005.

[37] 李方楠，沈水龙，罗春泳．考虑注浆压力的顶管施工引起土体变形计算方法[J]．岩土力学，2012，33(1): 204-208.

[38] 余彬泉，建筑学，陈传灿．顶管施工技术[M]．北京：人民交通出版社，1998.

[39] 侯学渊，钱达仁，杨林德．软土工程施工新技术[M]．合肥：安徽科学技术出版社，1999.

[40] 黄宏伟，胡昕．顶管施工力学效应的数值模拟分析[J]．岩石力学与工程学报，2003，22(3): 400-406.

[41] 陈卫明．特殊地段顶管施工沉降控制技术[J]．中国市政工程，2003(6): 35-37.

[42] 张冬梅，林平．地铁盾构推进引起周围土体附加应力的分析[J]．地下空间，1999，19(5): 379-382.

[43] 胡昕，黄宏伟．相邻平行顶管推进引起附加荷载的力学分析[J]．岩土力学，2001，22(1): 75-77.

[44] 魏纲，徐日庆．软土隧道盾构法施工引起的纵向地面变形预测[J]．岩土工程学报，2005，27(9): 1077-1081.

[45] MINDLIN R D. Force at a Point in the Interior of a Semi-infinite Solid[J]. Physics, 1936, 7(5): 195-202.

[46] ATTEWELL P B. Ground Movements Caused by Tunnelling in Soil[C]//Conference on Large Ground Movements and Structures. London: Pentech Press, 1978: 812-948.

[47] LEE K M, ROWE R K, LO K Y. Subsidence Owing to Tunnelling. I. Estimating the Gap Parameter[J]. Canadian Geotechnical Journal, 1992, 29(6): 929-940.

[48] CELESTINO T B, GOMES R A M P, BORTOLUCCI A A. Errors in Ground Distortions due to Settlement trough Adjustment[J]. Tunnelling and Underground Space Technology, 2000, 15(1): 97-100.

[49] NEW B M, O'REILY M P. Tunnelling Induced Ground Movements: Predicting their Magnitude and Effects[C] // Proceedings of the 4th International. Conference on Ground Movements and Structures. Cardiff, Wales:Pentech Press, 1991: 671-697.

[50] EISENSTEIN Z, BRANCO P. Convergence-Confinement Method in Shallow Tunnels[J]. Tunnelling and Underground Space Technology, 1991, 6(3): 343-346.

[51] 韩煊，李宁，STANDING J R. Peck 公式在我国隧道施工地面变形预测中的适用性分析 [J]. 岩土力学，2007，28(1): 23-28, 35.

[52] COLLER P J, ABBOTT D G. Microtunneling Techniques to Form an Insitu Barrier Around Existing Tructures [C]//High Level Radioactive Waste Management. New York: ASCE, 1994: 386-394.

[53] MUSSO G. Jacked Pipe Provides Roof for Underground Construction in Busy Urban Area[J]. Civil Engineering, 1979, 11(49): 79-82.

[54] HEMERIJCKX I E. Tubular Thrust Jacking for Underground Roof Construction on the Antwerp Metro Part I [J]. Tunnels and Tunneling, 1983, 15(5): 13-16.

[55] RHODES G W, KAUSCHINGER J L. Microtunneling Provides Structural Support for Large Tunnels With Shallow Cover[C] // BALKEMA AA. North American Tunneling. 1996: 443-449.

[56] 熊谷镒. 台北市复兴北路穿越松山机场地下道之规划与设计 [J]. 福州大学学报（自然科学版），1997(2): 57-61.

[57] LIAO H J, CHENG M. Construction of a Pipe roofed Underpass below Groundwater Table[J]. Geotechnical Engineering, 1996, 119(4): 202-210.

[58] 葛金科. 饱和软土地层中管幕法隧道施工方案研究 [J]. 上海公路，2004(1): 38-43.

[59] 沈桂平，曹文宏，杨俊龙，等. 管幕法综述 [J]. 岩土工程界，2006, 9(2): 27-29.

[60] GOTO Y, YAMASHITA A, TAKASE Y. Field Observation of Load Distribution by Joint in

Pipe Beam Roof [C]. Dobokd Gakkai Ronbunshu, 1984(344): 387-390.

[61] MATSUMOTO Y, KUROSE N, INOUS T, et al. New presupport Method Using Pipe Roof by Semi Shield and Chemical Grouting for Shirasu Fill[M] // ADACHI T. Modern Tunnelling Science and Technology. Netherlands: Swets & Zeitlinger, 2001: 751-756.

[62] ATTEWELL P B, YEATES J, SELBY A R. Soil Movements Induced by Tunneling and their Effects on Pipelines and Structures[M].Glasgow: Blackie and Son, 1986.

[63] BRACEGIRDLE A, MAIR R J, NYREN R J, et al. A Methodology for Evaluating Potential Damage to Cast Iron Pipes Induced by Tunneling[C]// Proceedings Geotechnical Aspects of Underground Construction in Soft Ground. London: Balkema, 1996: 659-664.

[64] MAIR R J, TAYLOR T N, BURLAND J B. Prediction of Ground Movements and Assessment of the Risk of Building Damage due to Bored Tunnelling[C]// Geotechnical Aspects of Underground Construction in Soft Ground. London: 1996: 713-718.

[65] TAN W L, PATHEGAMA R G. Numerical Analysis of Pipe Roof Reinforcement in Soft Ground Tunnelling [C] // Proceedings of 16th ASCE Engineering Mechanics Conference. New York: ASCE, 2003: 1-10.

[66] 姚大钧，吴志宏，张郁慧. 软弱黏土中管幕工法之设计与分析 [J]. 岩石力学与工程学报，2004，23(增 2): 4999-5005.

[67] 袁金荣，陈鸿. 利用小口径顶管机建造大断面地下空间的一种新手段——管幕工法 [J]. 地下工程与隧道，2004(01): 23-26 .

[68] 邢凯，陈涛，黄常波. 新管幕工法概述 [J]. 城市轨道交通研究，2009，12 (08): 63-67.

[69] 张玲玲. 新管幕肋梁结构节点力学性能试验研究 [D]. 沈阳：沈阳建筑大学，2011.

[70] 李耀良，张云海，李伟强. 软土地区管幕法工艺研究与应用[J]. 地下空间与工程学报，2011，7(5): 962-967.

[71] 颜振聪. 下穿铁路隧道长大管幕施工精度控制技术 [J]. 福建建筑，2010(2): 113-115.

[72] 孙钧，虞兴福，孙旻，等. 超大型"管幕 - 箱涵"顶进施工土体变形的分析与预测 [C]// 盛世岁月—祝贺孙钧院士七八秩华诞论文选集. 上海：同济大学出版社，2006: 253-262.

[73] 葛金科，杨光辉，田晶. 钢管幕顶进高精度方向控制 [J]. 岩土工程界，2006，9(2): 37-39.

[74] 张吉兆，李武. 钢管幕顶进控制技术 [J]. 建筑施工，2006，28(12): 1003-1005.

[75] 马锁柱. 水平超前支护管幕变形分析 [J]. 岩土工程界，2005，8(11): 60-61.

[76] 朱合华，闫治国，李向阳，等．饱和软土地层中管幕法隧道施工风险分析 [J]．岩石力学与工程学报，2005，24(S2): 5549-5554.

[77] 许龙．上海青草沙水源地原水工程严桥支线工程钢顶管设计 [J]．中国市政工程，2011(2): 58-59，61.

[78] 施泰因 D．联邦德国微型隧道施工技术的发展现状 [J]．岩土钻凿工程，1995(5): 1-8.

[79] HASLEM R F, PROCTOR D C, WHYTE I L. Pipe Jacking Forces: from Theory to Practice[C]//Proceedings of the Internation Conference on Infrastructure Renovation and Waste Control. London: Institution of Civil Engineers, 1986.

[80] ROGERS C D F, O'REILLY M P, ATKIN R. Prediction of Pipe Jacking Forces Based on Site Observation[C]//Proceedings of 2nd International Conference on Foundations and Tunnels. Publ Edinburgh: Engineering Technics Press, 1989: 37-41.

[81] SHIMADA H, KHAZAEI S, Kikuo Matsui. Thrust Estimation in Small Diameter Tunnel Excavation Using Slurry Pipe Jacking Method [C] // 6th Iranian Tunneling Conference.

[82] 陈忠杰．曲线管推进之物理模型实验与推进力之分析研究 [D]．台北：中兴大学，2008.

[83] 丁传松．直线及曲线顶管施工中的顶推力研究 [D]．南京：南京工业大学，2004.

[84] NANNO T. A Method for Driving Curved Pipe-jacked Tunnels [J]. Tunnelling and Underground Space Technology, 1996, 11(2): 3-25.

[85] PELLET A L, KASTNER R. Experimental and Analytical Study of Friction Forces During Microtunnelling Operations[J]. Tunnelling and Underground Space Technology, 2002, 17(1): 83-97.

[86] CHAPMAN D N, ICHIOKA Y. Prediction of Jacking Forces for Microtunnelling Operations[J]. Tunnelling and Underground Space Technology, 1999, 14(1): 31-41.

[87] STAHELI K. Jacking Force Prediction: An interface Friction Approach Based on Pipe Surface Roughness[D]. Atlanta: Georgia Institute of Technology, 2006.

[88] GB 50268—2008．给水排水管道工程施工及验收规范 [S].

[89] DG/TJ 08-2049—2016．上海市工程建设规程顶管工程施工规程 [S].

[90] KHAZAEI S, SHIMADA H, MATSUI K. Analysis and Prediction of Thrust in Using Slurry Pipe Jacking Method[J]. Tunnelling & Underground Space Technology, 2004, 19(4-5): 356.

[91] 魏纲，徐日庆，邵剑明，等．顶管施工中注浆减摩作用机理的研究 [J]．岩土力学，2004, 25(6): 930-934.